Marc Böhmann / Regine Schäfer-Munro

Kursbuch Schulpraktikum

Unterrichtspraxis – Didaktisches Grundwissen – Trainingsbausteine

Beltz Verlag · Weinheim und Basel

Marc Böhmann, Jg. 1966, Diplompädagoge, ist Hauptschullehrer und war drei Jahre wissenschaftlicher Mitarbeiter in einem deutschdidaktischen Forschungskolleg an der Pädagogischen Hochschule Heidelberg. Zahlreiche Publikationen zu den Themen Lehrerprofessionalität, Lehrerbildung und Deutschdidaktik.

Regine Schäfer-Munro, Jg. 1972, ist Grundschullehrerin, und war drei Jahre wissenschaftliche Mitarbeiterin in einem deutschdidaktischen Forschungskolleg an der Pädagogischen Hochschule Heidelberg. Sie ist u.a. Herausgeberin einer Lesebuchreihe und gemeinsam mit Marc Böhmann und Anja Neumann Autorin des »Kursbuch Lehramtsstudium«.

Lektorat: Peter E. Kalb

www.beltz.de
Herstellung: Klaus Kaltenberg
Satz: Druckhaus »Thomas Müntzer«, Bad Langensalza
Druck: Druckhaus Beltz, Hemsbach
Umschlaggestaltung: Federico Luci, Odenthal
Umschlagabbildung: Creatas Bildagentur, Starnberg
Illustrationen: Dennis Rausch, Mannheim
Printed in Germany

ISBN 3-407-25369-9

Inhaltsverzeichnis

Vorwort

Liebe Leserin, lieber Leser,

vor Ihrem Schulpraktikum haben Sie möglicherweise gemischte Gefühle: Einerseits freuen Sie sich sicher darauf, endlich einmal die Praxis kennen zu lernen und zum Teil auch selbst zu gestalten, Sie erwarten interessante Hospitationen und hoffen auf gelungene Unterrichtsexperimente und gute Begegnungen mit den Schülerinnen und Schülern, dem Mentor und dem Betreuer der Uni. Und Sie erwarten, dass Sie viel lernen in den Tagen und Wochen, in denen Sie an der Schule sind. Andererseits haben Sie vielleicht auch Bedenken und Ängste: Fühle ich mich an der Schule wohl? Schaffe ich es, den eigenen Unterricht gut zu planen und durchzuführen? Akzeptieren mich die Schüler/innen? Bin ich dem Beruf insgesamt gewachsen?

Wir möchten Sie mit diesem »Kursbuch Schulpraktikum« darin unterstützen, Ihr Praktikum als lernintensive und lehrreiche Zeit zu erleben. Wir schöpfen dabei zum einen aus unseren eigenen Erfahrungen als Student/in, Ausbildungslehrer/in und Hochschuldozent/in. Darüber hinaus haben wir zahlreiche Studierende und Hochschuldozent/innen gebeten, ihre Anregungen in dieses Buch mit einfließen zu lassen. Das Ergebnis all dessen sind nicht nur 12 Kapitel zu zentralen Aspekten Ihres Schulpraktikums, sondern auch knapp 30 Trainingsbausteine, die Sie schon morgen in Ihrem Praktikum einsetzen können.

Dieses Buch steht in direkter Beziehung zum »Kursbuch Lehramtsstudium«, in dem Sie u.a. alles Wichtige zum Lehrerberuf, zum wissenschaftlichen Arbeiten und zu den Grundlagen der Pädagogik finden.

Die hinreißenden und tiefgründigen, zuweilen auch abgründigen Cartoons, die hoffentlich auch zum Lesegenuss beitragen, stammen aus der Feder von Dennis Rausch.

Ein erfolgreiches Lehramtsstudium und erfolgreiche Schulpraktika wünschen Ihnen

Marc Böhmann *Regine Schäfer-Munro*

PS.: Wenn Sie Vorschläge oder Kritik zu diesem Buch haben, freuen wir uns über Ihre kurze Rückmeldung. Benutzen Sie dafür einfach den Fragebogen am Ende des Buches.

Schulpraktika im Lehramtsstudium

»*So steht der Erzieher vor zwei Kindern: dem zu erziehenden vor ihm und dem verdrängten in ihm.*« (Siegfried Bernfeld: Sisyphos oder die Grenzen der Erziehung, 1925)

»*Was also mit der Ausübung des Lehrberufs untrennbar verbunden zu sein scheint ist Zuwendung und gleichzeitig das Recht und die Macht, den Wunsch nach Zuwendung durchzusetzen.*« (Sylvia Zwettler: Die Repetenten. Warum Lehrer Lehrer wurden, 1980)

In allen bundesdeutschen Lehramtsstudiengängen haben Schulpraktika ihren festen Platz und sind damit auch eine notwendige Voraussetzung für die Zulassung zur Prüfung. Es ist dabei bundesweit Minimal-Standard, dass jeder zukünftige Lehrer zumindest zwei Schulpraktika, häufig Blockpraktika in der vorlesungsfreien Zeit, im Laufe ihres Studiums absolvieren muss. Dabei ist wichtig: Je nach konkreter Studien-, Prüfungs- und Praktikumsordnung, je nach Lehramtsstudiengang und je nach Bundesland unterscheiden sich diese Praktika allerdings erheblich in Länge, Zielsetzung, Betreuung und Gestaltung. Praktikums-Spitzenreiter sind die Pädagogischen Hochschulen in Baden-Württemberg, bei denen zukünftige Lehrerinnen für Grundschulen, Hauptschulen, Realschulen und Sonderschulen sechs Praktika absolvieren müssen.

Eine grobe Durchsicht der relevanten Verordnungen ergibt eine Vielzahl von Begriffen und Konzepten:

- Orientierungspraktikum,
- Erkundungspraktikum,
- Vorpraktikum,
- Semesterpraktikum,
- Einführungspraktikum,
- allgemeines Schulpraktikum,
- schulartbezogenes Praktikum,
- schulstufenbezogenes Praktikum,
- erziehungswissenschaftliches Praktikum,
- Hospitationspraktikum,
- Tagespraktikum,
- Blockpraktikum,
- Fachpraktikum,
- Sozialpraktikum,
- Betriebspraktikum,
- Vereinspraktikum.

Diese begriffliche Vielfalt gibt Hinweise darauf, für welch unterschiedliche Zwecke ein Praktikum in einem spezifischen Studiengang vorgesehen ist.

Sehr grob lassen sich

- schulpädagogische Praktika,
- Fachpraktika und
- sozialpädagogische Praktika unterscheiden.

All diese Praktika dienen letztlich dem Ziel, Sie an das konkrete Arbeits- und Handlungsfeld von Lehrer/innen schrittweise heranzuführen, bei Ihnen einige zentrale Kompetenzen für einige Handlungsbereiche des Lehrerberufs, z.B. Unterrichten, Erziehen, Beurteilen, Beraten, Innovieren, Verwalten, anzubahnen sowie Ihnen gleichzeitig die Möglichkeit zu geben, Ihr Berufsziel kritisch-konstruktiv zu reflektieren.

Wenn das Praktikum gut läuft, ist es geeignet, Ihre an der Universität erlernten erziehungswissenschaftlichen, fachwissenschaftlichen und fachdidaktischen Theorien und Konzepte an der Schulwirklichkeit zu überprüfen und gleichzeitig Ihnen wertvolle Impulse für Ihr weiteres Studium zu geben. Das Schlagwort dazu lautet: Theorie-Praxis-Verbund.

Im Mittelpunkt Ihres Schulpraktikums steht in erster Linie das zentrale Handlungsfeld von Lehrer/innen, der Unterricht. Sie werden in Ihrem Praktikum schrittweise herangeführt an die

- Beobachtung, Beschreibung und Analyse von Unterricht,
- Reflexion erziehungswissenschaftlicher, fachwissenschaftlicher und fachdidaktischer Theorien,
- Beobachtung, Beschreibung und Analyse anthropogener und soziokultureller Voraussetzungen von Unterricht auf Seiten der Schüler/innen und des Lehrers,
- Planung, Durchführung und Auswertung von Unterricht und deren Reflexion, begründete Auswahl, Anwendung und Reflexion von Unterrichtsmethoden.

Darüber hinaus werden Sie in Ihrem Praktikum aber auch viele andere Seiten des Lehrerberufs bzw. des Schulalltags kennen lernen können, z.B.

- Konferenzen,
- Elternabende,
- Vorbereitung, Durchführung und Nachbereitung außerunterrichtlicher Veranstaltungen, z.B. Lerngänge, Erkundungen, Ausflüge, Betriebspraktika,
- Veranstaltungen der Lehrerfortbildung,
- Kontakte mit der Schulverwaltung, z.B. Schulamt, Schulverwaltungsamt.

Viele Lehramtsstudierende vermissen in ihrem Studium Bezüge zur Schulwirklichkeit und zum Berufsalltag von Lehrer/innen. Und das sicherlich nicht zu Unrecht: Die meisten Universitäten dieses Landes hegen traditionell eine explizite oder implizite Abneigung gegen alles, was mit konkreten Verwendungszusammenhängen zu tun hat. Wissenschaftlichkeit wird dabei viel zu häufig mit einer strukturellen Abkehr von jeglicher Praxis bzw. Praxisbezogenheit verwechselt. Das äußert sich nicht nur in praxisfernen und zugleich theorieüberfüllten Studien- und Prüfungsordnungen, sondern z.B. auch im Stellenzuschnitt der Professuren, wo Fachdidaktik meist entweder unter »ferner liefen« oder gar nicht auftaucht. Um es pointiert auszudrücken: Die bundesdeutsche Universität begreift sich bis heute nicht als Lehrerausbildungsstätte, obwohl doch in vielen Studiengängen und Veranstaltungen die Mehrzahl Lehramtsstudierende sind. Und: In Deutschland werden zukünftige Lehrer/innen größtenteils von Dozenten ausgebildet, die seit Jahren, häufig seit Jahrzehnten nicht mehr selbst unterrichtet haben oder nur sehr kurz Lehrer waren. Was in der »freien Wirtschaft« undenkbar wäre, ist immer noch Prinzip der Universität.

Zur Illustrierung ein Blick in das Vorlesungsverzeichnis einer Germanistischen Fakultät für Lehramtsstudierende:

Der Tyrannenmord im deutschen Drama	Proseminar
Einführung in die germanistische Sprachwissenschaft	Einführung
Dialektologie des Deutschen	Proseminar
Sprachgeschichte des Neuhochdeutschen	Proseminar
Historische Lexikographie	Hauptseminar
Sprachkonzeptionen der Romantik	Hauptseminar
Capita selecta der Sprachwissenschaft	Oberseminar
Liebe, Eros und Ehe in der Literatur	Vorlesung
Gottfried Benn	Hauptseminar

Insofern ist es wenig verwunderlich, dass Sie als Student/in Ihren Schulpraktika große Erwartungen entgegenbringen. Endlich wollen Sie Ihr Wissen, Ihre im Studium erworbenen Kompetenzen auch anbringen, endlich sich selbst in der Rolle als Lehrer/in erleben, möglicherweise auch endlich einmal beweisen, dass Unterricht mehr und besser sein kann, als das, was Sie selbst als Schüler/in erlebt, oft erlitten haben. Vielleicht spielt auch bei Ihnen der Gedanke eine Rolle, das Schulpraktikum als mögliche Entscheidungshilfe für die Frage zu verwenden, ob Sie geeignet für den Lehrerberuf sind.

Aus all dem wird sich sicher eine individuelle Mischung aus den Gefühlen Freude, Anspannung, Unbehagen und Angst ergeben, die dazu führt, das Praktikum als besondere Lernerfahrung zu begreifen.

Status, Rollenerwartungen und Tipps

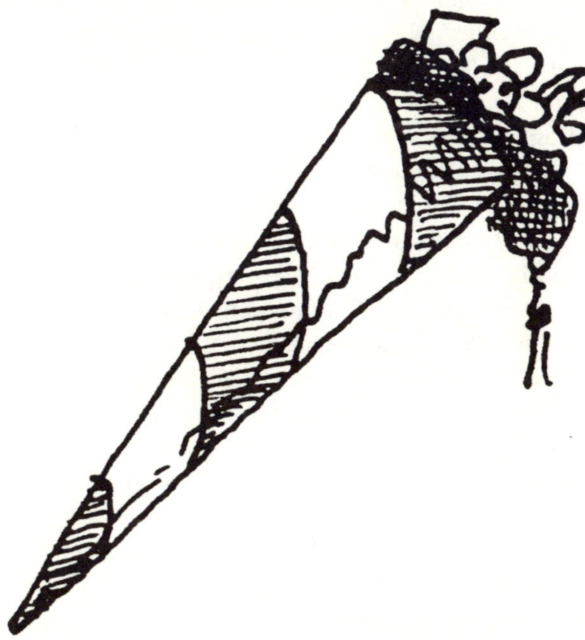

1. Sicht des Praktikanten

Wer als Praktikant/in in eine Institution kommt, übernimmt dabei automatisch eine bestimmte Rolle, die sich in einigen zentralen Punkten von der Rolle der regulären Mitarbeiter/innen unterscheidet. Dies ist bei Ihrem Schulpraktikum genauso.

Ihre Rolle unterscheidet sich zum Ersten im Faktor Zeit: Während die anderen Lehrer/innen Jahre, teilweise Jahrzehnte an dieser Schule arbeiten, ist Ihre Zeit dort begrenzt. Dies heißt einerseits, dass Sie sich in kürzester Zeit mit den Schulgegebenheiten vertraut machen müssen, andererseits ist auch Ihr Kontakt mit dem Mentor und den Schüler/innen zeitlich befristet.

Zentrale Unterschiede in der Rolle zwischen Ihnen als Praktikant/in und dem Rest des Lehrerkollegiums liegen auch im Bereich der Kompetenz. Das Praktikum ist Teil der Ausbildung, insofern kann niemand von Ihnen verlangen (am wenigsten sollten Sie das von sich selbst!), angemessen, versiert und differenziert im Unterricht zu agieren. Fehler zu machen, an eigene Grenzen oder die der Schüler/innen zu stoßen, mit Unterricht ganz zu scheitern gehört für Sie quasi zum Ausbildungsprogramm und ist als solches als wichtige Erfahrung zu betrachten.

Darüber hinaus gibt es Unterschiede beim Faktor Verantwortlichkeit: Ihren gehaltenen Unterricht, sei er gelungen oder missraten, verantwortet letztlich Ihr Mentor bzw. die Schulleitung. Gerade in wichtigen Fragen sind Sie auf die Autorität Ihres Mentors angewiesen.

Damit wären wir beim nächsten Punkt, der im Unterricht vorhandenen Macht von Praktikant/innen. Ihr Status kann sowohl gegenüber den Schüler/innen wie gegenüber dem Mentor als relativ machtlos beschrieben werden. Gerade in Konfliktfällen wird deutlich, dass der Mentor etwaige Strafen, die Sie aussprechen möchten, endgültig absegnen muss. Aber auch in Fragen der Bewertung und Benotung von Schülerleistungen ist Ihr Spielraum als Praktikant/in begrenzt. Praktikant/innen unterrichten also mit einer »geliehenen Autorität«.

Klar ist auch, dass Sie weder dem Beamtengesetz bzw. den vielfältigen Dienstvorschriften so unterliegen wie eine normaler Lehrer noch dass Sie für Ihre Arbeit, die Sie leisten, Geld erhalten.

Und schließlich ist Ihr Status als Praktikant/in insgesamt durch eine Ambivalenz von »nicht mehr« und »noch nicht« gekennzeichnet. Einerseits sind Sie kein Schüler mehr, sehen häufig auch älter aus als die ältesten Schüler/innen Ihrer Praktikumsschule und fallen insofern im Schülerblick auf, andererseits sind Sie längst noch kein fertiger Lehrer. Sie werden diese Ambivalenz z.B. auch dabei bemerken, wie Sie bestimmte Situationen und Ereignisse im Unterricht, im Pausenhof oder im Lehrerzimmer wahrnehmen. Häufig werden Ihnen diese mit einem gespaltenen Blick offenbar: Einerseits in der Schüler/innenperspektive, andererseits in der Lehrer/innenperspektive.

Wenn der nette Kevin aus der 7b zum Beispiel im – zugegebenermaßen etwas langweiligen – Physikunterricht Ihres Mentors seine Zeit damit verbringt, die Schüler/innen in der Bank vor ihm mit gezielten und gleichzeitig wenig diskreten Kontaktaufnahmen zu bezirzen, so werden Sie auf der einen Seite möglicherweise Sympathie für ihn empfinden, weil es Ihnen damals im Physikunterricht auch ähnlich ging, oder Sie denken, er habe ganz Recht, den Unterricht zu stören. Auf der anderen Seite empfinden Sie mit Ihrem Mentor und meinen, er habe sich ja auf den Unterricht vorbereitet und damit ein Recht darauf, ungestört zu unterrichten (und die anderen Schüler/innen ebenso!), und die Störungen von Kevin seien insgesamt so gravierend, dass er Kevin verwarnen, gegebenenfalls bestrafen muss.

Ein anderes Beispiel: Das abgeschlossene und für Schüler/innen normalerweise unzugängliche Lehrerzimmer wird für Sie einerseits den Hauch von Unnahbarkeit und Arroganz gegenüber den Schüler/innen vermitteln, andererseits werden Sie vielleicht ganz froh sein, nach zwei Stunden konzentriertem Hospitieren oder schweißtreibendem Unterrichten die große Pause fernab von zarten Kinderstimmen in trauter Zweisamkeit mit Ihrem Kaffee zu erleben.

Weitere Denkanregungen bietet Ihnen Trainingsbaustein 2 (S. 193).

2. Erwartungshaltung der Schule

Nicht nur Sie selbst haben handfeste Erwartungen an Ihr Praktikum, sondern auch die anderen Beteiligten.

Ihr *Mentor* möchte vielleicht selbst mehr lernen, erfahren, was an der Universität für didaktische Konzepte gerade en vogue sind, mit Ihnen gemeinsame Lernerfahrungen machen. Vielleicht möchte er neue Impulse für seinen eigenen Unterricht erhalten und ist vor allem daran interessiert, von Ihnen ein fachliches und ehrliches Feedback zum eigenen Unterrichten zu bekommen. Das könnte daran liegen, dass die meisten Lehrer/innen nur sehr selten eine professionelle kritisch-konstruktive Rückmeldung zu dem bekommen, was sie den ganzen Tag unterrichtlich und erzieherisch unternehmen. Die Effekte von Schule und Unterricht sind in der Regel nur sehr langfristig zu bemerken, wer auf kurzfristige Effekte setzt, z.B. bedeutsame fachliche Lernprozesse oder auch Erziehungsprozesse, wird häufig frustriert. Möglich ist auch, dass Ihr Mentor durch Sie entlastet werden, weniger Unterricht selbst halten oder Konflikten mit der Klasse aus dem Weg gehen möchte. Als sehr unwahrscheinlich kann gelten, dass Ihr Mentor aus Geldsucht diesen Job angenommen hat. Die Vergütungen für die Mentor/innentätigkeit sind im Durchschnitt mehr als bescheiden, angesichts der Arbeit und Verantwortung eher als Witz zu bezeichnen.

Wahrscheinlich stellen auch *die Schüler/innen* der Praktikumsklassen bestimmte Erwartungen an Sie. Von Praktikant/innen erwarten sie häufig einen spannenderen bzw. schülernäheren Unterricht, insgesamt eine Abwechslung von ihrem Schulalltag. Je nach Klassenstufe können auch andere Aspekte eine wichtige Rolle spielen, wenn Sie z.B. als Frau in höheren Klassen unterrichten. Hier können Sie mitunter von einigen Jungen als attraktive Wunschpartnerin wahrgenommen werden. Mitunter wird auch berichtet, dass Klassen mit der Erwartung in ein Praktikum gehen auszutesten, wie weit sie bei der Praktikantin bzw. dem Praktikanten gehen können und ob sie es wieder, wie beim letzten Praktikanten, schaffen, dass er aus Gründen massiver Disziplinstörungen wild rumbrüllt oder sogar weinend aus der Klasse läuft. Aber das sind wohl absolute Ausnahmen. Wenn die Klasse schon häufiger Praktikant/innen hatte, ist es wahrscheinlich, dass die Schüler/innen recht professionell mit der Situation umgehen, Ihnen das Leben nicht allzu schwer machen und sich darauf einstellen, dass Sie nach vier Wochen wieder verschwunden sind.

Der *Rektor* als quasi Ihr schulischer Vorgesetzter verbindet mit Ihnen in aller Regel auch einige Erwartungen: Vor allem sollen Sie dem Rektor keine Probleme oder Arbeit machen – davon hat er schon mehr als genug. Als Hintergrund: Die Schulleitung ist, das hat die Schulforschung der letzten zwanzig Jahre eindrucksvoll gezeigt, ein prägender Faktor für die gesamte Schule und hat großen Einfluss auf die Unterrichts- und Schulkultur. Die besten Praktikant/innen sind aus Sicht des Rektors fleißig und höflich. Sie fallen nicht sonderlich auf, fügen sich nahtlos in den Schulalltag und ins Kollegium ein, kümmern sich selbst um alle wichtigen Dinge, behelligen sie nicht mit Fragen, für deren Beantwortung der Rektor nicht zuständig ist (z.B. »Herr Machmann, könnten Sie mir sagen, wo ich Kreide finde?«), und geben eventuell einigen Kolleg/innen den einen oder anderen wichtigen methodischen Impuls oder Tipp. Möglicherweise erwartet auch die Schulleitung von Ihnen, Aufgaben im außerunterrichtlichen Bereich in der Zeit Ihres Praktikums zu übernehmen (nach dem Motto: »Das gehört auch zum Lehrersein!«), so z.B. die Betreuung des Würstchenstandes beim Sportfest oder die Begleitung der Chaos-7c ins Museum zur Gewährleistung der öffentlichen Ordnung. Was immer wieder vorkommt, ist, dass Sie als Praktikant/in, zum Beispiel wenn Ihr Mentor kurzfristig erkrankt ist, einzelne Stunden vertretungsweise übernehmen. Solche Vertretungsstunden sind explizit verboten. Trotzdem kommt es vor. Der Rektor verbindet solche Anfragen häufig mit einem unterschwelligen oder auch ganz offenen Lob nach dem Motto »Ich traue Ihnen das zu!«, andererseits haben Sie ein Recht darauf, nicht schulinterne Lücken füllen zu müssen. Ganz abgesehen davon, dass auch die Schüler/innen ein Recht auf einen qualifizierten Unterricht haben. Von daher raten wir Ihnen, höflich, aber bestimmt solche Ansinnen zu verweigern. Das schließt nicht aus, dass Sie sich im Einzelfall mit guten Gründen für die Übernahme einer Vertretungsstunde entscheiden.

3. Von Kommilitonen und Hochschulbetreuern erwartete Verhaltensmuster

Häufig werden Sie das Praktikum nicht alleine ableisten, sondern gemeinsam mit einer/einem oder mehreren *Kommiliton/innen.* Wahrscheinlich haben diese auch konkrete und zugleich diffuse Erwartungen an ihr Praktikum und damit auch an Sie. Sie wollen zum Beispiel von Ihnen ein ehrliches Feedback zu ihrem unterrichtlichen und erzieherischen Wirken bekommen, sie stehen z.B. bei der Unterrichtsplanung auf Teamarbeit oder auf grenzenlosem Einsiedlertum, sie möchten sich nicht vor Ihnen blamieren oder besser oder beliebter bei den Schüler/innen sein oder sich ganz einfach (obwohl das schwer ist!) einen faulen Lenz machen. Da Unterrichten und Erziehen mehr als viele andere Berufe sehr viel mit den eigenen Stärken und Schwächen zu tun hat, werden diese im Laufe des Praktikums wahrscheinlich nicht nur bei Ihnen, sondern auch bei Ihren Kommiliton/innen mehr oder weniger deutlich sichtbar werden.

Der *Hochschulbetreuer* hat ebenfalls vielfältige Erwartungen an Sie. Einerseits möchte er möglicherweise qualitativ hochwertigen Unterricht von Ihnen sehen, verbunden mit vielfältigen Sozialformen und Methoden. Betreuer der Universität sind entweder Erziehungswissenschaftler, Fachwissenschaftler oder Fachdidaktiker und sehen es häufig gerne, wenn sich ihre eigenen Theorien und Konzepte in Ihrem Unterricht bestätigt finden. Dann freuen sie sich sogar richtig. Andererseits sind Hochschulbetreuer ja auch nur Menschen und wollen möglichst wenig Probleme mit Ihnen haben und lassen Fünfe auch mal gerade sein. Die Art der Betreuung, die Ihnen anheim gestellt wird, kann gravierend in Quantität und Qualität schwanken.

Schließlich könnten auch noch die Erwartungen der *Eltern* eine Rolle spielen. Je nach Klassenstufe, Einzugsgebiet der Schule und Vorerfahrungen mit Praktikant/innen registrieren sie mehr oder weniger aufmerksam, wer ihre Söhne oder Töchter unterrichtet. In aller Regel haben Eltern die Erwartung, dass die Klasse weiter qualifizierten Unterricht erhält, dass in puncto Erziehungsstil, Arbeitsformen im Unterricht oder Hausaufgaben wenig experimentiert wird und die bisher gewohnten Regeln und Rituale weiterhin gelten. Aber auch hier bestätigen Ausnahmen die Regel.

Zusammengefasst heißt das: Im Laufe Ihres Schulpraktikums werden Sie mit vielfältigen Erwartungen konfrontiert, die sich teilweise ergänzen, teilweise aber auch ausschließen und widersprechen. Ihre Aufgabe ist also, diese Erwartungen wahrzunehmen, Ihr Rolle dabei bewusst zu reflektieren und vor diesem Hintergrund Ihre Praktikumszeit zu gestalten.

Viele Praktikant/innen sind in dieser Gemengelage an Erwartungen und Gefühlen geneigt, entweder die Flucht *vor* der Lehrerrolle oder die Flucht *in* die Lehrerrolle anzutreten. Beide Formen haben Vorteile, aber auch Risiken. Beim ersten Weg, der Flucht vor der Lehrerrolle, fühlen sich die Praktikant/innen eher wie Schüler/innen und nehmen den hospitierten oder selbst durchgeführten Unterrichtsablauf einseitig aus Sicht der Schüler/innen wahr. Im eigenen Unterricht werden dann dezidierte Anforderungen und Arbeitsanweisungen an die Schüler/innen vermieden, oder der Praktikant plant so offen, dass die Schüler/innen in vielen Phasen des Unterrichts spontan handeln können. Der zweite Weg ist das Gegenteil, nämlich die Flucht in die Lehrerrolle. Hier neigen Praktikant/innen dazu, die Arbeitsformen des späteren Berufsfeldes bruchlos zu adaptieren, d.h. beispielsweise den Stoffplan des Mentors zu übernehmen, viele Stunden zu geben, nur einzeln zu unterrichten oder auch relativ »streng« die Klasse zu führen. Beide Wege sind u.E. im Praktikum zu vermeiden.

4. Resümee: Sechs Tipps fürs Schulpraktikum

1. Stellen Sie sich mental auf das Praktikum ein und reflektieren Sie genau die eigenen Ansprüche. Bedenken Sie: Kein Praktikant kann in der kurzen Zeit eine Klasse umkrempeln. Bleiben Sie also mit Ihren Erwartungen an sich selbst realistisch. Perfektionismus ist dabei eher hinderlich. Begreifen Sie das Praktikum als Chance und Phase intensiver Erfahrungen. Hospitieren und unterrichten Sie so viel wie möglich, beteiligen Sie sich am Schulleben und nutzen Sie diese einmalige Zeit eigener Lernerfahrungen aus.
2. Entwickeln und trainieren Sie im Laufe Ihres Praktikums einen forschenden Blick auf Unterricht. Differenzieren Sie Ihr Beobachtungsinstrumentarium, Ihre Kategorien zur Beschreibung, Analyse und Interpretation unterrichtlicher Interaktionen.
3. Suchen Sie den Kontakt mit den Kindern und Jugendlichen, auch außerhalb des Unterrichts. Viele von ihnen sind sehr offen und mitteilsam. Befassen Sie sich genauer mit ihrer familiären Situation, ihrer Freizeitgestaltung, ihren Interessen und auch damit, wie sie Schule erleben und mit der Schule umgehen. Sie werden viel dabei lernen.
4. Testen Sie, auch gegen Widerstände, methodisch-didaktische und pädagogische Grenzen aus. Haben Sie Mut, auch ungewöhnliche Themen einzubringen und neue Lernwege mit den Schüler/innen zu beschreiten. Unterrichten Sie wenn möglich in zusammenhängenden Sequenzen oder Unterrichtseinheiten. Lassen Sie sich nicht gleich entmutigen, wenn etwas nicht so klappt, wie Sie es sich gewünscht haben.
5. Das Praktikum ist Teil Ihrer Ausbildung. Logisch, dass Sie vieles erst lernen müssen. Erklären Sie Misserfolgserlebnisse und Frustrationen nicht primär durch eigenes Versagen und nehmen Sie auch persönliche Lernprozesse und positive Entwicklungen wahr. Registrieren Sie bewusst, wenn etwas schon besser geklappt hat als im letzten Praktikum oder in den ersten Stunden des jetzigen Praktikums.
6. Setzen Sie, auch wenn es Ihnen selbst zuweilen schwer fällt, Grenzen im Umgang mit Schülern und Schülerinnen und versuchen Sie, ein verlässlicher Lehrer zu sein, bei der die Schüler/innen wissen, woran sie sind. Verzichten Sie darauf, sich von den Schülern und Schülerinnen duzen zu lassen, und belassen Sie es bei der distanzierteren Sie-Form. Versuchen Sie auch einmal »Nein« zu sagen, wenn Kollegen und Schulleiter etwas von Ihnen wollen und Ihnen die Arbeit über den Kopf wächst. Lieber einige Sachen richtig machen, als vieles nur halb. Es allen recht machen zu wollen schafft Probleme – vor allem für Sie.

Ein gutes Praktikum beginnt vor dem Praktikum – Organisatorisches und mehr

Im Dschungel der Universität muss man an vieles denken: Seminare besuchen, Scheine machen, Hausarbeiten schreiben, Referate halten, Literatur recherchieren, Prüfungsthemen heraussuchen und eingrenzen etc. Und dies oft in unterschiedlichen Fächern bei unterschiedlichen Fakultäten und unterschiedlichen Regularien. Insofern ist es wenig verwunderlich, wenn ein Schulpraktikum zwar als willkommene Abwechslung in diesem Dschungel gesehen wird, gleichzeitig aber auch wenig Zeit und Ruhe bleibt, dieses Praktikum ordentlich vorzubereiten.

Dennoch raten wir Ihnen, auch die Vorbereitung auf das Praktikum als wichtigen Faktor für ein gelingendes Schulpraktikum zu sehen und zu gestalten.

Der erste Schritt ist die Entscheidung darüber, in welchem Semester das Praktikum absolviert werden soll. Sie müssen dazu die Studien- bzw. Prüfungsordnungen zur Hand nehmen und mit Ihrem persönlichen Studienverlauf in Verbindung bringen. Häufig ist ein abgeleistetes Schulpraktikum Voraussetzung dafür, in einem Fach oder Bereich weiterführende Veranstaltungen zu besuchen. Oder ein Praktikum muss zu einem bestimmten Zeitpunkt besucht worden sein. Oder es ist Voraussetzung zur Prüfungszulassung.

Im einen Fall werden Sie einer Schule und einem Mentor zugewiesen, im anderen Fall haben Sie die Möglichkeit, sich Schule und Mentor selbst auszusuchen, möglich ist auch, dass die Universität bzw. Pädagogische Hochschule sich gar nicht oder nur im worst case um einen Schulpraktikumsplatz kümmert und Sie selbst aktiv werden müssen. Empfehlenswert ist unserer Erfahrung nach auf jeden Fall, die eigenen Möglichkeiten bei der Schulauswahl, so sie denn vorhanden sind, zu nutzen, d.h. zum Beispiel auch, vorhandene Kontakte zu Schulen (z.B. aus der eigenen Schulzeit) zu vertiefen, im eigenen Ort oder Stadtteil an die Schulen heranzutreten und zu fragen, ob hier die Ableistung eines Schulpraktikums möglich ist. Sofern das möglich ist, raten wir Ihnen auch, ein Praktikum an einer Schule im Ausland in Erwägung zu ziehen. Nur sehr selten werden Sie als »fertiger« Lehrer solche Erfahrungen später machen können.

In aller Regel wird ein Schulpraktikum auf Seiten der Universität in irgendeiner Weise vorbereitet, so z.B. in Form einer Vorbesprechung oder eines Seminars oder auch in Form von Arbeitsbögen und Begleitmaterialien, die Ihnen zur Verfügung gestellt werden. Sollte dies nicht der Fall sein, sind Sie auf die Unterstützung durch Ihren Mentor oder Rektor angewiesen. Und natürlich auf das Buch, das Sie gerade lesen.

Im Rahmen Ihres Praktikums sind Sie unfall- und haftpflichtversichert. Dies gilt in aller Regel für alle möglichen und unmöglichen Fälle:

- Sie verletzen sich während des Unterrichts dadurch, dass Ihnen die Wandkarte der USA auf die Schulter knallt.
- Sie verlieren einen Schulschlüssel.
- Sie verunglücken auf dem Weg zur Schule.
- Sie holen sich bei der Demonstration der Riesenfelge im Sportunterricht ein Schleudertrauma.

- Eine Ihrer Schüler/innen verbrennt sich am Bunsenbrenner, während Sie die Versuche beaufsichtigen.
- Ein Schüler schneidet sich während Ihres Werkunterrichts in den Finger.

Eine Haftung der für diese Fälle zuständigen staatlichen Unfallversicherung ist nur bei schuldhaftem Verhalten oder grober Fahrlässigkeit ausgeschlossen. In jedem Fall werden Sie ja ohnehin nie in Abwesenheit Ihres Mentors unterrichten. Dessen Aufgabe ist es auch einzuschreiten, wenn es gefährlich wird oder Sie den Schüler/innen Dinge zumuten, die diese noch gar nicht leisten können.

Insgesamt möchten wir Ihnen raten, sich möglichst frühzeitig, d.h. mindestens vier bis sechs Wochen vor Praktikumsbeginn mit Ihrer Praktikumsschule in Verbindung zu setzen. In der Regel ist zuerst die Sekretärin am Telefon. Lassen Sie sich dann mit der Schulleitung verbinden bzw. mit der Person, die von der Schulleitung für die Betreuung von Praktikant/innen beauftragt ist. In diesem Telefonat können Sie sich kurz mit Namen, Studiengang und Semesterzahl vorstellen und, sofern die Gesprächspartnerin dies auch wünscht, einen kurzen Vorstellungstermin an der Schule vereinbaren. Vielleicht weiß der Rektor jetzt schon, welcher Mentor für Sie vorgesehen ist. Wichtig könnte auch sein, schon vor dem offiziellen Praktikumsbeginn die vorgesehene Klasse kurz kennen zu lernen. Je nach Situation können Sie im Telefonat auch kurz erläutern, welche konkreten Schwerpunkte Sie sich für dieses Praktikum wünschen.

Entweder vor dem Praktikum oder zu Beginn wird es dann je nach schulischen Gegebenheiten vor Ort ein kürzeres oder längeres Gespräch mit dem Mentor und dem Rektor geben, in dem das Praktikum inhaltlich und organisatorisch vorbesprochen wird.

Hier sollten Sie einerseits auf die universitären Vorgaben in Form von Verordnungen, Leitlinien oder Begleitmaterialien und Formularen eingehen. Häufig ist darin geregelt, in welchem Anteil Hospitationen und eigener Unterricht gewichtet sind, wie viele Stunden Sie beispielsweise selbst unterrichten müssen oder in welchem Ausmaß und welcher Form das Praktikum vorbereitet, begleitet und ausgewertet werden muss. Oft wird obligatorisch von Seiten des universitären Praktikumsamtes von Ihnen ein Gesundheitszeugnis bzw. ein Tbc-Test beim Gesundheitsamt verlangt. Wichtig ist für den Mentor z.B. auch, wann wie oft jemand von der Universität kommt oder ob der Mentor das Praktikum nur bescheinigen (Teilnahme bzw. Erfolg) oder aber verbal oder mit einer Note begutachten muss. Darüber hinaus sollten Sie klären, ob Sie eine schriftliche Ausarbeitung oder einen Unterrichtsentwurf schreiben müssen und welche Vorschriften oder Vorschläge dazu existieren.

Andererseits bietet ein solches Gespräch auch die Möglichkeit, dass Sie von sich aus eigene Wünsche und Interessen einbringen. Vielleicht haben Sie besondere Vorlieben, was die Klassenstufe, die Fächer oder auch die Unterrichtsthemen anbelangt. Vielleicht haben Sie in Pädagogischer Psychologie ein Seminar zu »ADS und Hyperaktivität im Kindesalter« gemacht und möchten nun diese Seminarerfahrungen kombinieren mit gezielten Beobachtungen in einer Klasse. Oder Sie möchten in möglichst unterschiedlichen Klassenstufen hospitieren und unterrichten und benötigen damit weitere Kolleg/innen, bei denen Sie dies verwirklichen können.

Hilfreich könnte es u.E. sein, sich vor dem Praktikum auch zu überlegen, welche Schwerpunkte Sie in diesen vier Wochen oder 13 Vormittagen etc. setzen möchten, und diese Überlegungen auch nun frühzeitig zu äußern. So könnte es für die einen interessant sein, Formen offenen Unterrichts an dieser Schule zu erkunden, in solchen Klassen gezielt zu hospitieren und zu unterrichten und in diesem Bereich auch mit anderen Kolleg/innen zusammenzuarbeiten. Andere möchten ein didaktisches Seminar zum Thema »Phrasierung des Unterrichts« vertiefen und sind nun gespannt darauf, in welcher Weise ein Lehrer in verschiedenen Klassenstufen beim Unterrichten bestimmte Lehr-Lern-Phasen gestaltet. Für wieder andere könnte ein Schwerpunkt darauf liegen, das Berufsfeld eines Lehrers möglichst umfassend kennen zu lernen. Das könnte z.B. bedeuten, auch einmal bei der Planung von Unterricht oder der Korrektur von Klassenarbeiten am häuslichen Schreibtisch zu hospitieren oder auch mal einem Elterngespräch oder einer Konferenz beizuwohnen. Und schließlich könnte es beispielsweise interessant sein, nach einem Spiralcurriculum zu forschen, d.h. in unterschiedlichen Klassenstufen danach zu fragen, wie ein Inhalt oder Themenbereich oder Arbeitsbereich eines Faches didaktisch jeweils modelliert ist, wie also z.B. mit geometrischen Figuren in einer 3. Klasse, einer 7. Klasse und einer 10. Klasse gearbeitet wird, und wie diese Unterrichtseinheiten aufeinander aufbauen.

Notwendig ist darüber hinaus, den Rektor und den Mentor zu fragen, was diese von Ihnen erwarten, welche Erfahrungen sie bisher mit Praktikant/innen gemacht haben und welche Hinweise und Tipps, vielleicht auch Literaturtipps sie Ihnen geben würden. So gibt es immer wieder Mentor/innen, die nach dem Prinzip »Sprung ins kalte Wasser« ihren Ausbildungsauftrag begreifen, andere haben gute Erfahrungen mit einem dosierten Heranführen an das Unterrichten gemacht, z.B. durch begrenzte Teilaufgaben, Betreuung einer Gruppenarbeit, Planung und Gestaltung einer Unterrichtsphase. All dies sollten Sie in diesem Vorgespräch möglichst genau abklären.

Bereits jetzt, vor Beginn des Praktikums, sollten Sie sich die Anschrift und Telefonnummer der Praktikumsschule notieren, damit Sie im Krankheitsfall schnellstmöglich, d.h. morgens vor Beginn des Unterrichts, Ihren Mentor, gegebenenfalls auch die Schulleitung und den Betreuer der Hochschule informieren können.

Mit all diesen Überlegungen, Gefühlen und Reflexionen werden Sie sich seelisch-moralisch auf Ihr Schulpraktikum vorbereiten und sich auf den ersten Praktikumstag (mehr oder weniger) freuen. Dieser erste Praktikumstag ist aus unserer Sicht besonders wichtig, hier werden die ersten Pflöcke mit dem Mentor, ihrer Klasse, dem Unibetreuer oder auch mit dem Rektor eingeschlagen. Sie sollten daher pünktlich zum verabredeten Treffpunkt erscheinen (am besten eine viertel Stunde vorher), die notwendigen Unterlagen dabeihaben und einige Blätter Papier zur Unterrichtsbeobachtung oder auch zum Notieren der wichtigsten Vereinbarungen mit Ihrem Mentor. Ganz wichtig ist: Terminkalender nicht vergessen. Gerade in den von der Universität betreuten Praktika wird am ersten Praktikumstag entschieden, wer wann unterrichtet. Diese Termine sollten Sie mit anderen Terminen abgleichen, um z.B. unnötige Arbeitsverdichtungen zu vermeiden oder noch zum 70. Geburtstag Ihrer Oma gehen zu können oder aber um Ihre private Beziehung nicht aufs Spiel zu setzen.

Spätestens am ersten Praktikumstag dann werden Sie die Klasse/n kennen lernen, in der/denen Sie hospitieren und unterrichten werden. Viele Mentor/innen, gerade solche, die schon längere Zeit Praktikant/innen betreuen, führen beim ersten gemeinsamen Kennenlernen unterschiedliche Formen und Rituale durch. In der Grundschule ist es vielleicht üblich, dass die ganze Klasse mit Mentor und Praktikant/innen im Stuhlkreis zusammensitzt und sich kurz vorgestellt wird. Oder die Klasse erzählt, was sie in der letzten Woche gelernt habt. Oder die Schüler/innen haben die Möglichkeit, die neuen Praktikant/innen zu befragen. Beliebt sind dabei unserer Erfahrung nach nicht nur die üblichen Fragen nach harten Fakten (Wie heißen Sie? Wie alt sind Sie? Wo wohnen Sie? Welche Hobbys haben Sie?), sondern mitunter auch Fragen, die ans Eingemachte gehen (Sind Sie verheiratet? Haben Sie Kinder? Warum wollen Sie Lehrerin werden?). Am besten, Sie sind nett und aufgeschlossen und antworten wahrheitsgemäß (sofern Ihnen das möglich erscheint). Viele Kinder und Jugendliche interessieren sich zum Beispiel für besondere Hobbys von Ihnen: Also, wenn Sie Briefmarken sammeln (längst wieder cool!) oder Motorrad fahren, wenn Sie eine Sportart ausüben oder ein Instrument spielen: Am besten, Sie erzählen davon, und wenn Sie merken, dass alle Schüler/innen Ihnen gebannt lauschen, erzählen Sie mehr davon. Vielleicht können Sie dann im Verlauf des Praktikums etwas mal mitbringen oder ein Musikstück vorspielen. So werden die Schüler/innen erfahren, dass Sie nicht »nur« ein Praktikant oder Student sind, sondern auch ein Mensch mit besonderen Vorlieben, mit einem unverwechselbaren Profil.

In der Sekundarstufe I und II werden die ersten Kontakte zwischen Ihnen und den Schüler/innen wohl eher zurückhaltender verlaufen. Aber auch hier kann man sich kurz vorstellen oder Sie machen mit der Klasse ein Ratespiel, bei dem die Schüler/innen Ihr Hobby oder eine Besonderheit von Ihnen erraten muss. So oder so – wir würden Ihnen empfehlen, mit dem Mentor gemeinsam, am besten bereits vor dem Praktikum, s.o., zu überlegen, wie das Kennenlernen zwischen Ihnen und der Klasse gelingend gestaltet werden kann.

Darüber hinaus sollten Sie spätestens zu Beginn des Praktikums Kontakt mit weiteren wichtigen Personen der Schule aufnehmen, so z.B. mit der Schulsekretärin oder dem Hausmeister.

Eine zwar primär organisatorische, aber dennoch sehr wichtige Frage Ihres Praktikums wird sein, an welchem Ort Ihre Besprechungen mit dem Mentor stattfinden werden. An vielen Schulen ist es üblich, dass auch Praktikant/innen wie alle anderen Lehrer/innen einen Zugang, zuweilen auch einen Schlüssel, zum Lehrerzimmer haben. Lehrerzimmer sind, psychologisch gesehen, hochkomplexe und ritualisierte Räume. Sie dienen als Rückzugsraum vor der Horde der Schüler/innen, sind Ort der Kooperation, des Austauschs, aber auch des Kampfes, der Fettnäpfe, der Rivalität und der gezielten verbalen oder nonverbalen Verletzung. Sofern Sie also sich mehr oder weniger regelmäßig im Lehrerzimmer aufhalten, sollten Sie versuchen, die Tiefenpsychologie des Lehrerzimmers sensibel zu erkunden und sich als Gast zu verhalten. Das bedeutet z.B., dass Sie warten, bis Ihnen ein Stuhl zugewiesen wird. Oder Sie stellen sich kurz bei den anwesenden Kolleg/innen vor und fragen, ob dieser Platz noch frei ist. Häufig gibt es ein seltsames Phänomen in Lehrerzimmern: Alle Kolleg/innen sagen: »Bei uns gibt es keine festen Plätze. Setzen Sie sich doch einfach hin.« Trotzdem werden Sie kurz darauf von einem dazukommenden Kollegen mit Blicken taxiert, die auf eine schwere Regelverletzung Ihrerseits hindeuten. Am besten, Sie halten sich an die Hinweise Ihres Mentors und setzen sich ein wenig abseits, d.h. zum Beispiel in die »zweite Reihe« hinter Ihren Mentor.

An anderen Schulen ist die Anwesenheit der Praktikant/innen im Lehrerzimmer nicht vorgesehen, vielleicht auch explizit nicht erwünscht. In diesem Falle werden Sie sich mit Ihrem Mentor entweder durchgängig im Klassenzimmer oder in einem besonderen Besprechungsraum, z.B. der Lehrerbücherei oder einem nicht genutzten Raum aufhalten und dort die Stunden vorbereiten und nachbesprechen.

Didaktik und didaktische Konzeptionen – Modellvorstellungen über Lehren und Lernen

1. Grundlagen

In den Prüfungs- und Studienordnungen sowie der erziehungswissenschaftlichen und fachdidaktischen Literatur ist der Begriff der Didaktik allgegenwärtig. Er wird dabei teilweise sehr unterschiedlich benutzt:

- Didaktik als Auswahl der Bildungsinhalte,
- Didaktik als systematische Planung des Unterrichts,
- Didaktik als kommunikatives Unterrichtshandeln,
- Didaktik als Dramaturgie des Unterrichts,
- Didaktik als methodisches Unterrichtssetting,
- Didaktik als umfassende Unterrichtswissenschaft.

Zusammengefasst lassen sich drei verschiedene Auffassungen von Didaktik unterscheiden:

- *Weiter Begriff* Didaktik als Wissenschaft vom Lehren und Lernen.
- *Engerer Begriff* Didaktik als Wissenschaft vom (Schul-)Unterricht.
- *Enger Begriff* Didaktik als Theorie der Bildungsinhalte und Curriculumtheorie.

Auch in vielen Zusammensetzungen kommt »Didaktik« vor: als didaktische Analyse, didaktische Reduktion oder didaktisches Konstrukt. Und es gibt schließlich viele »Didaktiken«: Die bildungstheoretische Didaktik, die systemtheoretische, die lerntheoretische, die kommunikative, die kritisch-konstruktive oder die handlungstheoretische. Daneben wird von der Allgemeinen Didaktik und der Fachdidaktik bzw. den Fachdidaktiken gesprochen. Bei dieser Begriffsvielfalt ist es notwendig, einmal danach zu schauen, was der Kern des Begriffs »Didaktik« ist, und erst danach, welche verschiedenen Ausdifferenzierungen zu beschreiben sind.

Wir wollen im Folgenden unter Didaktik (von griech. *didaskein*: lehren, unterweisen, aber auch: lernen, belehrt werden; *didakte techne* = Kunst des Lehrens) die Wissenschaft vom Unterricht, vor allem vom schulischen Unterricht, verstehen. Dieser Didaktikbegriff geht also damit über enge Didaktikbegriffe hinaus, die zum Beispiel Didaktik primär als Auswahl der Bildungsinhalte, als Curriculumtheorie oder aber als Unterrichtsmethodik begreifen.

2. Das didaktische Dreieck als Grundlage didaktischer Modellbildung

Um Lehr-Lern-Prozesse zu beschreiben und zu bewerten, hat sich mittlerweile eine Vielzahl didaktischer Modelle herausgebildet. Jedes dieser didaktischen Modelle setzt immer mehr oder weniger am so genannten »didaktischen Dreieck« an.

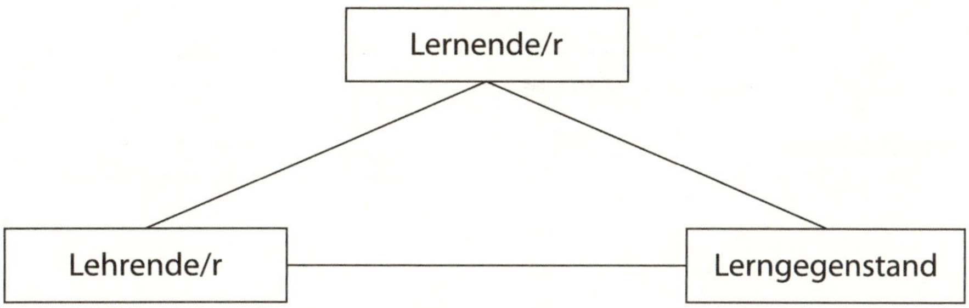

Dieses Modell ist zwar sehr reduziert, liefert aber bereits die Grundlagen für weiter gehende Analysen von didaktischem Handeln. Einerseits sind die drei Bezugspunkte benannt: Der Aspekt »Lernende« beinhaltet beispielsweise Fragen nach den anthropogenen und soziokulturellen Voraussetzungen auf Seiten der Schüler/innen, das Gleiche gilt für die Voraussetzungen, die der Lehrende einbringt. Beim Aspekt »Lerngegenstand« lassen sich Fragen der Sachanalyse verorten.

Eine zweite Betrachtungsebene bieten die Kanten des Dreiecks: Auf der Kante zwischen »Lehrende/r« und »Lerngegenstand« kann beispielsweise die Transformation von Weltinhalten zu Themen des Unterrichts angesiedelt werden, an der Kante zwischen »Lernende« und »Lerngegenstand« die gegenstandsbezogenen Lernvoraussetzungen und an der Kante zwischen »Lehrende/r« und »Lernende« Fragen der Unterrichtsorganisation oder auch der Ritualisierung von unterrichtlichen Interaktionen. Darüber hinaus können die Schwerpunkte komplexerer didaktischer Modelle in diesem Dreieck verankert werden.

Mittlerweile haben Sie gemerkt: Versucht man sich strukturell dem Begriff der Didaktik zu nähern, so ist es nötig, den Gegenstand von Didaktik zu bestimmen, den Unterricht. Unterricht ist, kurz gesagt, eine absichtsvoll geprägte Aufarbeitung von Inhalten. Dabei lassen sich in analytischer Hinsicht zwei Dimensionen beschreiben:

- eine didaktisch-methodische Dimension (inhaltsbezogen),
- eine interaktionell-soziale (partnerbezogen).

Inhalte, Intentionen/Ziele, Methoden/Medien und Evaluation (d.h. das Überprüfen der erreichten Ziele) stehen dabei in wechselseitigem Verhältnis und bedingen sich gegenseitig. Bei der Planung von Unterricht kann man daher an jedem dieser Strukturelemente ansetzen. Unterricht vollzieht sich darüber hinaus zwischen

- den Interessen, Vorerfahrungen, aber auch der Leistungsbereitschaft oder Motivation der Schüler/innen,
- dem Vorwissen, dem Unterrichtsstil, den methodischen Vorlieben oder Anforderungen der Lehrer/innen,
- den Lehrplänen und Richtlinien sowie
- den institutionell-rechtlichen Faktoren (z.B. Notenverordnung, Versetzungsordnung, Mitbestimmungsrechten, etc.).

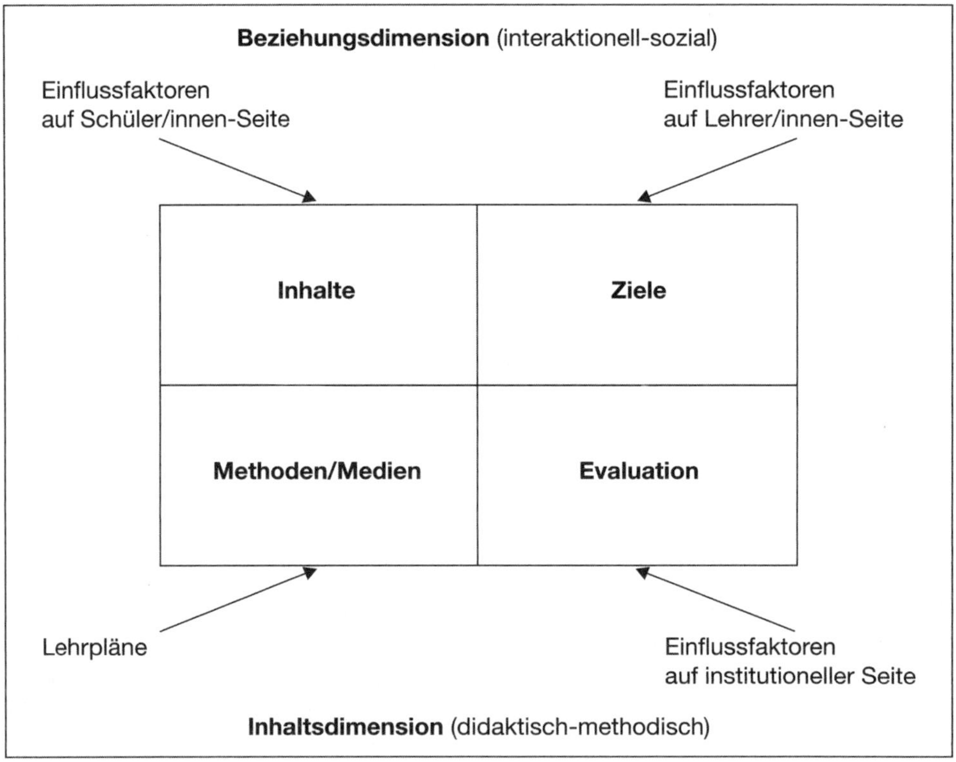

Didaktik beschäftigt sich mit Lehr- und Lernprozessen und mit Fragen der Vermittlung von Lerninhalten und den Aneignungsprozessen auf Seiten der Schüler/innen. Um es auf den Punkt zu bringen: Didaktik befasst sich mit der Fragestellung, wer, was, mit wem, warum, wozu, wo, wann, wie und womit lernen soll.

Die folgende Übersicht benennt Leitfragen und Inhalte der Didaktik sowie mögliche didaktische Antworten am Beispiel aus dem Politikunterricht der 11. Klasse: »Die friedliche Revolution in der DDR 1989«.

Leitfrage	Inhalte der Didaktik	Beispiel
Wer	– Für welche Personen wird Unterricht geplant? – Welche Lernvoraussetzungen und Vorerfahrungen bringen diese Personen mit?	– Schülerinnen der 11. Klasse, Gymnasium – Inhalte des Politikunterrichts bis Klasse 11, Umgang mit Quellentexten, evtl. weitere Vorerfahrungen
Was	– Welche Inhalte oder Stoffe sollen vermittelt werden? – Wie bauen die Inhalte aufeinander auf?	– Politikunterricht: Die friedliche Revolution in der DDR 1989 – unterschiedliche Faktoren führen gemeinsam zu einer gesellschaftlichen Ausnahmesituation
Mit wem	– In welcher personalen Zusammensetzung soll unterrichtet, gelehrt und gelernt werden?	– Klassenzusammensetzung: 1 Lehrerin, 28 Schüler/innen
Warum	– Welche Begründungen lassen sich für die Inhalte und Themen des Unterrichts finden?	– Verankerung im Lehrplan – bedeutsame Phase deutscher Geschichte
Wozu	– Welche Ziele werden mit der Behandlung eines Themas verbunden? – Welche Kompetenzen sollen die Schüler/innen erwerben?	– Einsicht in Historizität und Veränderbarkeit des politischen Systems – Kenntnisse der deutschen Geschichte – Lesekompetenz im Umgang mit fachwissenschaftlichen Quellentexten
Wo	– In welchen organisatorischen Kontexten bzw. Schularten soll gelernt werden?	– Gymnasium – gymnasiale Oberstufe
Wann	– Wie alt sollen die Lernenden bei der Behandlung bestimmter Inhalte sein? – In welchem Zeitabschnitt einer gesamten Schulzeit, eines Schuljahres oder einer Woche sollen die Inhalte behandelt werden?	– Schüler/innen der 11. Klassenstufe – Inhalt ist im Lehrplan verankert – Unterrichtsinhalt setzt bestimmtes Vorwissen und Kompetenzen voraus – Dauer der Einheit: 8–10 Wochenstunden
Wie	– Mit welchen Methoden soll der Unterricht gestaltet werden?	– Lesen eines Quellentextes – erarbeitendes Unterrichtsgespräch
Womit	– Welche Lehr- und Lernmittel (Unterrichtsmedien) sollen im Unterricht eingesetzt werden?	– Quellentexte – Filme – Befragung von Zeitzeugen

3. Allgemeine Didaktik

Die Allgemeine Didaktik erörtert allgemeine, d.h. fachübergreifende, schulartübergreifende und schulstufenübergreifende Überlegungen zum Lehren und Lernen und fast diese z.B. in didaktischen Modellen zusammen.

Gleichwohl werden didaktische Überlegungen für verschiedene Lernende konkretisiert, z.B. bezogen auf das Lebensalter oder auf verschiedene Gruppen von Lerner/innen. Als Unterbereiche finden sich zum Beispiel folgende Disziplinen:

- Fachdidaktiken (s.u.),
- Lernbereichsdidaktiken, z.B. Mediendidaktik, Verkehrserziehung, Friedenserziehung,
- Schulartendidaktiken, z.B. Hauptschuldidaktik, Förderschuldidaktik,
- Schulstufendidaktiken, z.B. Grundschuldidaktik, Didaktik der gymnasialen Oberstufe, auch Hochschuldidaktik.

In der Geschichte der Didaktik wurde schon häufig versucht, didaktische Prinzipien oder Kernaspekte zu identifizieren, die für jeden Unterricht in jeder Klassenstufe mit jeder Methode zentrale Relevanz haben. Aus unserer Sicht lassen sich folgende fünf Prinzipien beschreiben:

1. Realitätsbezug,
2. Handlungsorientierung,
3. Wissenschaftsorientierung,
4. Exemplarität,
5. Strukturiertheit.

Unter *Realitätsbezug* verstehen wir, dass jeder Unterricht einen irgendwie gearteten Bezug zur Wirklichkeit, auch zur Lebenswirklichkeit der Schüler/innen, beinhalten muss und dass die Aufgabe des Lehrers darin besteht, diesen Realitätsbezug sichtbar und verstehbar zu machen. Es ist also wichtig, dass die Schüler/innen die Frage beantworten können, wofür sie jetzt gerade diesen Inhalt im Unterricht behandeln bzw. behandeln müssen. Realitätsbezug kann beispielsweise sehr konkret sein, z.B. durch einen Inhalt, mit dem die Schüler/innen gegenwärtig konfrontiert sind (z.B. auf dem Wochenmarkt einkaufen, Brustschwimmen oder ein Vorstellungsgespräch führen). Bei vielen Inhalten ist der Bezug zur Realität abstrakter strukturiert und stärker auf weiter in der Zukunft liegende Situationen zu denken.

Handlungsorientierung bezieht sich auf das erste Prinzip: Wir denken, dass Unterricht letztlich darauf gerichtet sein muss, die Handlungskompetenz der Schüler/innen zu fördern, also sie dazu anregen, anleiten, führen müsste, in Zukunft eine bestimmte Situation besser als bisher bzw. ohne Unterricht bewältigen zu können. Darunter ist viel zu verstehen, nicht nur konkret sichtbare Handlungen, sondern vor allem auch geistige Operationen, wie das Lösen eines mathematischen Problems, die Bewertung einer schwierigen Situation oder auch die Lust am Lesen von belletristischer Literatur. Um klarzumachen, dass diese Handlung letztlich immer nur angestrebt, aber nie im Unterricht selbst realisiert werden kann (da Unterricht per se in inhaltlicher Hinsicht vorläufig und indirekt ist), möchten wir den Begriff der Handlungs*orientierung* benutzen.

Jeder Unterricht muss dem Prinzip der *Wissenschaftsorientierung* unterliegen. Dabei bezieht sich die Wissenschaftsorientierung der Didaktik einerseits auf die Inhalte und andererseits auf die Verfahren des Unterrichts. Zum ersten Punkt: Wissenschaft ist der gesellschaftliche Ort, wo das Wissen als Grundlage von Urteil und Einsicht gesammelt wird. Das von den Wissenschaften bereitgestellte Wissen ist das Meer, aus dem im Laufe eines Schüler/innenlebens wenige Eimer (vielleicht auch nur Tropfen) entnommen werden. Die Inhalte im Unterricht müssen sich also auf den Stand der Wissenschaft beziehen, gleichgültig, ob es der Unterricht zu »Schwimmen und Sinken« im Sachunterricht der Grundschule oder zu »Kleists Metaphorik« im Deutsch-Leistungskurs der gymnasialen Oberstufe ist. Der zweite Aspekte ist ebenso bedeutsam: Die Verfahren des Unterrichts müssen sich auf wissenschaftliche Verfahren beziehen, ohne gleich mit ihnen identisch zu sein oder direkt zu ihnen hinzuführen (das würde man mit dem Begriff Wissenschaftspropädeutik beschreiben). Letztlich heißt dies auch, die Vorläufigkeit und Interessenbezogenheit des Wissens im Unterricht den Schüler/innen nahe zu bringen.

Exemplarität meint, dass Didaktik diejenigen Inhalte begründet auswählen muss, die es wert sind, im Unterricht behandelt zu werden. Der Hintergrund dieses Prinzips ist die unermessliche Vielfalt an Wissen in der Welt und möglichen Situationen, für die die Schüler/innen vorbereitet werden sollen. Daher stellt sich immer die Frage, welche Inhalte, Stoffe, Themen über sich selbst hinausweisen und beispielhaft für mehrere Stoffe stehen. Dabei sind zwei unterschiedliche Formen von Exemplarität theoretisch modellierbar: Die quantitative Exemplarität liegt vor, wenn ein Inhalt so oder so ähnlich auf andere Inhalte übertragbar ist. Wer also zum Beispiel die Dynamik einer historisch-revolutionären Situation anhand der Französischen Revolution verstanden hat, kann damit auch (zum Teil) die Russische Revolution 1917 oder die friedliche Revolution der DDR 1989 analysieren. Oder in der Physik: Wer die Formel »Geschwindigkeit ist gleich Weg durch Zeit« beherrscht, kann dies in einer unbegrenzten Zahl von Situationen anwenden. Anders verhält es sich mit der qualitativen Exemplarität: Am besonderen Fall sind immer auch Strukturelemente von allgemeinerer Form, also auf abstrakterer Ebene, zu lernen. Metaphern in Gedichten verweisen auch auf die Bildhaftigkeit von lyrischen Texten aller Gattungen insgesamt.

Ein weiteres didaktisches Prinzip ist das der *Struktur*. Mit Struktur ist die geordnete Verbindung von einzelnen Teilen zu einem sinnvollen Ganzen gemeint. Didaktik hat die Aufgabe, Inhalte danach zu befragen, welche Einzelteile aus einem zunächst ungegliedert gegebenen komplexen Zusammenhang herauszulösen sind, in welcher Weise diese einzelnen Teile je miteinander in Beziehung stehen und wie diese Beziehungen wiederum das Ganze (die Struktur) konstruieren. Die Strukturierung von Inhalten führt zu einem effizienteren Lernen, weil dadurch der gesamte Inhalt fassbarer und transparenter wird und ein Transfer auf andere Inhalte erst ermöglicht wird. Strukturen sind damit auch die Grundlagen für Spiralcurricula, das sind Lehrpläne, die bestimmte Inhalte auf mehreren Klassenstufen in zunehmender Komplexität behandeln.

Mit diesen fünf didaktischen Prinzipien sind die maßgeblichen Parameter der Allgemeinen Didaktik benannt.

4. Fachdidaktiken

Fachdidaktiken beschäftigen sich mit Ziel-, Inhalts- und Methodenfragen für je ein Unterrichtsfach. Fachdidaktische Theoriebildung fragt nach fachwissenschaftlichen Inhalten unter dem Blickwinkel ihrer Lehrbarkeit. Sie nimmt Bezug auf die Inhalte einer Wissenschaftsdisziplin und vereinigt Fragestellungen der Allgemeinen Didaktik mit speziellen Fragen der korrespondierenden Fachwissenschaft(en). Schließlich nimmt sie fachdidaktische Aspekte, z.B. fachspezifische Methoden, Medien oder Unterrichtsformen unter die Lupe. Daher sind Fachdidaktiken natürlich auch »Wissenschaften«. Organisatorisch wurden in Deutschland die meisten Fachdidaktiken dem wichtigsten Bezugsfach zugeordnet, so z.B. die Deutschdidaktik der Germanistik. Wo dem Schulfach keine direkte Bezugswissenschaft entsprach, wählte man eine nahe liegende Wissenschaft, z.B. bei der Sozialkunde Politik oder Soziologie.

Fachdidaktiken verstehen sich als Brückenwissenschaften zwischen den jeweiligen Fachwissenschaften (für die Deutschdidaktik sind das v.a. die Linguistik und die Literaturwissenschaft; für die Biologie die Zoologie und die Botanik) und der Erziehungswissenschaft bzw. der Allgemeinen Didaktik. Wer als Professor oder Dozent an den Universitäten Fachdidaktik betreibt, ist in aller Regel auch noch mindestens zur Hälfte in der jeweiligen Fachwissenschaft eingesetzt. Reine Fachdidaktik-Stellen sind eher die Ausnahme.

Wie wird aber Fachdidaktik betrieben? Einerseits deskriptiv, d.h. beschreibend: Fachdidaktiker/innen beobachten und analysieren Unterricht oder Lehrpläne oder Unterrichtsmaterialien wie Schulbücher und Foliensammlungen. Andererseits verstehen sich die Fachdidaktiken auch normativ, z.B. durch Festlegung eines Kanons von Grundwissen in einem Fach oder durch Empfehlungen und Baupläne für guten, erfolgreichen Unterricht im betreffenden Fach.

In historischer Sicht sind Fachdidaktiken relativ junge Disziplinen. Sie entstanden in den 1970er-Jahren, als in der breiten gesellschaftlichen Diskussionen um Reformen im Bildungswesen klarer wurde, dass die bisher für die Unterrichtsfächer ausschlaggebende Methodik allein nicht ausreichte. Unterricht musste etwas anderes und mehr sein als lediglich die Abbildung einer Fachwissenschaft. Das Fach selbst war gefragt, eigene Auswahlkriterien für schulische Inhalte, eigene Erwerbsmodelle für Kompetenzbereiche dieses Faches und eigene Vorschläge für die methodische Umsetzung dieser Inhalte im Unterricht zu formulieren. Diese Aufgabe wurde von den Fächern der Sekundarstufe bislang kaum erledigt.

Eine neue Entwicklung besteht darin, dass nun auch Fachdidaktiken Studien- und Prüfungsordnungen für Diplom- und Magisterstudierende erstellen bzw. erproben sollen. Insofern werden sich das Aufgabenspektrum und auch die Relevanz der Fachdidaktiken in Zukunft sicher erhöhen. Dazu kommt, dass internationale Schulleistungstest (z.B. PISA, IGLU, TIMSS) deutliche Rückfragen an die einzelnen nationalen Curricula und die verbreiteten methodischen Unterrichtsformen stellen werden, auf die gerade die Fachdidaktiken Antworten geben müssen.

5. Geschichte des didaktischen Denkens

Ursprünglich bezeichnete Didaktik die lehrhafte oder belehrende Dichtung. Während von ca. 1500–1800 weitestgehend die mechanische Pauk- und Memorierschule dominierte, bei der die Zöglinge kirchliche Inhalte auswendig lernen und wiedergeben mussten sowie in elementaren Lese-, Schreib- und Rechenkenntnissen unterrichtet wurden, so entwickelte sich in der Zeit der Aufklärung (ca. 1750–1800) eine Vielzahl von didaktischen Innovationen, u.a. Exkursionen, Realbegegnungen, Neue Sprachen.

In der deutschen Pädagogik gewann der Begriff bereits im 17. Jahrhundert vor allem bei und durch Comenius (1592–1670) Bedeutung. Er bezeichnete sich selbst als »Didactici«, betitelte seine Schriften so (z.B. »Didactica Magna« = große Didaktik) und verstand Didaktik allgemein als Lehrkunst, »allen alles vollständig zu lehren«. Da hier auch die sittliche Unterweisung und Erziehung integriert war, wurde Didaktik fast zum Überbegriff für Pädagogik. Herbart (1776–1841) bezog Didaktik stärker auf den Unterricht, koppelte aber diesen sehr eng an Erziehung in Form des »erziehenden Unterrichts« und der Formalstufentheorie, wonach jeder Unterricht aus den Stufen Analyse, Assoziation, System und Methode bestehen solle. Herbarts Schüler, vor allem Wilhelm Rein (1847–1929), leiteten daraus eine chronologische Stufung des Unterrichts ab: Vorbereitung, Darbietung, Verknüpfung, Zusammenfassung, Anwendung. Otto Willmann (1839–1920), auch beeinflusst vom Herbartianismus, ordnete Pädagogik als Theorie der Erziehung und Didaktik als »Bildungslehre« einander gleichberechtigt zu. Neu war, dass für ihn Didaktik auch die Lehre von den Bildungseinrichtungen umfasste. Innerhalb der aufkommenden erfahrungswissenschaftlichen Psychologie gingen Wilhelm August Lay (1862–1926) und Ernst Meumann (1862–1915) v.a. mit ihrer Zeitschrift »Experimentelle Pädagogik« neue Wege. In Versuchsschulen und pädagogischen Laboratorien sollten die Gesetzmäßigkeiten des Lehrens und Lernens erforscht und die Ergebnisse den Lehrern zur Verfügung gestellt werden. Didaktik wurde dabei auf das Methodische begrenzt und zu einer technologischen Disziplin.

Im Rahmen der »Reformpädagogik«, einem Überbegriff für eine Vielfalt teils ähnlicher, teils disparater Ansätze zur Erneuerung von Schule und Erziehung an der Wende vom 19. zum 20. Jahrhundert, wurden stärker als bisher die Interessen, Bedürfnisse und Arten des Lernens auf Seiten der Schülerinnen thematisiert. Erziehung und Unterricht sollte »vom Kinde aus« gedacht, geplant und umgesetzt werden. Parallel dazu wurden, auch in Abgrenzung zur experimentellen Pädagogik, dabei Unterrichtslehren entwickelt, die häufig »Handlungsanweisungen« und Musterkataloge für das Verhalten des guten Lehrers oder Prinzipien des guten Unterrichts enthielten (z.B. Hugo Gaudig, 1860–1923). Solche präskriptiven Didaktiken erschienen auch noch nach dem Zweiten Weltkrieg und behielten v.a. in der Ausbildung der Volksschullehrer/innen große Bedeutung (z.B. Karl Stöcker: Die neuzeitliche Unterrichtsgestaltung).

Das Didaktische Denken in der Zeit des Nationalsozialismus in Deutschland war geprägt von der Unterordnung des ganzen Bildungssystems unter die Doktrinen von Staat und Partei. Wie jede Diktatur zielte auch der deutsche Faschismus auf einen totalen Erziehungsstaat, hier u.a. mit den Bausteinen

- Kampf gegen die »Überfremdung« des Volkes,
- nationaler Stolz,
- Judenhass,
- Führerprinzip,
- politisierte Schulfächer,
- Zentralisierung und Nivellierung des Schulwesens,
- Abschaffung der akademisierten Lehrerbildung.

Direkt nach 1945 wird der Begriff »Didaktik« mit dem der »Unterrichtslehre« gleichgesetzt. Unterrichtslehre begreift sich in diesem Sinne als praktische, nicht wissenschaftliche Pädagogik. Zu Beginn der 1950er-Jahre versuchten Repräsentanten der geisteswissenschaftlichen Pädagogik, v.a. Erich Weniger (1894–1961), Schüler von Herman Nohl (1897–1960), die Didaktik auf ein höheres theoretisches Niveau zu stellen. In seiner geisteswissenschaftlichen Didaktik und Lehrplantheorie (»Didaktik als Bildungslehre. Theorie der Bildungsinhalte und des Lehrplans«, 1952) erklärte Weniger Lehrpläne als Resultat gesellschaftlicher Auseinandersetzungen. Hauptgegenstand der Didaktik wurde die Frage, mit Hilfe welcher Inhalte sich Bildung vollzieht. Zentraler Begriff der geisteswissenschaftlichen Didaktik, die »eine Theorie der Praxis für die Praxis« sein will, ist der Begriff der Bildung, der als kritische Instanz eine einseitige Belehrung oder gar Indoktrination ausschließen soll. Didaktik wird explizit als historisch-gesellschaftlicher Entwicklungsprozess begriffen. Als normatives Element seiner Pädagogik vertrat Weniger die Formung des Menschen nach der Idee seines Selbst, wodurch diese Bildungstheorie zum Anwalt des Kindes bzw. des Jugendlichen gegenüber den Ansprüchen der objektiv Mächtigen wird.

6. Didaktische Modelle der Gegenwart

Die so genannte »realistische Wende« in der Erziehungswissenschaft, der Schulpädagogik und der Allgemeinen Didaktik, die 1962 von Heinrich Roth teils konstatiert, teils proklamiert wurde, bewirkte mittelbar nicht nur die Hinwendung zur empirischen Überprüfung pädagogischer Theorien, sondern auch einen Aufschwung in der Konzeption und Diskussion verschiedener didaktischer Modelle. Dabei transportiert der Begriff des »Modells« die heuristische (erkenntnisleitende) Funktion, die Orientierungs- und Strukturierungshilfen der hochkomplexen Unterrichts- und Erziehungswirklichkeit gibt. Didaktische Modelle reduzieren, akzentuieren, stellen Transparenz her, veranschaulichen eine Perspektive und sind geeignet, mit konkurrierenden Modellen in Diskussion zu treten. Sie erfüllen theoretische, handlungsbezogene, analytische, planende, entscheidende und forschende Funktionen. Didaktische Modelle sind damit sowohl Entwürfe als auch Abbilder und Rekonstruktionen von Unterrichtsrealität. Sie müssen zusätzlich auf die je spezifischen Bedingungen der einzelnen Unterrichtsfächer bzw. Gegenstands- oder Lernbereiche hin durchbuchstabiert werden.

Verschiedene didaktische Modelle haben in Geschichte und Gegenwart der Didaktik unterschiedliche Schwerpunkte bei der Beschreibung und Bewertung von Unterricht gelegt. Mittlerweile werden zwei wesentliche didaktische Modelle voneinander unterschieden: die »Kritisch-konstruktive Didaktik« (v.a. Klafki) und die »Lehrtheoretische Didaktik« (»Hamburger Modell«, v.a. Wolfgang Schulz). Beide haben ihre Wurzeln in den 1950er- bzw. 1960er-Jahren und haben sich seitdem gravierend weiterentwickelt.

Von der »Bildungstheoretischen Didaktik« zur »Kritisch-konstruktiven Didaktik«

Die Bildungstheoretische Didaktik wurde Ende der 1950er-Jahre zum ersten, umfassenden und bis heute breit rezipierten didaktischen Modell nach dem Zweiten Weltkrieg. Begründer dieser Didaktik waren die beiden geisteswissenschaftlich orientierten Schulpädagogen Prof. Wolfgang Klafki (*1927) und Wolfgang Kramp (1927–1983).

Zentraler Bezugspunkt des Modells von Wolfgang Klafki, mittlerweile emeritierter Erziehungswissenschaftler an der Universität Marburg, ist der Begriff der »Bildung«. Bildung zielt in dieser didaktischen Konzeption auf ein historisch vermitteltes Bewusstsein von zentralen Problemen der Menschheit in der Gegenwart und Zukunft, Klafki nennt diese »epochaltypische Schlüsselprobleme« (z.B. Frage von Krieg und Frieden, ökologische Frage, Gerechtigkeit der Einen Welt, Umgang mit Informationstechnologien u.a.), auf Einsicht in die Mitverantwortung jedes Einzelnen und die Fähigkeit und Bereitschaft mitzuhelfen, diese Probleme zu bewältigen. Bildung wird von Klafki als selbsttätig erarbeiteter und personal verantworteter Zusammenhang der drei Grundfähigkeiten »Fähigkeit zur Selbstbestimmung«, »Fähigkeit zur Mitbestimmung« und »Solidaritätsfähigkeit« betrachtet. Klafkis Allgemeinbildungskonzept macht sich an den oben genannten Schlüsselproblemen fest.

In Abgrenzung zu materialen und formalen Bildungstheorien setzt Klafki sein Konzept einer »Kategorialen Bildung«, die damit beide Pole integriert.

Materiale Bildungstheorien

Perspektive
Von den Inhalten aus

Grundfrage
Fragt nach dem Wissen (»Material«), das Lernende wie in einem Lexikon anhäufen

Theoretisches Konzept
- Bildungstheoretischer Objektivismus
- Theorie des Klassischen

Kritik
- Verabsolutierung der Inhalte
- es können nicht alle notwendigen Inhalte vermittelt werden
- fehlender Bezug zur konkreten historisch-gesellschaftlichen Situation
- es gibt keinen gesellschaftlichen Konsens über den Kanon der Inhalte
- Inhalte veralten in unserer dynamischen Wissensgesellschaft sehr schnell
- fehlender Bezug zu ihrem Begründungs- und Entstehungszusammenhang

Kategoriale Bildungstheorie

Perspektive
Von den Inhalten, vom Subjekt und von der Gesellschaft aus

Grundfrage
Fragt nach kategorialen Inhalten, d.h. nach Grundstrukturen; integriert materiale und formale Aspekte

Theoretisches Konzept
- Funktionale Bildung
- methodische Bildung
- drei Dimensionen für einen kategorialen Unterrichtsinhalt bzw. Bildungsinhalt: das Elementare, das Fundamentale, das Exemplarische

- wechselseitige Erschließung von Subjekt und Wirklichkeit
- didaktische Analyse als Reflexionshilfe

Kritik
Entscheidung für bzw. gegen einen Unterrichtsinhalt ist subjektiv und normativ

Formale Bildungstheorien

Perspektive
Vom Subjekt aus

Grundfrage
Fragt nach den Bedürfnissen der Lernenden und nach den Werkzeugen des Lernens und Denkens, nach funktionalen Methoden und Kompetenzen.

Theoretisches Konzept
- Theorie der Exemplarität
- Lernen lernen

Kritik
- Inhalte werden zu bloßen Übungsmitteln
- Theorem der »Kräfteentwicklung« ist nicht trennscharf
- Transfer der Kompetenzen auf neue Inhalte ist nicht empirisch belegt

Im Mittelpunkt des didaktischen Modells von Klafki steht die »Didaktische Analyse«, die zugleich den »Kern der Unterrichtsvorbereitung« darstellt. Dieses didaktische Modell versteht Didaktik vor allem als inhalts- und zielbezogene Auswahl der Lerninhalte. Klafki möchte mit seinen Fragen zur didaktischen Analyse (erstmals erschienen 1958!) die Lehrer/innen dazu führen, die im Lehrplan genannten Bildungs*inhalte* auf ihren Bildungs*gehalt* zu untersuchen und das Kategoriale an den jeweiligen Unterrichtsgegenständen zu erkunden. Der Lehrer soll damit die Entscheidung der Lehrplankommission quasi reflektiert nachvollziehen.

Klafki selbst hat im Laufe der Jahrzehnte (erstmals in den 1960er-Jahren) sein Modell einer »Bildungstheoretischen Didaktik« zu einer »Kritisch-konstruktiven Didaktik« erweitert. Er antwortete damit auf die Kritik, seiner Didaktik fehle der Bezug zur konkreten Unterrichtspraxis, der hohe bildungsphilosophische Anspruch lasse keine klare Lernzielbestimmung zu und der Bereich der Methodik sei insgesamt unterbelichtet. Schließlich setzt Kritik immer wieder am Fehlen von ideologiekritischen Elementen an.

Auch in Klafkis Neufassung, der »kritisch-konstruktiven Didaktik« spielt die Didaktische Analyse die zentrale Rolle, das »Perspektivenschema« wird nun aber auch ergänzt durch eine Analyse der konkreten Bedingungen für Unterricht (»Bedingungsanalyse«) sowie eine »Lehr-Lern-Prozessstruktur«, ein variables Konzept notwendiger und möglicher Organisations- und Vollzugsformen des Lernens. Die Bezeichnung »Kritisch-konstruktiv« meint dabei mit ihrem ersten Teil, dass die Schüler/innen zu wachsender Selbstbestimmung, Mitbestimmung und Solidarität geführt werden sollen. »Konstruktiv« verweist auf den Praxisbezug des Konzeptes.

Perspektivschema zur Unterrichtsplanung

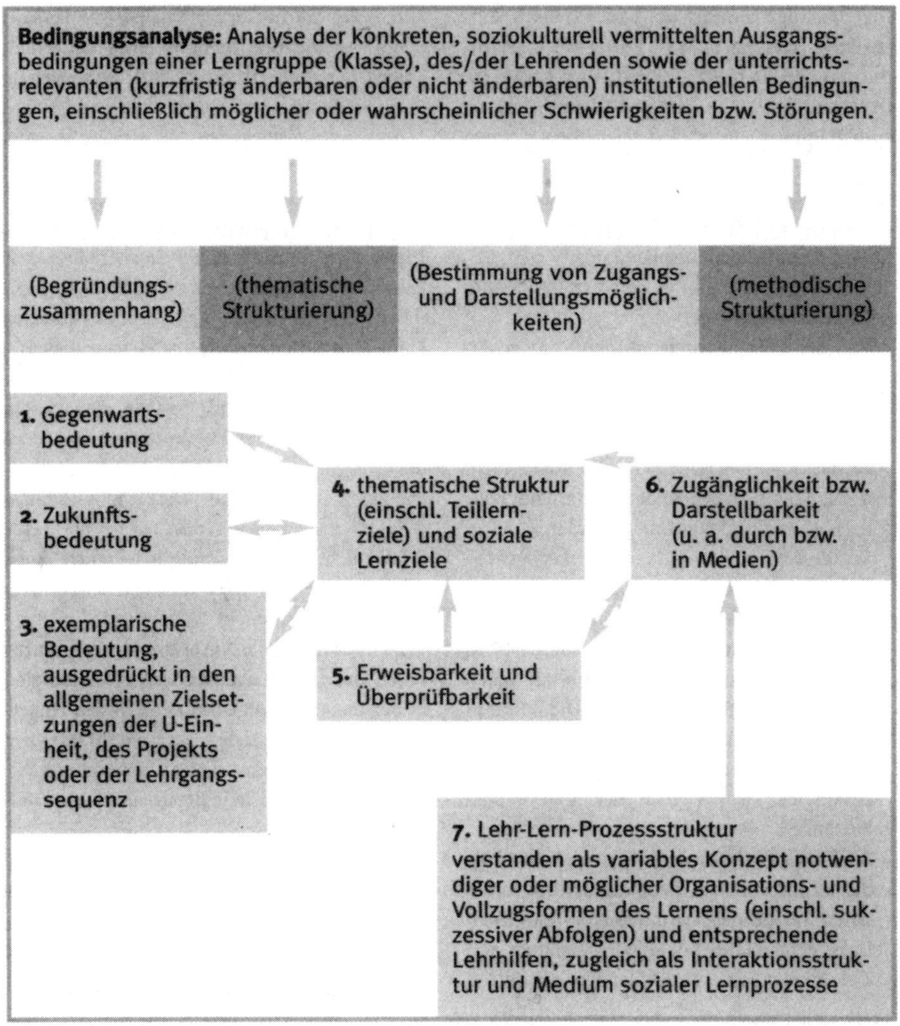

(Klafki 1985, S. 215)

Seit Klafkis erster Veröffentlichung zur Didaktischen Analyse 1958 sind Generationen von Lehrer/innen vor allem in ihrer Ausbildung, die damals ja noch überhaupt kein Studium war, diesem didaktischen Modell begegnet, und es ist ihnen häufig in Fleisch und Blut übergegangen. Fragen Sie mal ältere Lehrer/innen im Schuldienst oder Mentor/innen im Praktikum: Den Namen Klafki und die 5 Fragen der »Didaktischen Analyse nach Klafki« werden sie noch zu später Stunde erinnern.

Von der »Lerntheoretischen Didaktik« (Berliner Modell) zur »Lehrtheoretischen Didaktik« (Hamburger Modell)

Ähnlich tief verwurzelt ins didaktische Gedächtnis der heutigen Lehrer/innen sind das »Berliner Modell« und seine Autoren: Paul Heimann (1901–1967), Gunter Otto (*1927) und Wolfgang Schulz (1929–1993). Heimann, Professor an der (damaligen) Pädagogischen Hochschule Berlin, und seine beiden Assistenten entwarfen bewusst ein Gegenmodell zu Klafkis bildungstheoretischer Didaktik, vor allem zu Klafkis Bildungsbegriff. Heimann hielt diesen wegen seiner Unbestimmtheit und Wertgebundenheit für wissenschaftlich unbrauchbar und schlug vor, statt seiner den Lernbegriff zu verwenden. Damit war dann auch der Name dieses didaktischen Modells gefunden.

Ursprünglich war die Absicht, ein Modell vorzulegen, das eine möglichst wertfreie Beschreibung aller Momente und Aspekte des tatsächlich stattfindenden Unterrichts zu leisten in der Lage ist. Der Entstehungszusammenhang des »Berliner Modells« ist also die Unterrichtsanalyse, nicht die Unterrichtsvorbereitung wie in der bildungstheoretischen Didaktik.

Im Unterschied zu Klafkis bildungstheoretischen Konzeption versteht Paul Heimann (erstmals 1962) seine Didaktik als »Theorie und Lehre«. Für diese lerntheoretisch akzentuierte Didaktik sind die Methodenorganisation und die Methodenauswahl originär didaktische Aspekte, die bei der Planung von Unterricht eine ebenso wichtige Rolle spielen müssen wie die Auswahl der Inhalte.

Auf der Grundlage von Unterrichtsbeschreibungen entwickelten die Autoren sechs Strukturmomente, die prinzipiell jeden Unterricht kennzeichnen: Zwei Bedingungsfelder (anthropogene und soziokulturelle Bedingungen des Unterrichts) und vier Entscheidungsfelder (Intentionen, Inhalte, Methoden, Medien). Für diese sechs Strukturmomente gelten insgesamt drei Prinzipien: Variabilität, Überprüfbarkeit und Interdependenz, und zwar sowohl beim praktischen Unterricht als auch bei der theoretischen Klärung. Durch das Prinzip der Interdependenz, also der wechselseitigen Beeinflussung, wird auch der »Primat der Didaktik« aufgegeben. Methodenfragen erhalten ein wesentlich größeres Gewicht als in der bildungstheoretischen Didaktik.

Seit Beginn der Diskussion um die lerntheoretische Didaktik gab es heftige Kritik an der vermeintlichen technologischen Sichtweise von Unterricht und dem Ausblenden von ideologiekritischen Fragen nach dem Ziel, dem Nutzen und den Nutznießern des Unterrichts. Gerade hier hat im Laufe der Jahrzehnte die lerntheoretische Konzeption eine entschiedene Erweiterung bzw. Neuorientierung erfahren. Im Anschluss an sozialpsychologische und sprachtheoretische Untersuchungen erweiterte Wolfgang Schulz (1981), mittlerweile Schulpädagoge an der Universität Hamburg, die Strukturmomente des Berliner Modells mit einem emanzipatorischen Ansatz. Erziehung ist für ihn ein »Dialog zwischen potenziell handlungsfähigen Subjekten (...), nicht als Unterwerfung eines Unterrichts- und Erziehungsobjektes unter die Absichten des Lehrers und Erziehers« (Schulz 1999). Er verbindet die engagierte

Parteinahme für die Schüler/innen mit globalen Intentionen, die Unterricht haben soll. Die drei zentralen Begriffe dafür sind Kompetenz, Autonomie und Solidarität. Schulz benennt das Berliner Modell in »Hamburger Modell« um und nennt es nun »Lehrtheoretische Didaktik«.

Strukturbild der lehrtheoretischen Didaktik

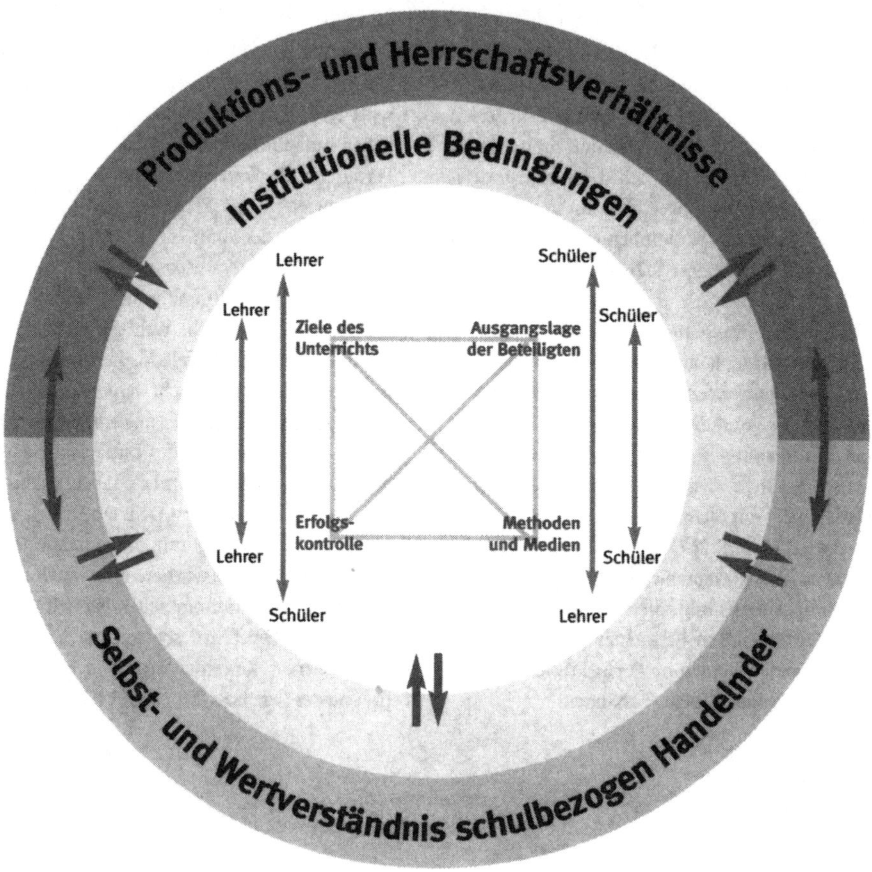

(nach Schulz, in: Gudjons/Winkel 2002, S. 40)

Weitere didaktische Modelle

Konkurrierend zu diesen wichtigsten didaktischen Modellen existieren z.B.:

- Die *kybernetisch-informationstheoretische Didaktik* (Felix von Cube, erstmals 1965): Sie begreift Unterricht als Prozess der Informationsverarbeitung und der Verhaltenssteuerung (griech.: *kybernetes* = Steuermann). Im Prozess der Belehrung und Erziehung wird ein Erziehungsobjekt unter ständiger Rückmeldung und Korrektur in Richtung auf ein Erziehungsziel gesteuert. Standardisierte Lernzielkontrollen spielen in diesem didaktischen Modell eine wichtige Rolle. In der Unterrichtspraxis findet man Anwendungen einer kybernetisch-informationstheoretischen Didaktik als »Programmierten Unterricht« oder auch als »Computergesteuerten Unterricht«. Theorie und Praxis dieser didaktischen Konzeption sind seit der ersten Veröffentlichungen großer Kritik ausgesetzt.

- Die *lernzielorientierte bzw. curriculare Didaktik* (Christine Möller, erstmals 1974) basiert auf dem Behaviorismus, einer Richtung der Psychologie, die sich auf die Untersuchung des beobachtbaren und messbaren Verhaltens (behavior) beschränkt. Sie greift die Curriculumtheorie auf und konzentriert sich auf die kurzfristige Unterrichtsplanung. Die Entwicklung einer Unterrichtseinheit bzw. eines Curriculums erfolgt in den Teilprozessen: Lernplanung, Lernorganisation und Lernkontrolle. Eine zentrale Rolle dieser Didaktik spielt die Taxonomie von Lernzielen. Nach einem großen Boom in den 1970er- und 1980er-Jahren spielt dieses Modell heute keine Rolle mehr. Der Grund hierfür ist die Konzentration auf die vordergründige Effizienz von Unterricht und die Ausblendung von selbstbestimmungsfähigen Subjekten und kommunikativen Prozessen im Unterricht.
- Die *kritisch-kommunikative Didaktik* (Rainer Winkel, erstmals 1984, Herwig Blankertz 1969) ist entstanden aus den Forschungen der Kommunikationspsychologie (u.a. Watzlawick) und der empirischen Belege zu den vielfältigen Formen von Unterrichtsstörungen. Er fasst die Mündigkeit der Schüler/innen und die Demokratisierung von Unterricht und Schule insgesamt radikal auf und strebt eine symmetrische Kommunikation aller an Unterricht Beteiligten an. Der Name verweist einerseits auf die Absicht, die vorhandene Wirklichkeit permanent zu verbessern, andererseits auf die Dominanz von Beziehungsstrukturen im Unterricht. Vor allem sollen Störfaktoren (z.B. Disziplinstörungen, Provokationen, Lernverweigerung) identifiziert und bearbeitet werden. Die kritisch-kommunikative Didaktik versteht sich als Ergänzung anderer Modelle.

Insgesamt lassen sich gegenwärtig folgende Trends in der didaktischen Diskussion ausmachen:

1. Die beiden mit Abstand wichtigsten didaktischen Entwürfe »Bildungstheoretische Didaktik/Kritisch-konstruktive Didaktik« und »Lerntheoretische Didaktik/Lehrtheoretische Didaktik« haben sich aufeinander zu bewegt (s.o.).
2. Die Auseinandersetzungen über didaktische Modelle haben bislang nur wenig zu Rückkopplungen mit der pädagogischen Praxis in den Schulen geführt.
3. Insgesamt befindet sich die didaktische Diskussion gegenwärtig in eher ruhigem Fahrwasser.

7. Empirische Unterrichtsforschung

In den letzten Jahrzehnten wurde von verschiedener Seite kritisiert, dass sowohl die Allgemeine Didaktik wie auch die Fachdidaktiken bislang vor allem Fragen nach den Bildungsinhalten, nach den zu wählenden Organisationsformen, Methoden und Medien von Unterricht beantwortet habe, aber viel zu wenig sich darum gekümmert hat, was wirklich jeden Tag im Unterricht unserer Schulen abläuft. In diesem Kontext wurden Studien im Rahmen einer deskriptiven Unterrichtsforschung verstärkt in Angriff genommen. Dabei spielten und spielen z.B. folgende Fragen eine Rolle:

- Welche Unterrichtsformen oder Medien haben welche Effekte oder Wirkungen?
- Wie erleben Schüler/innen und Lehrer/innen den Unterricht?
- Welche sprachlichen, nichtsprachlichen und kulturellen Handlungsmuster treten im Unterricht auf?
- Wie können beobachtete Lernprozesse modelliert werden?

Sehr viele unterschiedliche Forschungen zum Unterricht haben immer wieder drei Grundeinsichten belegt (vgl. Terhart 1999):

1. Jeder Schüler braucht seine eigenen Lernwege. Lernen ist immer ein aktiver Konstruktionsprozess. Man kann Lernen zwar versuchen anzustoßen, aber nicht präzise steuern. Als Konsequenz gilt: Verschiedene Lernende brauchen unterschiedliche Lernumgebungen, Anreize und Handlungsformen.
2. Jeder Weg zur Autonomie führt über die Anleitung. Selbststeuerung und Fremdsteuerung schließen sich nicht aus, sondern stehen zueinander in einem dialektischen Verhältnis. Gelingende Lernprozesse brauchen ein angemessenes Verhältnis zwischen beiden Polen, ohne dabei das Ziel einer möglichst hohen Selbststeuerung aus den Augen zu verlieren.
3. Jegliche Lernziele und Lernmethoden müssen auf die Voraussetzungen der Schülerinnen abgestimmt werden. Das bedeutet auch, dass sie Zonen der nächsten Entwicklung (Wygotsky) eröffnen müssen und anschließbar für die Schüler/innen sind. Es kommt auf einen situativ und interindividuell zu erstellenden Mix von Fordern und Fördern an, der sowohl Unterforderungen wie Überforderungen vermeidet.

Für alle drei Maximen spielt die Diagnosefähigkeit der Lehrer/innen eine zentrale Rolle. Deutliche Indizien (z.B. die Ergebnisse der PISA-Studie 2000) belegen, dass

Lehrer/innen in Deutschland, im Unterschied zu ihren Kolleg/innen in anderen Ländern, gravierende Defizite haben. Offenbar gehört eine fundierte Diagnose von Lernvoraussetzungen, Lernkompetenzen und Lernleistungen hier zu Lande noch immer zum unterentwickelten Handwerkszeug der professionellen Lehrer/innen.

Empirische Unterrichtsforschung – ein Blick in die Praxis

Um zu demonstrieren, mit welchen Gedanken eine oben skizzierte empirische Unterrichtsforschung vorgehen kann, hier ein Beispiel: Politikunterricht, 11. Klasse (Gymnasium), Thema: Die friedliche Revolution in Deutschland 1989. Die Schüler/innen haben vorher einen Quellentext zu lesen gehabt. Die Lehrerin möchte im nachfolgenden Unterrichtsgespräch erarbeiten, welche drei zentralen Gründe laut Text für die Entwicklung in der DDR Mitte bis Ende des Jahres 1989 verantwortlich waren.

1-L:	Also, (zu einer Tischgruppe) könnt ihr mal kurz leise – ja. Jetzt – Ihr seid ja jetzt alle fertig mit Lesen. Jetzt die Frage: Was is euch aufgefallen? (niemand meldet sich) Welche Aspekte stellt der Text in den Mittelpunkt? (es meldet sich niemand) Welche Faktoren sind für die Autorin besonders wichtig? Ja, Raul?
2-Raul:	Ich glaub, die – äh – ökonomische Situation.
3-L:	Kannst du das etwas erläutern?
4-Raul:	Hmh ...
5-L:	Wer kann helfen? Marleen?
6-Marleen:	Die Leute waren halt so unzufrieden. Es gab nichts – äh – wenig zu kaufen, und wenn, dann zu teuer. Und Investitionsgüter haben in den Fabriken gefehlt.
7-L:	Ja, Svenja?
8-Svenja:	Und dann so die Unzufriedenheit mit der – wie heißt es da? – der Reisebeschränkung. Die Menschen ham halt gesehen, wie die in der Bundesrepublik in Urlaub fahren können und wollten das dann auch.
9-L:	Danke. Ich hoffe, ihr habts alle gehört. Welcher dritte Faktor ist noch genannt? Na? (niemand meldet sich) Kommt, auf gehts, etwas mehr Engagement bitte. Ich möcht euch nur dran erinnern, dass es bald wieder mündliche Noten gibt ... (einige Schülerinnen stöhnen und protestieren) So schwer kanns ja nicht sein ... (Benjamin meldet sich) Ja, komm, Benjamin, sags uns ...
10-Benjamin (fragend):	Der 40. Geburtstag der DDR?
11-L:	Wie meinst du das?
12-Benjamin (zögernd):	Na ja, dass halt – äh – die Partei, also, der Staat hat sich dann gefeiert ...

13-L:	Nee, fast. Vielleicht meinst du das Richtige. (wartet) Es hat was mit dem Geburtstag zu tun ...
14-Lisa:	Gorbatschow?
15-L (ungeduldig bis verärgert):	Nee, schaut doch mal in den Text! Was steht denn da? Ganz unten, im fünften Abschnitt?
16-Zeynep (leise, zur Nachbarin):	Ach so, die Wahlfälschungen ...
17-L:	Zeynep, sags laut!
18-Zeynep:	Die Wahlfälschungen.
19-L:	Wer erklärts?
20-Kai:	Es gab da viele Proteste, die Leute ham halt nicht geglaubt, was da an Ergebnissen der Kommunalwahl und der Volkskammerwahl veröffentlicht wurde. Und deshalb haben sie protestiert und verlangt, dass neu gewählt werden soll.
21-L (erleichtert):	Genau, so ist es. Danke, Kai. Wer fasst jetzt noch einmal zusammen?

Schauen wir zuerst auf die Schüler/innenseite: Der kurze Ausschnitt vermittelt den Eindruck, als ob die Mehrheit der Klasse relativ unbeteiligt am Unterrichtsgeschehen ist. Es könnte aber auch sein, dass die innere (d.h. nicht verbal geäußerte) Beteiligung der Schüler/innen wesentlich größer ist. Dennoch ist auffällig, wie häufig die Lehrerin auf Beiträge der Schüler/innen wartet (1, 9, 15) und dass sie explizit mit den bevorstehenden mündlichen Noten droht bzw. drohen muss (9). Offenbar ist die Motivation der Schüler/innen, sich in dieser Unterrichtsphase stärker einzuklinken, gering. Die Gründe dafür können vielfältig sein: Überforderung oder Unterforderung durch den Text und die Aufgabenstellungen der Lehrerin, ein gespanntes Verhältnis der Klasse zur Lehrerin, fehlendes thematisches oder fachliches Interesse, Langeweile durch die gewählten Methoden oder Medien, aber auch Faktoren wie ein anstrengender Schultag oder eine Klassenarbeit oder vieles andere mehr.

Auf Seiten der Lehrerin ist die hier gewählte Methode des erarbeitenden lehrerzentrierten Unterrichtsgesprächs zu erkennen, bei der die Lehrerin versucht, mit gezielten Fragen und Impulsen die Schülerinnen auf den richtigen Lösungsweg zu führen. Dabei ist die erste Frage »Was ist euch aufgefallen?« (1), eine sehr typische Frage zu Beginn solcher Unterrichtsgespräche, noch relativ offen bzw. divergent (sofern sie echt gemeint ist und nicht insgeheim doch eine Antwort im Sinne der folgenden Fragen erwartet wird), danach werden die Fragen zunehmend enger bzw. konvergenter (1, 9, 15, 17) und die Impulse zur Erläuterung der Schülerbeiträge immer drängender (3, 5, 7, 11, 13, 15, 17, 19). Zu den allermeisten Fragen gibt es eine Lösung, die die Lehrerin vorher weiß. Von insgesamt 21 Beiträgen kommen von der Lehrerin 11, von den Schüler/innen 10. Auffällig ist das durchgängige Pingpong-

Prinzip: Auf eine Lehrerfrage kommt ein Schülerbeitrag, darauf sofort wieder ein Lehrerbeitrag, der den Schülerbeitrag bewertet und eine neue Frage formuliert oder einen neuen Impuls setzt. Zum Beispiel ist die Lehreräußerung 3 »Kannst du das etwas erläutern« auch eine Bewertung des Beitrages von Raul (2), der der Lehrerin zu unpräzise oder zu wenig ausführlich ist. Mit zunehmender Dauer gerät das erarbeitende Unterrichtsgespräch zu einer Art Ratespiel, bei dem die Schüler/innen erraten müssen, was die Lehrerin meint. Die Auseinandersetzung mit dem Inhalt gerät zunehmend in den Hintergrund. Pointiert gesagt, lässt sich das Ganze eher als Lehrervortrag mit verteilten Rollen denn als Gespräch bezeichnen. Das Transkript vermittelt insgesamt eine Atmosphäre, die wenig förderlich für das Lernen ist: Langeweile und Demotivation treffen auf Drohungen und Ungeduld der Lehrerin.

Die Rolle der Lehrpläne ist aus dem Transkript nur mittelbar zu erschließen. Der Inhalt »Die friedliche Revolution 1989« ist für die 11. Jahrgangsstufe verpflichtend, dabei spielen vor allem die ökonomischen, politischen und kulturellen Gründe für das Zusammenfallen des politischen Systems der DDR eine zentrale Rolle. Insofern ist das Thema der Stunde vorgegeben. Die Auswahl des Quellentextes und die Methode der Erarbeitung und Sicherung ist allerdings nicht vorgeschrieben, sondern eine fachlich-pädagogische Entscheidung der Lehrerin.

Und noch etwas ist bei diesem Transkript erstaunlich: Es gibt eine Stelle, wo die mühsam aufrechterhaltene Fiktion, bei Unterricht ginge es um ein gemeinsames Erarbeiten von Inhalten entlang der Sache und den Interessen der Schüler/innen, konterkariert wird. Im Beitrag 9 droht die Lehrerin unverblümt mit den mündlichen Noten und versucht so, ihr Machtpotenzial, das ihr qua Amt gegeben ist, auszuspielen. Das Transkript legt nahe, dass diese Drohung der Lehrerin eher als spontansituative Entscheidung aus Gründen der Enttäuschung und Ratlosigkeit denn als präzise vorhergeplante Maßnahme zur Motivationssteigerung aufzufassen ist. Durch diese Drohung kommen die institutionell-rechtlichen Faktoren von Unterricht ins Spiel.

Die Politikdidaktik wird diesen Unterrichtsausschnitt zusätzlich mit fachdidaktischen Analysekategorien untersuchen: Sie könnte beispielsweise überlegen, welche Rolle der Quellentext für die Stunde bzw. für den Inhalt spielt und auf welchen Kompetenzstufen des politischen Verständnisses sich die Lehrerin bzw. die Schüler/innen bewegen. Wahrscheinlich würde eine Politikdidaktikerin alternative Zugangsweisen, Ziele und Methoden für einen Unterricht zum Thema »Die friedliche Revolution der DDR 1989« ins Gespräch bringen: Rollenspiel, Planspiel, Erkundung, Diskussion, Heranziehen von authentischen Film- und Tondokumenten.

Wir hoffen, es ist mit diesen kurzen Skizzen klar geworden, was eine empirische Unterrichtsforschung zu leisten vermag. Dabei muss natürlich berücksichtigt werden, dass diese Art von deskriptiver Didaktik vor allem mit qualitativen Forschungsparadigmen arbeitet, diese aber ergänzt durch quantitative Zugänge.

Quellen und weiterführende Literatur

Becker-Mrotzek, Michael/Vogt, Rüdiger (2001): Unterrichtskommunikation. Linguistische Analysemethoden und Forschungsergebnisse. Tübingen: Niemeyer.

Gudjons, Herbert (2001): Pädagogisches Grundwissen. Bad Heilbrunn: Klinkhardt, S. 234–263.

Gudjons, Herbert/Winkel, Rainer (Hrsg.) [11]2002: Didaktische Theorien. Hamburg: Bergmann + Helbig.

Hallitzky, Maria/Seibert, Norbert (2004): Theorie des Unterrichts. In: Apel, Hans Jürgen/ Sacher, Werner (Hrsg.): Studienbuch Schulpädagogik. Bad Heilbrunn: Klinkhardt, S.133–180.

Jank, Werner/Meyer, Hilbert ([5]2002): Didaktische Modelle. Berlin: Cornelsen Scriptor.

Klafki, Wolfgang ([5]1996): Neue Studien zur Bildungstheorie und Didaktik. Zeitgemäße Allgemeinbildung und kritisch-konstruktive Didaktik. Weinheim/Basel: Beltz.

Klafki, Wolfgang (2002): Schultheorie, Schulforschung und Schulentwicklung im politisch-gesellschaftlichen Kontext. Ausgewählte Studien. Weinheim/Basel: Beltz, S. 12–38.

Terhart, Ewald ([3]2000): Lehr-Lern-Methoden. Eine Einführung in Probleme der methodischen Organisation von Lehren und Lernen. Weinheim/München: Juventa.

Der Mentor – zentrale Bezugsperson Ihres Praktikums

Für Sie als Praktikant/in spielt Ihr Mentor eine zentrale Rolle. Er bietet nicht nur unterrichtliches und erzieherisches Modell-Handeln, das Sie gezielt beobachten und analysieren bzw. auch an dem Sie sich abarbeiten können, sondern er ist auch, glaubt man den wissenschaftlichen Studien zur Wirkung des Schulpraktikums, zum großen Teil dafür verantwortlich, ob Sie das Praktikum als Gewinn bringend erleben werden. Darüber hinaus spielt er auch mitunter bei der Frage eine Rolle, welche eigenen Handlungsprinzipien und Leitlinien Sie als späterer Lehrer haben.

Gleichgültig, ob der Mentor Ihnen zugeteilt wurde oder Sie selbst auf ihn zugekommen sind, ihn vielleicht sogar schon von früheren Praktika oder Ihrer eigenen Schulzeit kennen, werden Sie feststellen: Das Verhältnis zwischen ihm und Ihnen ist häufig sehr sensibel und nicht immer frei von Störungen.

Dass die Kooperation mit Mentor/innen zuweilen schwierig ist, kann viele Gründe haben. Vielleicht wurde der Mentor gegen seinen Willen zu dieser Tätigkeit verpflichtet (die Deputatsermäßigung oder der Gehaltszuschuss dafür ist häufig sehr gering), vielleicht hat er überhaupt keine Lust oder Kraft, Sie anzuleiten, vielleicht ist er auch eifersüchtig darüber, dass die Schüler/innen lieber von der »jungen Kollegin« unterrichtet werden, vielleicht wird er durch Sie daran erinnert, dass er schon viel älter ist als damals, vielleicht befürchtet er, Sie würden seine Klasse »versauen«, vielleicht hat er große Einwände gegen diese neuen Unterrichtsmethoden und verfolgt Ihre Unterrichtsbemühungen mit einer Mischung aus Wut und Angst.

Vor diesem Hintergrund ist es empfehlenswert, nicht selbst zu einem gespannten Verhältnis beizutragen. Das ist nicht immer einfach. Vielleicht bringen Sie bewusst oder unbewusst zum Ausdruck, dass Sie vieles besser können und wissen, vielleicht erwarten Sie so viel von ihm, dass er davor nur verlieren kann. Ratsam ist es aus unserer Erfahrung, sich offen und kollegial zu verhalten. Seien Sie freundlich zu Ihrem Mentor und loben Sie ihn für gelungene Unterrichtsphasen. Auch wenn Sie bei der Hospitation viele Dinge beobachtet haben, die Sie wenig gelungen finden oder sogar als schlecht ansehen – in jeder Stunde gibt es Dinge, die Ihr Mentor gut gemacht hat. Vielleicht war das eine Gesprächsphase oder eine Präsentation oder eine erzieherische Maßnahme. Und bedenken Sie, dass Ihr Mentor in der Regel seit vielen Jahren im Beruf ist und damit ein großes Maß an Erfahrung und Routinen hat. Sie werden häufig merken: Lehrer/innen sind im Grunde sehr sensible Wesen und schnell beleidigt oder eingeschnappt, wenn man sie kritisiert. Andererseits geht ihnen das Herz auf, wenn sie gelobt werden (denn das werden sie nur selten oder nie!). Unterstützen Sie Ihren Mentor bei der Beschaffung von Materialien und Medien und hospitieren Sie bei ihm so, dass er gute Gründe hat, Sie wieder in ihren Unterricht einzuladen. Das Verhältnis kann auch dadurch lockerer werden, dass man sich auch einmal außerhalb der Schule trifft.

Manchmal ist das Verhältnis zwischen Mentor und Praktikant so schwierig, dass gar nichts mehr geht, Sie aneinander vorbeireden, auch persönlich nicht miteinander klar kommen, dass Sie der Umgang mit ihm mehr belastet als unterstützt. Dann versuchen Sie, sich elegant und schrittweise zurückzuziehen und das Praktikum anständig zu ertragen.

Häufig wird sich Ihr Praktikum nicht darauf beschränken, nur mit einem Lehrer, Ihrem Mentor, in deren Klasse zu gehen, sondern Sie werden gegebenenfalls auch in anderen Klassen bzw. bei anderen Lehrer/innen hospitieren oder unterrichten wollen. Die Kontakte dazu kann entweder Ihr Mentor herstellen, indem er zu ihrem Kollegen sagt: »Du, mein Praktikant, der Herr Sauer, möchte gerne mal nächste Woche eine Physikstunde in deiner 9. sehen, wäre das möglich?« Denkbar ist auch, dass der Rektor sich um solche Kontakte kümmert. Häufig aber wird es an Ihnen liegen, selbst aktiv zu werden und die betreffenden Kolleg/innen gezielt anzusprechen. Dabei empfiehlt es sich u.E., die situativen Bedingungen für ein solches Gespräch möglichst positiv zu gestalten. Eine hektische große Pause eignet sich in aller Regel ebenso wenig dafür wie die Anfrage während einer Unterrichtsstunde oder kurz vor einem kritischen Elterngespräch. Am besten, Sie gehen freundlich und höflich und vor allem frühzeitig, d.h. mindestens ein paar Tage vorher, auf den jeweiligen Kollegen zu und schildern kurz Ihren Wunsch.

Sie werden dabei möglicherweise wichtige Erfahrungen im Bereich Lehrerkooperation machen. Dass heutzutage zur Lehrer-Professionalität auch *kollegiale Kooperation* gehört, wird niemand bestreiten. Nicht nur, weil der fachliche und persönliche Austausch untereinander weiterhilft und entlasten kann, sondern auch, weil Lehrer/innen schlechterdings etwas von Schüler/innen erwarten können, nämlich Teamarbeit, was sie selbst nicht kennen und vorleben.

Die Kooperations-Praxis in deutschen Lehrerzimmern ist allerdings noch immer ein zartes Pflänzchen. Die Regel ist der mehr oder weniger kontinuierliche Austausch zweier oder mehrerer Kolleg/innen, meist auf Klassenstufen- oder Fachebene im Bereich der Unterrichtsplanung. Dennoch: Lehrer/innen sind in den allermeisten Fällen Einzelkämpfer, sie haben seit Jahren weder anderen Lehrern bzw. Lehrerinnen beim Unterrichten zugesehen und ihnen Tipps gegeben, noch wurden sie im eigenen Unterricht besucht und kollegial beraten. Die Unterrichtsvorbereitung geschieht am häufigsten daheim alleine am Schreibtisch. Supervision und Beratung anzufordern gilt noch immer in vielen Lehrerkollegien als Schmach und Eingeständnis einer Niederlage, nicht als Bestandteil von Professionalität. Teamteaching ist die absolute Ausnahme. Und die vorschriftsmäßigen Kooperationen in Form von Konferenzen sind häufig eine Mischung aus Belanglosigkeiten, Monologen und fiesen Ränkespielen. Woran liegt's? An der starren Zeitstruktur des Unterrichts-Vormittags? An der Angst, sich zu öffnen, zu viele Schwächen zu zeigen? An der Bequemlichkeit der Kolleg/innen? Oder an der verbreiteten Nichteinmischungs-Norm, die Kollegialität mit dem Grundsatz verwechselt »Lass mich in Ruhe, dann lass ich dich auch in Ruhe«?

Mittlerweile haben viele Lehrer/innen und ganze Kollegien gemerkt, dass der Weg zu besserem Unterricht, zu einer besseren Schule über die stärkere Kooperation im Kollegium führt. Und dass man sich nicht zu lieben braucht, um professionell und gut miteinander zu arbeiten. Dass Teamarbeit zwar Zeit benötigt, anstrengend ist und die Aufgabe von bisherigen Positionen bedeutet, aber man dabei auch wertvolle Erfahrungen machen und zufriedener arbeiten kann.

Hospitieren, Unterricht beobachten, Schule erkunden

Die Funktion eines Schulpraktikums besteht darin, Ihnen die Möglichkeit zu geben, sich intensiv und konkret-handelnd mit Ihrem zukünftigen Berufsfeld auseinander zu setzen. Ein zentraler Baustein Ihres Schulpraktikums wird sein, die Schule zu erkunden, zu hospitieren und Unterricht gezielt zu beobachten. Besonders in der ersten Zeit des Praktikums werden Sie weit mehr beobachtend und erkundend teilnehmen, als selbst Unterricht zu halten.

Wenn Sie zum ersten Mal als zukünftiger Lehrer in eine Schule kommen, bemerken Sie auf der einen Seite sicher bekannte Dinge, die Ihnen von Ihrer eigenen Schulzeit bekannt sind: der Lärm auf dem Schulhof und den Gängen, die leisen Stimmen aus den einzelnen Klassenzimmern, der Geruch des Fußbodens, bestimmte Arbeitsanweisungen des Mentors im Unterricht, das Ermahnen und Loben, die Erarbeitung von Unterrichtsinhalten im lehrerzentrierten Unterrichtsgespräch. Andere Aspekte drängen sich nun in Ihre Wahrnehmung, die bislang für Sie mehr oder weniger unbekannt waren: die konzentrierte Hektik im Lehrerzimmer, das Aufgabenfeld des Rektors, die alten Bücher und Ordner in der Lehrerhandbibliothek, der Kontakt mit Eltern.

Sie werden in jedem Augenblick Ihres Schulpraktikums viele unterschiedliche Wahrnehmungen gleichzeitig haben und doch bestimmte Wahrnehmungen in den Fokus rücken, andere in den Hintergrund rücken, wieder andere gänzlich ausblenden. Dieses gezielte Wahrnehmen lässt sich als Beobachten bezeichnen. Jedes Beobachten richtet sich auf ein Thema und ist verbunden mit einer subjektiven Theorie. Ein Beispiel: Sie beobachten im Schulhaus, dass einige Schüler/innen Abfall auf den Boden werfen, obwohl es an vielen Stellen Abfalleimer gibt. Ihre subjektive Theorie könnte nun so lauten: »Die Schüler/innen dieser Schule haben keine positive Grundstimmung zu ihrer Schule«, oder vielleicht auch: »Die Lehrer/innen dieser Schule sind inkonsequent und kein gutes Vorbild«. Je nachdem, welche weiteren Beobachtungen Sie machen, wird sich Ihre subjektive Theorie, die sowohl implizit (d.h. unausgesprochen, unbewusst) als auch explizit (d.h. ausgesprochen, bewusst) vorhanden sein kann, verändern. Möglicherweise lassen Sie auch im Rahmen des Schulpraktikums bestimmte subjektive Theorien gänzlich fallen.

Das Beobachten von sozialen Vorgängen ist nicht nur ein wichtiger Bereich Ihres Schulpraktikums, sondern auch ein Strukturelement jedes pädagogischen Prozesses. Ohne gezieltes Beobachten sind keine diagnostischen oder bewertenden Einschätzungen möglich, ohne begründete Bewertung gibt es keine Rechtfertigung für die Vielzahl an größeren oder kleineren Entscheidungen, Lob, Ermahnung, Noten, Versetzung, die von Lehrerinnen getroffen werden.

In aller Regel wird es im Laufe Ihres Praktikums nicht dabei bleiben, bestimmte Interaktionen oder Prozesse wahrzunehmen oder zu beobachten. Sie werden zum Beispiel in der Nachbesprechung einer Stunde das Verhalten des Lehrers oder eines Schülers auch möglichst neutral beschreiben müssen, um auf dieser Grundlage und unter Einbeziehung Ihrer subjektiven Theorien sowie externer Quellen (Auskunft des Mentors, Beobachtungen und Einschätzungen der anderen Praktikant/innen oder des Unibetreuers) mögliche Analysen und Interpretationen vorzunehmen.

1. Die Rahmenbedingungen von Schule erkunden

Schule und Unterricht sind eingebettet in konkrete räumliche, soziale, kulturelle und politische Zusammenhänge, die für die meisten Schüler/innen und Lehrer/innen, die schon lange an dieser Schule sind, völlig selbstverständlich und normal sind, die aber jemand von außen zuweilen viel bewusster wahrnehmen und analysieren kann. Insofern kann es für Sie als Mensch von außen gerade von Vorteil sein, folgende Aspekte unter die Lupe zu nehmen:

- Art und Profil der Schule,
- Einzugsgebiet der Schule,
- Schulgebäude,
- Geschichte der Schule,
- außerunterrichtliche Aktivitäten,
- innerschulische Organisation, Abläufe und Zuständigkeiten,
- Schulleben, Community,
- Lehrpläne,
- Schulbücher,
- Freizeitaktivitäten der Schülerinnen,
- Elternarbeit,
- Pausenhof,
- Schulwege der Schüler/innen.

Dabei können Sie sehr unterschiedlich vorgehen: Die Forschungsmethodologie unterscheidet zum Beispiel:

- Die teilnehmende vs. nicht-teilnehmende Beobachtung. Bei der teilnehmenden Beobachtung sind Sie in die soziale Interaktion eingebunden, zum Beispiel als Praktikant/in beim Unterrichten. Bei der nicht-teilnehmenden Beobachtung dient die Teilnahme ausschließlich dem Beobachten. Insofern zählt man alle Möglichkeiten der audiovisuellen Aufzeichnung von Prozessen und auch von Unterricht (durch Video, Film, Tonband) zu den nicht-teilnehmenden Beobachtungen.
- Die offene vs. verdeckte Beobachtung. Wenn offen beobachtet wird, wissen die beobachteten Personen, dass sie beobachtet werden und kennen die Absicht oder Funktion des Beobachters. Bei einer verdeckten Beobachtung gilt das nicht. Für die Entscheidung, ob Sie eine offene oder eine verdeckte Beobachtungsform

wählen, spielen immer normativ-ethische und forschungspraktische Aspekte eine Rolle. Es kann zum Beispiel sehr nützlich sein, wenn Sie in einer Stunde nur eine Schülerin gezielt und fortwährend beobachten, ohne dass diese Schülerin dies vorher weiß. Die Ergebnisse der Beobachtung sind hier oft authentischer. Andererseits sind auch immer die Persönlichkeitsrechte der beobachteten Personen zu wahren.

- Quantitative vs. qualitative Beobachtung. Bei der quantitativen oder strukturierten Beobachtung geht es darum, nach einem zuvor relativ klar festgelegten Kategoriensystem (Beobachtungsbogen; Strichliste etc.) vorzugehen. Es sollten die Testgütekriterien der Pädagogischen Psychologie »Objektivität«, »Reliabilität« und »Validität« angestrebt werden. Ihre Ergebnisse sollten also unabhängig von Ihrer Person sein (»Objektivität«), möglichst fehlerfrei zu Stande gekommen sein und im Idealfall bei Wiederholung zu denselben Ergebnissen führen (»Reliabilität«) und schließlich das messen, was gemessen werden soll (»Validität«). Qualitative Beobachtungen sind ebenfalls planmäßig, ihre Dokumentation erfolgt jedoch in freier Form. Sie dienen in der Wissenschaft vor allem der ersten Erkundung und Abklärung eines Forschungsfeldes und der Entwicklung und Bildung vorläufiger Hypothesen.
- Die Fremd- vs. Selbstbeobachtung. Bei der Fremdbeobachtung beobachten Sie andere Personen in sozialen Prozessen, bei der Selbstbeobachtung beobachten Sie sich selbst während und nach der Interaktion.

In Ihrem Schulpraktikum werden Sie überwiegend mit teilnehmenden, offenen und unstrukturierten Fremdbeobachtungen arbeiten. Darüber hinaus wird es sicher immer wieder Situationen geben, wo auch nicht-teilnehmende, verdeckte Beobachtungen sinnvoll sind. Vor allem wenn Sie selbst unterrichten, werden Sie mit sehr intensiven Selbstbeobachtungen konfrontiert sein.

2. Unterricht beobachten

Der erste Teil Ihres Praktikums wird davon geprägt sein, dem Unterricht beizuwohnen und ihn zu beobachten. Da Unterricht hochkomplex ist, strömen bei der Beobachtung eine Unmenge von Informationen und Eindrücken auf Sie ein. Ein Beispiel: In einem Moment des Unterrichts gibt der Lehrer vor der Tafel eine Arbeitsanweisung zur bevorstehenden Partnerarbeit, während Jessica von hinten links leise sagt: »Hab ich nicht verstanden!«, die 1. Bankreihe mit Simone, Volkan, Ayse und Burim schon mit der Arbeit beginnt (weil sie gewusst oder geahnt haben, was kommt), und hinten rechts sind zwei Schüler damit beschäftigt, imaginäre Schiffe zu versenken. Der Verlauf und das Ergebnis dieser kurzen Phase des Unterrichts während der Arbeitsanweisung des Lehrers, diese so genannte »Gelenkstelle«, kann maßgeblich über Verlauf und Ergebnis der kommenden Partnerarbeit entscheiden, kann entscheiden, ob die Mehrheit der Schüler/innen das Lernziel dieser Stunde erreicht oder aber nicht. Dabei haben wir noch gar nicht alle Schüler/innen und alle weiteren Unterprozesse des Unterrichts, schon gar nicht die Rahmenbedingungen von Unterricht bei dieser Momentaufnahme berücksichtigt.

Wer also als Praktikant/in mit Gewinn an diesem hochkomplexen Geschehen teilnehmen will, muss einerseits Aspekte oder Bereiche auswählen, die beobachtet werden sollen, andererseits Methoden zur Beobachtung anwenden können und schließlich über Begriffe und Konzepte verfügen, um diese Beobachtungen zu analysieren und zu interpretieren.

Der wichtigste Erkundungs- und Beobachtungsbereich wird in Ihrem Schulpraktikum auf jeden Fall der Unterricht sein.

Was können Sie im Unterricht alles beobachten? Hier eine Übersicht über mögliche Beobachtungsfelder:

Beobachtungsperspektive Lehrerhandeln

Präsentieren von Inhalten

- In welchen Schritten wird der Inhalt von dem Lehrer dargeboten?
- Welche Hilfsmittel benutzt sie?
- Werden Sachverhalte altersangemessen erklärt?

Lehrersprache

- Wie sind die Gesprächsanteile zwischen Lehrer/in und Schüler/innen verteilt?
- Wie schnell bzw. langsam spricht der Lehrer?

- Wie deutlich spricht der Lehrer?
- Sind dialektale Einflüsse zu beobachten? In welchen Situationen?
- Auf welchen Sprachebenen spielt sich die Lehrersprache ab?
- Wie führt der Lehrer ein Unterrichtsgespräch?

Körpersprache: Mimik, Gestik, Proxemik

- Welche Impulse werden nonverbal gegeben?
- Wie ermahnt oder lobt der Lehrer mimisch und gestisch?
- Berücksichtigt der Lehrer die Distanzzonen bei ihrem proxemischen Verhalten?
- Wie bewegt sich der Lehrer im Raum?
- Wie intensiv gestaltet der Lehrer den Blickkontakt zu den Schüler/innen?

Steuerung durch Fragen, Impulse, Vermittlungshilfen

- Welche Fragen stellt der Lehrer?
- Welches kognitive Niveau wird bei den Fragen des Lehrers angesprochen?
- Welche Arbeitsanweisungen stellt der Lehrer?
- Welche Impulse gibt der Lehrer?
- Welche Vermittlungshilfen erhalten alle, welche nur Teile der Klasse?

Sozialformen, methodisches Vorgehen und Medieneinsatz

- In welchen Sozialformen findet der Unterricht statt?
- Wie wird der Übergang von einer Sozialform zur nächsten gestaltet?
- Welche Unterrichtsmethoden werden ausgewählt?
- Welche Sozialformen und Methoden werden häufig, welche kaum oder gar nicht gewählt?
- Wie wird der Übergang von einer Methode zur anderen gestaltet?
- Welche Medien werden in der Stunde eingesetzt?
- Wie routiniert ist der Lehrer beim Einsatz der Medien?

Verhalten in Konfliktsituation

- Welche potenziellen Konfliktsituationen nimmt der Lehrer wahr?
- Wie reagiert er darauf?
- Ändert sich im zeitlichen Verlauf die Reaktion auf Konflikte oder Unterrichtsstörungen?

Gerechtigkeit und Gleichbehandlung

- Behandelt der Lehrer die Schüler/innen eher gleich oder eher ungleich?
- Welche Schüler/innen werden gegebenenfalls bevorzugt oder benachteiligt?
- Behandelt der Lehrer Mädchen und Jungen gleich?
- Ruft der Lehrer gerecht auf?
- Lobt bzw. ermahnt der Lehrer gerecht?
- Sind Vorlieben und Abneigungen des Lehrers für bestimmte Schülertypen zu beobachten?

Lehrerpersönlichkeit

- Wo und wie zeigt sich im Unterricht Freundlichkeit und Hilfsbereitschaft des Lehrers?
- Wo und wie ist der Lehrer authentisch, wo nicht so sehr?
- Wo und wie fördert der Lehrer die Selbstständigkeit der Schüler/innen?
- Wo und wie wirkt der Lehrer überzeugend, wo nicht so?

Beobachtungsperspektive Schülerhandeln

Mitarbeit bzw. Beteiligung im Unterricht

- Wie beteiligt sich die Klasse insgesamt am Unterricht?
- Welche Schüler/innen beteiligen sich wie häufig verbal am Unterricht?
- Welche Schüler/innen beteiligen sich zwar innerlich, aber kaum äußerlich am Unterricht?

Kontaktverhalten zum Lehrer

- Wie und wann nehmen Schüler/innen Kontakt zum Lehrer auf?
- Wie reagiert der Lehrer darauf?

Störendes Verhalten

- Welche Formen von Unterrichtsstörungen von Schüler/innen und Lehrer/in tauchen im Unterricht auf?
- Welche sind vermutlich beabsichtigt, welche nicht?
- Wie geht der Lehrer mit Unterrichtsstörungen um?

Konzentration und Arbeitsverhalten

- Worin zeigt sich konzentriertes Arbeitsverhalten?
- Worin zeigt sich fehlende Konzentration?
- Wann fällt es den Schüler/innen leicht, sich zu konzentrieren, wann nicht?
- Zeigen sich im Arbeitsverhalten und in der Konzentration Unterschiede je nach Sozialform oder Methode?

Lernprozesse

- Wann und wodurch sind Lernfortschritte beobachtbar?
- Welche beabsichtigten und welche unbeabsichtigten Lernprozesse sind zu beobachten?
- Wann und wodurch sind Lernschwierigkeiten beobachtbar?

Soziales Lernen/Kooperation in der Klasse

- Welche Verhaltensformen finden sich im Kooperationsverhalten der Schüler/innen untereinander?
- Sind diese Formen abhängig von der Sozialform bzw. der Methode?

- Welche Unterschiede im Sozialverhalten zwischen einzelnen Schüler/innen bzw. Gruppen von Schüler/innen sind beobachtbar?
- Gibt es spezifische Rollen in der Klasse: Anführer, Mitläufer, Außenseiter u.a.?
- Ist eine Gruppenbildung in der Klasse zu beobachten?
- Welche Rolle spielt das Geschlecht?

Beobachtungsperspektive Inhalt/Thema der Stunde

Fachwissenschaftliche Dimension

- Entspricht der dargebotene Inhalt dem aktuellen fachwissenschaftlichen Stand?
- Wie ist der Inhalt sachlich aufgebaut? Welche Bausteine sind zu erkennen?

Fachdidaktische Dimension

- Entsprechen der Verlauf der Stunde und die gewählten Methoden dem aktuellen fachdidaktischen Stand?
- Welche fachdidaktische Konzeption wird von dem Lehrer verfolgt?
- Welche Ziele werden realisiert?
- Wie wird das Erreichen der Ziele durch den Lehrer diagnostiziert?

Inhalt und Lerngruppe

- Wie knüpfen die Inhalte der Stunde an den Vorerfahrungen der Schüler/innen an?
- Woraus kann auf die intrinsische und extrinsische Motivation der Schüler/innen geschlossen werden?

Insgesamt ist es sinnvoll, die Beobachtungsrichtung mehr oder weniger einzugrenzen, entweder thematisch oder zeitlich oder personell. Das heißt, Sie beobachten beispielsweise nur die inhaltlichen Lernprozesse zweier Schüler/innen vergleichend oder die Unterrichtsstörungen in der Phase des Unterrichtsgesprächs oder die Schülerkooperation an einem Gruppentisch. Häufig ist es sinnvoll, sich vor der Beobachtung möglichst konkrete Verhaltensformen zu überlegen, nach denen Sie Ausschau halten wollen und die Sie gezielt analysieren möchten, also z.B. woran Sie innere Beteiligung oder äußere Beteiligung von Schüler/innen konkret festmachen.

3. Wie kann beobachtet werden – Beobachtungsmethoden

Wichtig für die Ergebnisse von Beobachtungen im Unterricht ist natürlich die Art und Weise der Beobachtung, d.h. die Beobachtungsmethode. Am sinnvollsten wäre hier, möglichst viele Beobachtungen mit einem detaillierten Wortprotokoll zu verbinden. Da dies aber auf Grund der Schnelligkeit und Komplexität des Unterrichtsprozesses nicht möglich ist, müssen Beobachtungsmethoden gewählt werden, die diese Komplexität reduzieren und den Fokus Ihrer Beobachtungen konzentrieren.

Bei der Beobachtung von Unterricht gibt es noch ein grundsätzliches Problem: Jede Aufzeichnung ist nicht nur beschreibend, sondern auch mehr oder weniger bewertend und auch persönlich gefärbt, z.B. durch die notwendigerweise selektive Wahrnehmung. Dies sollte man bei allen Beobachtungen, vor allem dann, wenn diese zur Reflexion der gehaltenen Stunde herangezogen werden, im Hinterkopf haben. Manchmal ist es dann so wie bei Biografien: Sie sagt mehr über den Autor als über die beschriebene Person aus.

Bei den meisten nachfolgenden Formen der Beobachtung von Unterricht ist es hilfreich, einen Sitzplan mit allen Schüler- bzw. Schülerinnennamen der jeweiligen Klasse zur Hand zu haben. Diesen sollten Sie möglichst bald im Laufe Ihrer Hospitationen erstellen. Diese Sitzordnung sollte nach Möglichkeit auch vermerken, ob es sich bei den Kindern und Jugendlichen um Mädchen oder Jungen handelt, vielleicht auch ob es Schüler/innen sind, die das Deutsche als Muttersprache haben oder auf die dies nicht zutrifft. Dies kann zum Beispiel durch bestimmte Zeichen kenntlich gemacht werden. Darüber hinaus sollten Sie möglichst bald die Namen der Schüler/innen in Ihrer Hospitationsklasse kennen, um beim lockeren Gespräch am Rande des Unterrichts, vor allem aber beim Unterrichten einen persönlicheren Zugang zu den Schüler/innen zu bekommen. Als Beobachtungsmethoden stehen Ihnen folgende Möglichkeiten zur Verfügung:

Wortprotokoll

Die wörtliche Mitschrift wird nur in ganz kurzen zeitlichen Abschnitten zu realisieren sein. Dazu bieten sich vor allem der Einstieg, zentrale Arbeitsanweisungen oder Aufgaben, die Gelenkstellen, weitere besondere Stellen im Unterrichtsverlauf (z.B. eine Unterrichtsstörung, die Bearbeitung eines Lernhindernisses, ein wichtiger Teil eines Unterrichtsgespräches) und der Schluss an.

Hier ein Beispiel für solch ein Wortprotokoll zu einer Gelenkstelle bzw. zu einem zentralen Arbeitsauftrag (Mathematik, 7. Klasse). Es geht darum, dass die Schüler/innen mit Karton Quader bauen sollten und eine Gruppenarbeit beginnen soll.

L: So, jetzt passt mal auf. Du auch, Wolfgang. Also, das habt ihr ganz toll hingekriegt mit der Konstruktion der geometrischen Figur ...

Zeynep: Frau Wolf, ich hab da was noch nich kapiert! Bei mir stimmen die Karten gar nicht!

L: Gleich, Zeynep ...

Carsten: Was sollen wir machen, wenn wir fertig sind?

L: Das will ich euch doch grade erklären! Also: Jetzt sollt ihr mit euren Quadern in eurer Tischgruppe eine Brücke bauen. Und zwar eine Brücke, die so groß ist, dass ein Quader unten durch passt.

Einige Sch. stöhnen

L: Ja, ich weiß, das ist nicht einfach. Probiert's einfach mal! Gibt es dazu Rückfragen? Ja, Mike?

Mike: Frau Wolf, darf ich mal auf die Toilette?

An diesem Beispiel wird klar, wie vielschichtig der Unterrichtsprozess ist und wie beschränkt selbst ein Wortprotokoll ist. Interessant wäre es z.B. zu erfahren, in welcher Geschwindigkeit oder welcher Tonhöhe, mit welchem Gefühl die einzelnen Dinge gesagt werden, wie das Gesagte nonverbal begleitet wird (z.B. durch Melden, durch Gesten, Mimik, Bewegung im Raum). Erfahrene Wortprotokollanten verwenden mitunter auch Transkriptionszeichen aus der linguistischen Gesprächsanalyse, also z.B.

.	kurze Pause
..	längere Pause
(3)	Pause in Sekunden
(ärgerlich)	Tonfall
Also	betonte Silben
(...)	unverständlich

So oder so – die rasende Geschwindigkeit, in der Unterricht vonstatten geht, ist nur beschränkt zu rekonstruieren.

Einsatz von Video

Daher bietet sich auch gerade im Schulpraktikum der Einsatz von Videoaufnahmen an. Er bietet riesige Vorteile: Der Unterrichtsverlauf kann dadurch relativ gut dokumentiert werden, die sprachlichen bzw. körpersprachlichen Äußerungen des Lehrers und der Schüler/innen sind konserviert, und die Aufnahme kann zur Selbstreflexion genutzt werden.

Die meisten Universitäten bieten die Möglichkeit, eine analoge oder digitale Videokamera auszuleihen und die Aufnahmen anzusehen oder auch zu überspielen.

Wichtig ist natürlich, den Einsatz einer Kamera mit dem Mentor und den Schüler/innen abzuklären. In jedem Fall müssen die Eltern der Schüler/innen damit einverstanden sein d.h. es muss eine schriftliche Einverständniserklärung vorliegen.

Überlegen Sie sich vorher mit Ihrem Mentor, Ihrem Unibetreuer und mit Ihren Kommiliton/innen, welche Beobachtungsperspektive Sie mit der Kamera einnehmen wollen. Geht es vor allem darum, das Verhalten des Lehrers zu beobachten, so bietet sich ein Kamerastandort hinten im Klassenzimmer an. Geht es darum, einzelne Schüler/innen oder eine Tischgruppe näher unter die Lupe zu nehmen, hat das auch Auswirkungen auf den Kamerastandort. Wenn es Ihnen vor allem um die verbale Interaktion geht, empfiehlt es sich, mit einem externen und leistungsfähigen Mikrofon zu arbeiten. Ansonsten ist es nicht ausgeschlossen, dass das, was Sie eigentlich hören wollen, im allgemeinen Gemurmel verloren geht. Eine weitere Entscheidung, die Sie beim Videoeinsatz im Unterricht treffen müssen, ist die, ob die Kamera bedient werden soll oder aus einer gleich bleibenden Perspektive aufnimmt.

Als Grundregel für die Benutzung einer Videokamera im Unterricht gilt: Die Kamera sollte nicht mehr stören und beeinflussen als unbedingt nötig. Wer als Praktikant/in oder Schüler/in noch nie mit diesem Medium gearbeitet hat, vermutet in aller Regel, die Existenz einer Videokamera im Unterricht verändere die Situation grundlegend. Unserer Erfahrung nach stimmt das allerdings nur bedingt. Nach einigen Unterrichtsstunden »vergessen« die meisten Beteiligten, dass eine Kamera mitläuft und verhalten sich relativ normal. Hier vielleicht noch ein Tipp: Überkleben Sie das Rotlicht Ihrer Kamera mit Papier oder etwas anderem, dann reagieren die Schülerinnen nur noch halb so stark auf eine laufende Kamera.

Problematisch ist immer wieder, dass das Medium Video »knallhart« sein kann. Sie werden sich vielleicht nach dem Ansehen Ihrer Stunde ernsthaft fragen, ob Sie das wirklich waren, ob Sie wirklich so sprechen und so vor der Klasse stehen. Das ist ganz normal. Deshalb sollten aber Reflexionen von Unterrichtsphasen oder ganzen Stunden im Praktikum mit Unterstützung der Videoaufnahmen nur mit Ihrer Zustimmung und wenn, dann in der gebotenen Sensibilität erfolgen. Wenn Sie Zweifel haben, ob Sie sich die Aufnahmen zumuten wollen oder ob Sie mit Ihrem Mentor oder Ihrem Betreuer die Bänder gemeinsam ansehen möchten, entscheiden Sie sich besser dagegen.

Am besten, Sie probieren es selbst aus. Die Bänder Ihrer eigenen Stunden können Sie ja dann zur Not auch nur sich selbst und später dann Ihren Enkeln zeigen.

Narratives Protokoll

Hier erzählen Sie mit eigenen Worten den Verlauf des Unterrichts bzw. bestimmter Phasen in einem deskriptiven Fließtext, ggf. auch mit eigenen Wertungen. Dies kann z.B. so aussehen (Deutsch, 4. Klasse):

Zu Beginn der Stunde begrüßte die Lehrerin die Klasse und legte eine Folie auf den Overheadprojektor, auf der die ersten drei Bilder der Bildergeschichte »Vater und Sohn beim Angeln« (E.O. Plauen) zu sehen waren. Die Schüler/innen beschrieben dieses Bild und stellten Vermutungen über den Schluss bzw. das letzte Bild der Geschichte an. An dieser Gesprächsphase beteiligten sich sehr viele Schüler/innen. Die Lehrerin ließ ein Meinungsbild erstellen, wer welchen Ausgang der Geschichte prognostiziert. Sie zeigte dann das letzte Bild, worüber die Klasse überrascht war, weil niemand in der Klasse dieses Ende vermutet hätte.
In einer Erarbeitungsphase sollten die Schüler/innen sechs Satzstreifen an der Tafel den einzelnen Bildern zuordnen und in eine sinnvolle Reihenfolge bringen. Dies war nicht ganz einfach, weil einige Schüler/innen Schwierigkeiten mit der Kohärenz der Sätze hatten und die Lehrerin die Schwierigkeiten lediglich auf der semantischen Ebene vermutete.
Abschließend sollten die Schüler/innen die Er-Erzählung an der Tafel in eine Ich-Erzählung umwandeln. Dabei konnten sie zwischen der Vater- und der Sohn-Perspektive wählen. Viele Schüler/innen wurden damit noch nicht ganz fertig, sodass die Lehrerin diesen Text als Hausaufgabe gab.

Strichlisten

Hier tragen Sie in quantitativer Hinsicht Ihre Beobachtungen ein, Sie zählen z.B., welche Schüler/innen wie oft drangenommen werden, sich wie oft melden, richtige bzw. falsche Beiträge liefern oder wie häufig der Lehrer Wissensfragen, Transferfragen, offene Fragen oder geschlossene Fragen stellt. Zusätzlich können in einer weiteren Spalte eigene Anmerkungen notiert werden (Beispiel: Mathematik, 9. Klasse):

Unterrichtszeit	**Phase**	**Mädchen gemeldet**	**Mädchen drangekommen**	**Jungen gemeldet**	**Jungen drangekommen**
00‘ bis 05‘	Einstieg	/////	//	//////////	///
05‘ bis 15‘	Erarbeitung der Formel	//////	/	///////	///
15‘ bis 20‘	Hefteintrag				
20‘ bis 35‘	Übung in Einzelarbeit				
35‘ bis 40‘	Transfer	//////////	//	///////	//////
40‘ bis 45‘	Stellung der Hausaufgabe				
Summe		*21*	*5*	*24*	*12*
Sch. in der Klasse		*Mä: 12*		*Ju: 14*	

Chronologisches Protokoll

Hier schreiben Sie simultan zum Unterrichtsgeschehen wichtige Beobachtungen in zeitlicher Abfolge auf, z.B.

Zeit	Lehrer-Schüler-Interaktion	Kommentar

In der Kommentarspalte können Sie auch mit bestimmten Zeichen arbeiten, z.B.
\+ = *sehr gut*
– = *nicht gut*
? = *verstehe ich nicht*
! = *sehr wichtig*

Oder mit Ergänzung der Phrasierung des Unterrichts.

Zeit	Phase	Lehrer-Schüler-Interaktion	Kommentar

Möglich ist auch, den Protokollbogen weiter zu differenzieren, z.B. so:

Zeit	Phase	Lehrer-Schüler-Interaktion	Sozial-form	Medien	Kommentar

oder so:

Zeit	Phase	Lehrerhandeln	Schülerhandeln	Sozial-form/ Medien	Kommentar

Je nach Klassenstufe, Unterrichtsform, Fach oder Beobachtungsziel kann es sinnvoll sein, die eine oder andere Form bei der Beobachtung einzusetzen. Am besten, Sie versuchen es mit unterschiedlichen Formen im Verlauf Ihrer Hospitationen.

Systematische Beobachtung

Einzelbeobachtung einer Schülerin/eines Schülers

Neben der chronologischen Beobachtung des gesamten Unterrichtsgeschehens gibt es vielfältige Formen der systematischen Schwerpunktbeobachtung. Eine dieser Möglichkeiten ist die strukturierte Einzelbeobachtung einer Schülerin bzw. eines Schülers. Dies hat mehrere Vorteile: Sie achten nicht nur auf einen Schüler, wenn sie sich besonders beteiligt oder anders auffällt, z.B. auch durch Störungen des Unterrichts, sondern verfolgen kontinuierlich ihr Lern- und Arbeitsverhalten über längere Zeit und bekommen dadurch zu Beobachtungsergebnissen, die mehr über diesen Schüler in dieser Stunde aussagen.

Zeit	Phase	Mitarbeit im Plenumsunterricht	innere Beteiligung	Interaktion mit Mitschülern	Unterrichtsstörungen	Weitere Beobachtungen
00	Einstieg	meldet sich mehrfach, kommt nicht dran	sehr aufmerksam	schwätzt nebenher mit B.		
05	Vorlesen		sehr aufmerksam			
10	Erarbeitung	meldet sich nicht	abgelenkt, schaut zum Fenster	schwätzt ab und zu mit C.	wird von L. einmal nonverbal ermahnt	geht zur Toilette
25	Vertiefung/ Partnerarbeit		sehr aufmerksam	arbeitet mit B. engagiert an den Aufgaben		teilweise sehr qualitätsvolle Beiträge in der PA
40	Präsentation	stellt die Ergebnisse der PA gut vor	sehr engagiert			beste Präsentation

Eine noch systematischere und noch weniger chronologische Beobachtungsmöglichkeit bietet Trainingsbaustein 8: Teilformalisierter Protokollbogen für die Unterrichtsbeobachtung.

Gezielte Beobachtung einzelner Gruppen von Schüler/innen

Bei der Unterrichtsbeobachtung kann man auch eine oder mehrere Gruppen von Schüler/innen gezielter unter die Lupe nehmen, z.B. Jungen und Mädchen oder zwei Gruppentische oder einige leistungsstärkere bzw. leistungsschwächere Schüler/innen.

Zeit/ Unterrichtsphase	Beteiligung von Mädchen	Beteiligung von Jungen	*Kommentar*

Zeit/ Unterrichtsphase	Beteiligung von leistungsstärkeren Schüler/innen	Beteiligung von leistungsstärkeren Schüler/innen	*Kommentar*

Oder man beobachtet das Unterrichtsgeschehen unter einem besonderen Aspekt, z.B. inwieweit Lernziele erreicht bzw. nicht erreicht werden oder wo und wie Störungen des Unterrichts auftauchen und wie der Lehrer mit diesen umgeht. Zum letzteren Beispiel bietet die Kopiervorlage KV 10 ein Beobachtungsraster.

Schule erkunden durch Befragung und Interview

Quer zu diesen Möglichkeiten der Unterrichtsbeobachtung liegen Erkundungsformen wie die Befragung, das Interview oder das Soziogramm. Eine Befragung ist ein eher unstrukturiertes, aber dennoch zielführendes Gespräch mit »Expert/innen« der jeweiligen Schule. So kann man den Mentor zu seiner Klasse befragen, den Rektor zu ihrer Schule oder auch Schüler/innen zu ihrem Freizeitverhalten.

Ein Interview ist noch strukturierter als die Befragung und fragt bestimmte Informationen oder Einschätzungen gezielt ab. Sie wollen z.B. von ihrem Mentor wissen, wie die einzelnen Schüler/innen im Fach Musik notenmäßig stehen, oder Sie interviewen die Schüler/innen selbst zu ihrem Leseverhalten in der Freizeit oder den Rektor zu den schulrechtlichen Aspekten der Elternarbeit an der Schule. Anregungen zu diesem Bereich bieten:

- **Trainingsbaustein** 3: Kurzporträt der Praktikumsschule.
- **Trainingsbaustein** 14: »Nun erzähl mal« – Interview mit einem Schüler zum Kennenlernen.
- **Trainingsbaustein** 5: Mentor/innen-Check.

Soziale Strukturen erkunden mit Hilfe eines Soziogramms

Eine deutlich schwierigere und auch aufwändigere Form der Beobachtung, die aber seit vielen Jahren in der empirischen Sozialforschung genutzt wird, ist das Soziogramm. Es ist eine Möglichkeit, qualitative Beziehungen zwischen Gruppenmitgliedern (z.B. Beliebtheit, Untergruppen, Anführer, Außenseiter, Mitläufer etc.) sichtbar zu machen. Die Grundlage eines Soziogramms ist in aller Regel eine schriftliche Befragung der Gruppenmitglieder, bei der diese ihre Zuneigung bzw. Abneigung gegenüber allen anderen Mitgliedern der Gruppe, d.h. in unserem Fall der Klasse, durch eine Rangfolge angeben sollen. Als Fragen bieten sich u.a. an:

- Wer in der Klasse ist dir am sympathischsten?
- Neben welcher Mitschülerin möchtest du am liebsten sitzen?
- Welche Mitschüler/innen würdest du zu deinem Geburtstag einladen?
- Zu welchen Mitschüler/innen würdest du gerne zum Geburtstag eingeladen werden?

Es sind aber auch indirektere Fragen möglich:
- Was denkst du: Welche deiner Mitschüler/innen möchten am liebsten neben dir sitzen?
- Was denkst du: Welche deiner Mitschüler/innen würden dir am liebsten bei den Hausaufgaben helfen?

Der zweite Schritt besteht nun darin, die Ergebnisse der Befragungen in eine so genannte Soziomatrix einzutragen. Dabei ist es sinnvoll, jeweils nur eine Frage pro Matrix zu verwenden. In einer Tischgruppe der Klasse 3c könnte das so aussehen:

Neben welcher Mitschülerin/welchem Mitschüler möchtest du am liebsten sitzen?

Gewählte	**Rangplatz**			
	1	**2**	**3**	**4**
Jennifer	2	1		1
Patrick			2	2
Harbin	2		2	
Selma		3		1

Zur Erläuterung: Jennifer ist also von zwei Mitschüler/innen auf Platz 1 der Beliebtheitsskala gewählt worden, einmal auf Platz 2 und einmal auf Platz 4 gewählt worden. Die Tabelle gibt aber keine Auskunft darüber, von wem jetzt welche Rangplätze vergeben wurden.

Eine differenzierte Form des Soziogramms ermöglicht es auch darzustellen, wer wen wie gewählt hat.

In einer Projektgruppe der Klasse 11 könnte das dann so aussehen:

Welche Mitschülerin/welcher Mitschüler ist dir am sympathischsten, wer am unsympathischsten?

Wähler	**Gewählte**			
	Laura	**Ann-Kathrin**	**Gökhan**	**Lars**
Laura		+		-
Ann-Kathrin	+			-
Gökhan		-		+
Lars	+	-		
Summe pos.	2	1	0	1
Summe neg.	0	2	0	2

Zur Erläuterung: Laura ist also von Ann-Kathrin und von Lars als sympathischsten gewählt worden, Lars dagegen ist von Ann-Kathrin und Laura am unsympathischsten gewählt worden.

In einem dritten Schritt werden nun die Ergebnisse der Soziomatrix in ein Soziogramm, d.h. in eine grafische Darstellung, verwandelt. Eine weibliche Person bekommt einen Kreis, eine männliche ein Dreieck. Unter dem Namen werden jeweils die Zahl der positiven und negativen Bewertungen eingetragen. Die einzelnen Personen werden mit vier unterschiedlichen Pfeiltypen verbunden:

+ + + positive Wahl
– – – negative Wahl
/ / / wechselseitige positive Wahl
o o o wechselseitige negative Wahl

Es entsteht dadurch eine Veranschaulichung der jeweiligen Gruppenstruktur.

Ich habe beobachtet – was nun?

Nachdem Sie viel Zeit und Energie dafür investiert haben, Unterricht gezielt und strukturiert zu beobachten, stellt sich die Frage, was mit Ihren Notizen und Aufzeichnungen passiert. Der erste Schritt wäre, Ihre Beobachtungen und Aufzeichnungen noch einmal in Ruhe durchzugehen und sich einen Überblick zu verschaffen: Welche Aspekte waren jetzt für die Stunde zentral? Welche Tendenzen oder Hypothesen meine ich, aus meinen Aufzeichnungen herauszulesen? Welche Belege stützen diese Vermutungen?

Wenn Sie beispielsweise Ihren Fokus auf die drei leistungsschwächsten Schüler Marco, Kevin und Alexander der Klasse 5b gerichtet haben, könnten Sie bereits im Unterricht, erst recht aber beim Durchlesen Ihrer Notizen die Hypothese aufstellen, der Unterricht habe diese drei Schüler in einigen Phasen merklich überfordert. Sie lesen Ihre Mitschriften durch und stellen fest:

- Der Sachtext zum Einstieg wurde von mindestens zwei der drei Schüler/innen (Marco, Alexander) nicht leise gelesen, d.h., sie haben sich mit anderen Dingen beschäftigt (Kramen im Ranzen, in die Luft starren, sich gegenseitig etwas erzählen).
- Im nachfolgenden Unterrichtsgespräch beteiligte sich nur einer der drei Schüler, Kevin. Er gab eine falsche Antwort auf eine relativ leichte Frage der Lehrerin. Einige andere Schüler, darunter auch Marco, lachten ihn aus.
- Zwei der drei Schüler (Kevin, Alexander) wurden mit dem Hefteintrag des Tafelanschriebs nicht fertig. Bei allen drei fehlten farbliche Markierungen und das Unterstreichen der Überschrift.
- In der Übungsphase hat Marco das Arbeitsblatt in Einzelarbeit sehr gut ohne Hilfe von Mitschüler/innen oder der Lehrerin bearbeitet. Alexander und Kevin verstanden die meisten Arbeitsanweisungen nicht und schwätzten miteinander.
- Bei der Abschlussphase, in der die Ergebnisse des Arbeitsblattes verglichen wurden, meldete sich Marco mehrmals, die beiden anderen gar nicht. Marco kam einmal dran und gab die korrekte Lösung der Aufgabe 4 wieder.

Während Sie sich Ihre Aufzeichnungen durchlesen, bemerken Sie mit Erstaunen, dass es Beobachtungen gibt, die Ihrer ursprünglichen These, alle drei seien merklich überfordert gewesen, entgegenstehen. Dies betrifft vor allem Marco: Obwohl er eigentlich den Eindruck von Überforderung macht (kaum mitmacht, schwätzt), hat sich in dieser Stunde gezeigt, dass das nicht immer zutrifft: Er kann das durchaus nicht leichte Arbeitsblatt ohne externe Hilfe korrekt bearbeiten, ohne vorher den Sachtext aufmerksam zu lesen und ohne dem Unterrichtsgespräch aufmerksam zu folgen. Sie kommen zu der Vermutung, dass Alexander und Kevin *über*fordert, Marco aber womöglich in bestimmten Bereichen *unter*fordert sein könnte. Dies könnte auch erklären, warum er den Sachtext nicht gelesen hat oder Kevin vor der Klasse auslacht. Dass er gerne zeigt, was er kann, darauf deutet seine Beteiligung in der letzten Unterrichtsphase hin.

Am besten ist, im Anschluss an eine Stunde die Beobachtungen mit Ihrem Mentor durchzugehen. Er wird zu vielen Beobachtungen zusätzliche Hintergrundinformationen und Einschätzungen haben, über andere Beobachtungen aber vielleicht auch überrascht und dankbar sein. Beim Austausch Ihrer Beobachtungen in der Praktikumsgruppe oder mit Ihrem Hochschulbetreuer werden Sie unter Umständen feststellen, dass ein und dieselbe Phase oder ein und dasselbe Schülerverhalten an einer bestimmten Stelle des Unterrichts durchaus unterschiedlich beobachtet wird:

- Zeugt das andauernde Melden und Reinrufen von Simone von großem Interesse oder von ihrem hohen Geltungsbedürfnis oder von beidem?
- Stört Thomas eher aus Überforderung oder aus Gründen der Unterforderung?
- War die Ermahnung des Lehrers zu Svenja dosiert oder übertrieben?

All dies zeigt, dass es kein »neutrales, objektives« Beobachten von Unterricht geben kann. Jede Beobachtung ist von Prozessen z.B. der Selektion, der Projektion und der Normierung begleitet (s.u.) und steht in Beziehung zu Ihrer subjektiven Theorie (s.o.). Wichtig bei Nachbesprechungen ist deshalb u.E., genau zwischen Beobachtung bzw. Beschreibung einerseits und der Analyse bzw. Interpretation andererseits zu unterscheiden und auch erst bei der möglichst genauen Beschreibung von Aspekten des Unterrichts zu bleiben.

Das heißt auch, bestimmte Formulierungen eher zu verwenden als andere, z.B. »Ich habe beobachtet, dass Sylvia sich kein einziges Mal gemeldet hat« statt »Warum hast du Sylvia nicht aufgerufen?«.

In einem zweiten Schritt kann dann nach möglichen Ursachen, Gründen oder Zielen eines bestimmten Handelns gefragt werden. Damit werden dann auch immer implizite oder explizite Theorien verbalisiert. Dabei sollten Sie im Gespräch immer möglichst professionell und sensibel mit Ihren Beobachtungen und Interpretationen umgehen.

Achtung Beobachtungsfehler!

Jedes Beobachten ist subjektiv (s.o.) und damit an die individuellen Vorerfahrungen, Kenntnisse, Einstellungen und Absichten der Beobachtenden gekoppelt. Insofern muss man sich als Beobachter bewusst sein, welchen möglichen Beobachtungsfehlern man unterliegen könnte.

Häufig lässt man sich vom *ersten Eindruck* leiten *(Primary-effect)*. Denken Sie nur an eine typische Alltagssituation: Sie sind auf einer Party, und es kommt ein neuer Gast herein. Binnen weniger Augenblicke, es gibt psychologische Forschungen dazu, die von einer Schwelle von weit unter einer Sekunde sprechen, verfestigt sich bei Ihnen ein Bild über diesen Neuankömmling entlang der zentralen Einschätzungsachse sympathisch – unsympathisch. Sie werden merken, wie sehr prägend dieser erste Eindruck ist, vielleicht wie viel Schwierigkeiten Sie haben und wie viel Party-Zeit, ggf. wie viel Alkohol Sie benötigen, diesen ersten Eindruck zu korrigieren. Dieser erste Eindruck setzt sich so im Gedächtnis fest, dass Sie oft noch nach Jahren sich ganz genau die Situation vorstellen können, in der Sie einem anderen Menschen zum ersten Mal begegnet sind. Dieses Phänomen des ersten Eindrucks findet sich natürlich auch im Beobachten von Schule und Unterricht wieder. So haben Sie in Ihrer ersten Hospitationsstunde in der 9a Kevin als notorischen Störer erlebt. Die ganze Stunde war er damit beschäftigt, sich und andere vom konzentrierten Arbeiten und Lernen abzuhalten und darüber hinaus den Lehrer dazu zu zwingen, ihm Aufmerksamkeit in Form von Ermahnungen und Bestrafungen entgegenzusetzen. Ihnen ist nach dieser Stunde klar: Kevin ist ein Störer und schwieriger Schüler.

Ein anderer möglicher Beobachtungsfehler sind *Vorurteile und Voreinstellungen* (Rosenthal-Effekt). Angenommen, Sie waren noch nie in Heidelberg. Ihr Bild von Heidelberg ist eine Mischung aus Postkartenidylle, Schloss, Neckar, Alter Brücke, Lieblichkeit und Studentenromantik. Und dann kommen Sie eines Tages nach Heidelberg, finden eine mehr oder minder normale deutsche Stadt, die natürlich auch ihre Schattenseiten hat, und sind irritiert, vielleicht auch enttäuscht. Nicht weil Heidelberg so hässlich ist (das ist es beileibe nicht!), sondern weil Ihre Erwartungen so hoch und so anders waren. Im Beobachten von Unterricht läuft das ähnlich: Sie haben zum Beispiel vom Klassenlehrer erfahren, dass Svenja aus der 3b hoch begabt ist. Da Sie selbst als Kind als hoch begabt galten, ist Ihnen diese Svenja, obwohl Sie sie noch nie gesehen oder erlebt haben, sympathisch. Sie fühlen sich ihr wesensverwandt und rechnen damit, dass Svenja besonders gute Leistungen im Unterricht zeigt.

Damit wären wir schon beim nächsten möglichen Beurteilungsfehler, dem *Global-Eindruck* (Halo-Effekt). Dieser meint: Eine Eigenschaft oder ein Merkmal überstrahlt die gesamte Wahrnehmung und steuert die Beobachtung. Nehmen wir zum Beispiel eine Kommilitonin, nennen wir sie Mona, einer Arbeitsgruppe, mit der Sie zusammen mit drei anderen Studierenden ein Referat in einem Oberseminar zum Thema »Didaktische Modelle im Physikunterricht« geplant und vorgetragen haben. Diese eine Kommilitonin Mona haben Sie als äußerst redegewandt und belesen kennen gelernt, häufig war sie es, die die Gruppentreffen moderiert und zu einem guten Ende geführt hat. Und auch beim Halten des Referats im Seminar war Mona am ehesten in der Lage, schwierige Rückfragen aus dem Plenum zu beantworten. Für Sie drängt sich auf: Mona ist eine Kandidatin für ein Einser-Examen. Und das, obwohl Sie sie nur aus einem Studiensegment kennen. Ähnliches trifft man auch beim Beobachten von Unterricht: Sie haben Larissa aus der 5b in Ihren Musik-Hospitationsstunden als äußerst musikalisch interessierte und begabte Schülerin kennen gelernt. Nun sehen Sie sie in einer Kunst-Stunde und schließen automatisch darauf, dass Larissa bei ihrer musischen Begabung auch in Kunst gute Leistungen zeigt.

Häufig ist auch der Beobachtungsfehler der *Fehlattribution*, bei der eigene Persönlichkeitsmerkmale oder gerade deren Gegenteil den beobachteten Personen zugeschrieben wird (Ähnlichkeits- bzw. Kontrast-Effekt). Sicher werden Ihnen Personen im Alltag erst einmal sympathischer sein, wenn Sie wissen, dass diese denselben Musikgeschmack haben oder dasselbe Hobby wie Sie. Im Schulpraktikum wäre es möglich, dass Ihnen eine Schülerin sehr sympathisch ist, weil Sie ebenso wie Sie Mitglied im örtlichen Reiterverein ist. Oder ein anderer Schüler ist Ihnen von vornherein eher unsympathisch, weil er Kleidung trägt, die Sie selbst schon immer gehasst haben.

Eine Fehlattribution liegt auch vor, wenn aus konkret beobachteten Verhaltensweisen auf Charaktereigenschaften geschlossen wird (Interferenz-Effekt). Schließlich neigt man auch beim Beobachten zu *Logischen Fehlern* (Logical-error-Effekt). Hier wird ein von Ihnen beobachtetes Merkmal auf Grund von Alltagstheorien mit weiteren Eigenschaften verknüpft.

Damit sind die wichtigsten Klippen beim Beobachten von Unterricht genannt. Wichtig erscheint uns: Beobachtungsfehler lassen sich nie gänzlich vermeiden. Hilfreich ist es daher, sich Ihrer bewusst zu sein und zu fragen, ob man möglicherweise bei einer Beobachtung einem solchen Fehler unterlegen ist.

Unterricht planen – ein komplexes Geschäft

»Unterrichten, Erziehen, Beraten, Beurteilen, Innovieren« – so beschrieb vor 30 Jahren der Deutsche Bildungsrat die Aufgaben von Lehrerinnen und Lehrern. Dabei ist das Unterrichten wohl die wichtigste Tätigkeit, nicht nur quantitativ, inklusive Vor- und Nachbereitung, sondern auch qualitativ. Lehrer/innen sind Expert/innen für Unterricht und Lernprozesse.

Jeder Unterricht wird von Lehrer/innen irgendwie geplant, mal längerfristig, mal sehr kurzfristig, mal relativ starr, mal sehr offen. Dabei gilt als Berufsweisheit: Schlecht geplanter Unterricht kann auch gelingen, gut geplanter Unterricht geht aber seltener schief.

Eine wichtige Aufgabe Ihres Schulpraktikums ist es, dass Sie schrittweise daran herangeführt werden, Unterricht »gut« zu planen. Was bedeutet das konkret? Sie sollen in der gebotenen Ausführlichkeit und Reflexionstiefe diejenigen Überlegungen darstellen, die bei der Planung einer Unterrichtsstunde bzw. einer längeren Sequenz oder Einheit für Sie handlungsleitend waren.

Wer berufserfahrene Lehrer/innen zu ihrer Unterrichtsplanung befragt oder diese dabei beobachtet, wird auf vielfältige Stile und Routinen treffen: Es gibt Kolleg/innen, die nur mit kleinen Notizen ins Klassenzimmer kommen, vielleicht haben sie sich auf einer Karteikarte die wichtigsten Punkte zum Ablauf einer Stunde oder eines Schultages notiert. Andere Lehrer/innen wiederum haben ein gebundenes Buch im DIN-A4-Format, in das sie alle wichtigen Phasen der Stunde notieren, mögliche Vermittlungshilfen für Lernschwächere aufschreiben und auch zentrale Arbeitsanweisungen oder Impulse im Wortlaut vorformulieren. Es soll sogar Lehrer/innen geben, die gänzlich ohne schriftliche Unterlagen die Stunde bestreiten. Gleichgültig wie viel zu der zu haltenden Stunde aufgeschrieben steht – alle Lehrer/innen müssen im Geiste mehr oder weniger intensiv ihren Unterricht planen.

Dabei fällt auf, dass erfahrene Lehrer/innen die verschiedenen Aspekte der Unterrichtsplanung, z.B. die Analyse der Klassensituation, die Auswahl der Inhalte, die Bestimmung der Lernziele oder auch die Auswahl der Methoden, vernetzt in ihre Überlegungen mit einbeziehen, auf jeden Fall nicht so in einer bestimmten Reihenfolge, wie es das nachfolgende Schema assoziieren könnte.

Die meisten Lehrer/innen tun dies, ähnlich wie das Unterrichten selbst, in einer sehr routinierten Art und Weise, die zu vergleichen ist mit dem Autofahren. Quasi simultan lenken sie, gleichen ihre Geschwindigkeit mit dem erlaubten Richtwert ab, schalten in den nächsten Gang, bremsen, halten nach Gefahrenpunkten Ausschau, versetzen sich in die Rolle des vor Ihnen fahrenden Autos, unterhalten sich mit der Beifahrerin und beschäftigen die Kinder nebenher auf dem Rücksitz. Wer das Autofahren erst erlernen muss, braucht Hilfe und Unterstützung dabei, diese hochkomplexe Handlung in einzelne Tätigkeiten aufzugliedern und einerseits die Kompetenz in den einzelnen Bereichen zu steigern, andererseits aber auch aus den einzelnen Tätigkeiten ein gelingendes Ganzes zu schaffen.

Sie als Noviz/in in diesem Berufsfeld, quasi als Fahrschüler/in, werden im Schulpraktikum Teilkompetenzen erlernen und gleichzeitig an die komplexe Gesamthandlung der Unterrichtsplanung herangeführt.

1. Planungsarten

Unterrichtsplanung vollzieht sich auf verschiedenen Ebenen:

- Stoffverteilungspläne für Schulhalbjahre erstellen,
- Unterrichtseinheiten planen,
- Unterrichtswochen und -tage planen,
- Einzelne Unterrichtsstunden planen.

Stoffverteilungspläne geben grob den Inhalt und die wichtigsten Lernziele und Arbeitsformen über einen längeren Zeitraum wieder. Sie sind das Raster für die Verteilung der einzelnen Themen und Projekte über das ganze Schuljahr. In der Regel müssen Lehrer/innen bei der Schulleitung jährliche bzw. halbjährliche Stoffverteilungspläne abgeben.

Unterrichtseinheiten gehen über mehrere Unterrichtsstunden, oft auch Wochen. Hier planen Sie schon etwas genauer, wann welches Thema ansteht, was die Schülerinnen und Schüler wie und mit welchen Hilfsmitteln lernen sollen und welche fächerübergreifenden Bezüge Sie herstellen können. Oft werden im Kollegium diese fächerübergreifenden Aspekte gemeinsam vereinbart, auch aus organisatorischen Gründen. Falls das nicht der Fall ist, ergreifen Sie am besten selbst die Initiative und machen Sie Vorschläge für eine Zusammenarbeit.

Notwendig ist auch, die einzelnen Unterrichtswochen und -tage vorzuplanen, um zum Beispiel zu vermeiden, dass sich besondere Termine der Klasse, Klassenarbeiten, der Museumsbesuch, die Erkundung der Post oder der Besuch des zahngesundheitlichen Dienstes, überschneiden. Unterrichtsplanung ist auch endlich. Effizient planen heißt deshalb auch, sich je nach Woche und Tag unterschiedliche Schwerpunkte zu setzen und andere Fächer oder Verpflichtungen eher nebenher laufen zu lassen, um nicht in Arbeit zu ersticken. Und für die Schüler/innen ist der Wechsel von hoher Anspannung und Entspannung ebenso wichtig wie für Sie.

Als Praktikant/in ist es absolut notwendig, eine Unterrichtsplanung schriftlich zu fixieren, z.B. in einer tabellarischen Form vorgehen. Dabei oder auch zur Erstellung von Arbeitsblättern benutzen Sie am besten ein gängiges Textverarbeitungsprogramm. Dies hat zum Beispiel den Vorteil, dass man leicht einzelne Phasen oder Bausteine geplanten Unterrichts verschieben und geringfügig ändern kann. Voraussetzung: Man muss relativ fit im Tippen sein. Aber: Welcher Lehramtsstudent ist dies heutzutage nicht?!

2. Bausteine der Unterrichtsplanung

Systematisch lassen sich folgende elf Bausteine der Unterrichtsplanung unterscheiden:

- Klassensituation analysieren,
- fachspezifische Lernvoraussetzungen analysieren,
- Sachanalyse,
- didaktische Analyse,
- Lernziele formulieren,
- Unterrichtsphasen konzipieren,
- Methodeneinsatz wählen,
- Medien auswählen,
- Eventualitäten miteinbeziehen,
- Lernzielkontrollen einbauen,
- einen Verlaufsplan erstellen.

Das heißt auch, dass es Ihnen bei Ihrer konkreten Unterrichtsplanung ähnlich ergehen wird wie erfahrenen Lehrer/innen. Sie gelangen beispielsweise bei Ihren Vorüberlegungen zu einer Stunde erst bei der Verlaufsplanung dahin, dass Ihre Inhalte den zeitlich begrenzten Rahmen sprengen.

3. Analyse der Klassensituation

Der erste Baustein zur Unterrichtsplanung ist die Analyse der Klassensituation, d.h. der äußeren und inneren Rahmenbedingungen für den geplanten Unterricht. Nur wer seine Schüler/innen gut kennt, kann einen Unterricht planen, der ihrem Leistungsniveau, ihren Interessen und Bedürfnissen entspricht. Bereits während der Hospitationsphase haben Sie ständig die Klassensituation im Blick gehabt. Wahrscheinlich konnten Sie auch Ihren Mentor sowie die Schüler/innen selbst, vielleicht auch andere Lehrer/innen, die in der Klasse unterrichten, mehr oder weniger systematisch befragen. Einige Aspekte wollten Sie unbedingt wissen, andere haben Ihnen die Personen ungefragt beantwortet, auf wieder andere Dinge sind Sie vielleicht vor allem auf Grund konkreter Beobachtungen im Unterricht gestoßen.

Nun geht es darum, die Situation der Klasse insgesamt, der einzelnen Schülerinnen und Schüler und auch Ihre eigene Rolle in der Klasse zu reflektieren.

Wichtige Aspekte sind in der Übersicht auf Seite 82 aufgegliedert. Dieser Katalog ist nicht erschöpfend gemeint. Vielleicht sind für Ihre konkret zu planende Stunde einige Aspekte völlig irrelevant, während andere Aspekte hier gar nicht aufgeführt sind.

Um es an einem Beispiel zu illustrieren: Die *Analyse des Klassenklimas* bzw. der Unterrichtskommunikation kann für bestimmte Stunden zentral, für andere nicht so wichtig sein. Mit der Analyse der Unterrichtskommunikation wird deutlich, dass der Lehrer Teil des kommunikativen Geschehens ist und so auch zur Lerngruppe gehört. Aus konstruktivistischer und phänomenologischer Sicht kann ein Lehrer seinen Schüler/innen nicht als Objekte aus einer objektiven Beobachterperspektive beschreiben, sondern ist immer Teil eines situierten Prozesses. Wer hospitierend am Unterricht teilnimmt, bemerkt schnell, dass zwischen Lehrer/in und Schüler/innen eine spezifische Beziehungsstruktur besteht, die dem Lehrer aber möglicherweise nicht bewusst ist oder die sie nicht offen legen möchte. Animositäten oder Vorlieben, die sein Verhältnis zu einzelnen Schüler/innen prägen, beeinflussen die Unterrichtskommunikation deutlich, aber im Unterrichtsentwurf möchte man sich hier – aus Sorge um eine negative Beurteilung – keine Blöße geben und lässt deshalb meist die eigene Person außen vor.

Häufig schreiben Lehramtsstudierende auch in ihren Unterrichtsentwürfen detaillierte Dinge, die wenig oder rein gar nichts mit der konkret zu planenden Stunde zu tun haben: Die *Infrastruktur eines Schulortes*, Verkehrsverbindungen oder die Beschreibung städtischer Mittelpunkte, ist überflüssig, wenn es um das Rechtschreibphänomen der Doppelkonsonanten geht. Sofern es allerdings beispielsweise in Mathematik um das Schätzen und Messen von Längen geht, könnte an die Entfernungserfahrungen der Schüler/innen im großen Maßstab angeknüpft werden.

Situation der Klasse	**Situation der Schule**	**Situation der Lehrerin**
Klasse / Kurs	Schulname	Geschlecht
Anzahl der Schüler/innen	Schulart/Schulform	Alter
Geschlecht	Schulprofil	Biografie
Alter	Schwerpunkte	Ausbildungsstand
Entwicklungsstand (entwicklungspsychologisch begründet)	besondere Angebote	Bezug zum Fach bzw. Thema
Schüler/innen mit Migrationshintergrund	Einzugsbereich	Motivation
Konfession	soziale Schichtung	besondere Interessen
»Biografie« der Klasse	Besonderheiten des Schulortes	Mitarbeit in Stufenteams o.Ä.
Sitzordnung	sonstiges Schulangebot im Ort bzw. Schulbezirk	Sachkompetenz
Klassenklima/ Unterrichtskommunikation	Lehrerkollegium: Größe, Geschlechterverhältnis, Alter, Teilzeitkräfte, Referendar/innen	Lehrstil
Gruppenstruktur: Gruppenbildung, mögliche Anführer, Mitläufer, Außenseiter	Geltende Lehrpläne, Arbeitsvorgaben, Verordnungen, v.a. bzgl. der Zahl der Klassenarbeiten und der Benotung	Erzieherische Grundhaltungen
Verhaltensproblematische Schüler/innen	spezielle Beschlusslagen der Fachkonferenzen	mögliche »Lieblingsschüler/innen« bzw. wenig geschätzte Schülerinnen
Ausstattung und Gestaltung des Klassenraums	Ausstattung mit Lehr- und Lernmitteln	subjektive Theorien bezüglich des Erziehungsstils
Allgemeine Arbeitshaltung und Lernmotivation		subjektive Theorien bezüglich des Unterrichtsthemas
Ort der Stunde im Stundenplan der Klasse		
Benutzte Lehr- und Lernmittel (Schulbücher, Arbeitshefte, …)		

Um noch auf einen anderen wichtigen Bereich einzugehen: Immer wieder kann man in Unterrichtsentwürfen unter dem Kapitel »Analyse der Klassensituation« lesen, wie viele »ausländische Schüler/innen« oder »Ausländerkinder« in einer Klasse sind. Häufig wird dieser Punkt als Aspekt des Bereiches »Problemschüler/besondere Schüler« abgearbeitet. Wir empfehlen, in diesem Bereich der Tatsache Rechnung zu tragen, dass Deutschland seit vielen Jahrzehnten ein Einwanderungsland und die Schule in Deutschland eine ebensolche ist.

Die Begrifflichkeit »Ausländer« ist in diesem Zusammenhang unpräzise und zugleich diskriminierend. Unpräzise deshalb, weil allein die Nationalität der Schüler/innen ja im Hinblick auf den Unterricht nebensächlich ist und viel wichtiger die Frage der Muttersprache bzw. der bilingualen Sozialisation ist. Darüber hinaus haben ja viele Aussiedlerkinder und Kinder und Jugendliche aus Migrantenfamilien der zweiten oder dritten Generation die Deutsche Staatsbürgerschaft. Diskriminierend ist der Begriff »Ausländer«, weil er den eingewanderten Menschen grundlegende Bürgerrechte aberkennt und sie auf den Status von Arbeitskräften herabstuft, die lediglich zum Arbeiten in Deutschland ansässig sind, aber nicht regulärer Teil der bundesdeutschen Gesellschaft mit vollen Bürgerrechten. Wer sich eingehender mit diesem Themenkomplex befassen möchte, kann dies u.a. bei Georg Auernheimer (Einführung in die interkulturelle Pädagogik. Darmstadt: wbg, 2003) nachlesen.

Insofern empfehlen wir dringend, in diesem Unterkapitel unter dem Titel »Schüler/innen mit Migrationshintergrund« einerseits darzustellen, welche Schüler/innen welche Muttersprache haben (das ist für alle Unterrichtsgegenstände von Bedeutung, weil jeder Unterricht immer auch Sprachunterricht ist) und auf welchem Level sich ihre Kompetenzen in der Zweitsprache Deutsch, evtl. besonders im Hinblick auf das Unterrichtsthema bewegen, und andererseits, aber nur, sofern es für die zu planende Stunde von Belang ist, die Nationalitäten der Schüler/innen zu nennen.

Darüber hinaus hat die Benennung von »Problemschüler/innen« in einem schriftlichen Entwurf Konsequenzen. Zum einen müssten Sie präzisieren und belegen, inwiefern bzw. auf welchen Ebenen Sie das unterrichtliche Verhalten eines Schülers als »problematisch« empfinden.

- Verhalten: Ist er aufsässig? Oder stört permanent?
- Arbeitsverhalten: Ist er ständig abgelenkt oder träumt vor sich hin, sodass viele Arbeitsaufträge des Lehrers an ihm vorbeirauschen?
- Sozialverhalten: Ist sein Sozialverhalten problematisch? Kann er nicht andere Meinungen gelten lassen?
- Lernverhalten: Fehlen ihm basale Kompetenzen zur erfolgreichen Teilnahme am Unterricht?

So oder so: Wenn Sie in der Analyse bestimmte Schüler/innen als problematisch identifizieren, ist es unumgänglich, daraus in der Planung des Unterrichts Konsequenzen zu ziehen, damit auch sie die Lernziele zumindest ansatzweise erreichen können. Damit sind vor allem auch Fragen der inneren Differenzierung angesprochen (siehe S. 110).

4. Analyse der fachspezifischen Lernvoraussetzungen

Die Analyse der Lernvoraussetzungen ist als ein Baustein der Rahmenbedingungen zu sehen, bedarf aber gezielterer Reflexion. Denn: Jeder Unterricht vollzieht sich als Auseinandersetzung mit konkreten Inhalten. Insofern ist es unumgänglich, dass Sie mit Ihrem zu planenden Unterricht an den Lernvoraussetzungen der Schüler/innen anknüpfen. Dies bedeutet, mitunter genau hinzuschauen und zu eruieren, was die Schüler/innen bereits an Inhalten und Lernmethoden kennen und können. Zur Orientierung können folgende Analyseaspekte dienen:

Fachliche Lernvoraussetzungen:

- allgemeiner Leistungsstand im jeweiligen Schulfach gemäß Lehrplan
- realer, beobachtbarer bzw. indirekt erschlossener Leistungsstand im jeweiligen Schulfach
- vorangegangener Unterricht
- fachspezifische Arbeitshaltung und Lernmotivation
- Vorwissen
- Streuung des Vorwissens: leistungsstarke vs. leistungsschwache Schüler/innen
- außerschulische Vorerfahrungen mit dem Thema
- Einschätzung der emotionalen Betroffenheit
- benutzte Lehrwerke im Unterricht des jeweiligen Faches

Methodische Lernvoraussetzungen:

- Kenntnis bestimmter Unterrichtsformen und Methoden aus dem jeweiligen Fach
- Kenntnis bestimmter Unterrichtsformen und Methoden aus anderen Fächern
- Erfahrung mit bestimmten Unterrichtsformen und Methoden
- Akzeptanz bzw. Motivation im Umgang mit bestimmten Sozialformen und Methoden
- Streuung der methodischen Lernvoraussetzungen

5. Sachanalyse

»Worum geht es überhaupt in meiner Stunde?« – eine scheinbar banale Frage, die aber, je mehr man sich mit ihr befasst, immer komplizierter werden kann. Aufgabe der Sachanalyse ist es, die sachliche Struktur des Unterrichtsgegenstandes, der Inhalte, offen zu legen. Unstrittig ist: Je gründlicher ein Unterrichtsgegenstand analysiert und erörtert wird, desto besser lässt er sich für den Unterricht didaktisch modellieren. Uneinigkeit besteht dagegen bei der Frage, ob der Gegenstand rein mit fachwissenschaftlichen Methoden unabhängig von fachdidaktischen Entscheidungen und Problemen analysiert werden kann.

Erkenntnistheoretisch muss die Antwort »nein« lauten, denn eine interessenfreie, objektive wissenschaftliche Analyse eines Gegenstandes kann es nicht geben. Bei der Vorbereitung von Unterricht sind die didaktischen Interessen derartig stark, dass es Augenwischerei wäre, wenn man sie leugnen würde. Bereits die Auswahl eines Textes oder eines anderen Gegenstandes stellt eine zentrale didaktische Entscheidung dar. Die fachwissenschaftliche Beschäftigung mit dem Gegenstand ist dieser ersten didaktischen Entscheidung nachgeordnet und beeinflusst die Analyse, deren Ziel es ist, die im Gegenstand liegenden Bezüge für mögliche Lern- und Erkenntnisprozesse aufzudecken. Die Ergebnisse der fachlichen Analyse beeinflussen und modifizieren also wiederum didaktische Entscheidungen. Dieser spiralförmige Prozess ist im Kern didaktisch, da fachwissenschaftliche Befunde letztlich immer didaktischen Entscheidungen dienen: Man wird sich bei der Analyse nicht auf fachliche Details kaprizieren, die für die Stundenplanung abwegig wären. Dennoch hat die »Sachanalyse« ihren Wert.

Dass bestimmte Inhalte überhaupt im Unterricht behandelt werden, ist, Sie wissen das natürlich, keineswegs zufällig oder gottgegeben. Es stellt den Schlusspunkt einer Reihe von Entscheidungen der Lehrplankommissionen und der Lehrer/innen dar. Es gibt Inhalte, die deshalb im Unterricht behandelt werden, weil sie traditionelle Bildungsbausteine darstellen (z.B. Goethes »Faust«). Andere Inhalte sind der Aktualität geschuldet (z.B. Gentechnik, Atomenergie, der Klimawandel, Globalisierung etc.). Wieder andere haben im Laufe der Geschichte eine gravierende Veränderung erfahren (z.B. Elektrotechnik ...) oder werden nur deshalb behandelt, weil sie in vielen Schulbüchern zu finden sind. Manche Inhalte sind verpflichtend, andere sind als »Wahlpflichtinhalte« gekennzeichnet, andere Inhalte haben einen fakultativen Status, können also auch weggelassen werden.

Die Wissensforschung hat vielfältig belegt, dass sich gegenwärtig das Wissen, das die Menschheit anhäuft, in ca. 10 Jahren verdoppelt. Das heißt natürlich auch, dass jede Gesellschaft umso mehr auswählen muss, welche Inhalte Kinder und Jugendliche in der Schule begegnen sollen.

Ein paar Fragen hierzu:

- Bislang spielte die »Französische Revolution« eine zentrale Rolle im Geschichtsunterricht. Mittlerweile hat es auch in unserem Land vor kurzer Zeit (1989) eine (weitere) Revolution gegeben. Soll diese deutsche friedliche Revolution mehr oder weniger Unterrichtszeit beanspruchen?
- Während viele Unterrichtsthemen recht wenig mit dem Leben der Schüler/innen zu tun haben, finden andere zentrale Inhalte ihres Lebens kaum oder gar keinen Raum. Ein Beispiel: »Gesundheit/Medizin/1. Hilfe« spielt eine sehr wichtige Rolle im Leben jedes Menschen. Dennoch geht die Schule darauf, bis auf kleinere Ausnahmen z.B. im Sachunterricht, Sportunterricht oder Biologieunterricht, kaum ein. Ein anderes Beispiel: Jeder Mensch muss im Laufe seines Lebens unzählige Formulare ausfüllen, z.B. bei der Beantragung von BAföG, von Wohngeld oder Arbeitslosengeld oder bei der Lohnsteuererklärung. Im Deutschunterricht oder anderen Fächern findet sich diese Gebrauchstextart »Formulare« gar nicht oder nur kaum.
- Der Lektürekanon des Literaturunterrichts ist in der Mittel- und Oberstufe stark historisch geprägt. Neuere Werke in Epik, Lyrik und Dramatik der letzten zwanzig Jahre spielen kaum eine Rolle. Dennoch soll ja das Ziel des Literaturunterrichts sein, auch aktuelle Werke nach literarischen Gesichtspunkten zu bewerten und am literarischen Leben teilzuhaben.

Die Unterrichtsinhalte sind für Sie als Praktikant/in in aller Regel aus guten Gründen nicht gänzlich frei zu wählen. In der Regel werden Sie entlang des Stoffverteilungsplanes Ihres Mentors, der Struktur des Lehrbuchs, dem Curriculum des Lehrplans oder auch der Dynamik des Lernprozesses in der Klasse bestimmte Themen und Inhalte zugewiesen bekommen oder können darunter spezifische Themen auswählen. Insofern ist zumindest der thematische Rahmen festgelegt. Häufig jedoch ist dieser Rahmen so groß und umfangreich, dass es schwierig oder gar unsinnig sein kann, dazu eine einzelne Stunde oder eine Unterrichtseinheit durchzuführen.

Wenn es bei der Planung einer Stunde oder Unterrichtseinheit darum geht, die Sachstruktur des Inhalts zu klären, so stehen Sie vor der Aufgabe, die inhaltliche Auswahl des Lehrplans quasi noch einmal nachzuvollziehen und sich einerseits klarzumachen, aus welchen einzelnen Bestandteilen ein Inhalt besteht, wie diese Bestandteile zusammenhängen und wie das Ganze mit anderen Inhalten verknüpft ist. Als Richtschnur könnte gelten: Sie müssen den ganzen Arm kennen, um eine Stunde zum kleinen Finger zu halten. Und dies nicht nur, um Schülerbeiträge einordnen zu können oder als richtig bzw. falsch zu werten, sondern vor allem um Bezüge zwischen dem Ganzen und dem exemplarischen Thema zu sehen bzw. in der Planung und dem Unterrichtsgeschehen herzustellen.

Um über das Thema des Unterrichts möglichst umfassend Bescheid zu wissen, ist es in aller Regel notwendig, dass Sie sich aus verschiedenen Quellen informieren: Einerseits sollten Sie die einschlägige Fachliteratur kennen, andererseits aus allgemeinen Nachschlagewerken Überblickkenntnisse ziehen. Darüber hinaus bieten sich Lehrpläne, Schulbücher, vor allem aber mittlerweile das Internet als globale Bibliothek an.

Lehrpläne und Schulbücher – wichtige Hilfsmittel, aber keine Bibeln

Der Umfang dessen, was die Lehrpläne Ihres Bundeslandes für die jeweiligen Klassenstufen als verpflichtenden Lernstoff vorgeben, unterscheidet sich zuweilen beträchtlich. Lehrplan-Revisionen sind häufig nicht nur eine notwendige Antwort der gesamten Gesellschaft auf veränderte Lebenswelten und Anforderungen, sondern mitunter auch einfach Profilier-Gehabe einer Kultusbürokratie oder eines Kultusministers, der vor einer Landtagswahl steht. Lehrer/innen gehen, wenn man der schulpädagogischen Curriculumforschung glaubt, ohnehin recht nonchalant mit neuen Lehrplänen um. Bis diese wirklich in der breiten Praxis umgesetzt werden, steht schon die nächste Lehrplan-Revision an. Und das wissen die, die Lehrpläne erstellen, sehr genau. Und die Lehrer/innen auch: Sie benutzen zur Unterrichtsvorbereitung vor allem eigene Unterrichtsmaterialien der letzten Jahre sowie das in der Klasse eingeführte Schulbuch (vgl. Becker 2001, S. 87).

Dennoch: Lehrpläne bieten einen unverzichtbaren und auch notwendigen Rahmen für Ihre Unterrichtsplanungen. Und neben der Auflistung von verpflichtenden Lehrinhalten findet man in ihnen auch zahlreiche Hinweise für eine effiziente und anregungsreiche Unterrichtsgestaltung. Alle Lehrpläne sehen auch einen mehr oder weniger großen Spielraum zur eigenen Schwerpunktsetzung vor.

Wie Lehrpläne leisten auch die Schulbücher wertvolle Unterstützung bei der Planung und Durchführung von Unterricht. Viele Lehrer/innen nehmen zur Unterrichtsplanung mehrere Schulbücher unterschiedlicher Verlage nebst Lehrerbegleitbücher zur Hand und stellen sich so ihre Inhalte, Methoden und Lernmittel zusammen.

Dabei sollten Sie immer bedenken, dass allein die Tatsache, dass ein Inhalt oder ein Text oder eine Aufgabe im Lehrplan oder in einem Schulbuch steht, noch kein Qualitätskriterium ist. Immer sollten Sie versuchen, die Anregungen aus anderen Quellen mit der konkreten Klassensituation vor Ort und dem aktuellen allgemein- bzw. fachdidaktischen Kenntnisstand in Beziehung zu bringen.

Ein Beispiel dazu aus der Deutschdidaktik, hier der Rechtschreibdidaktik, das Ihnen womöglich aus Ihrer eigenen Schulzeit vertraut ist: Seit Jahrzehnten schon werden Schulbücher und Schülerarbeitshefte auf den Markt gebracht, die Übungsbausteine zur Unterscheidung von »ss« und »ß« beinhalten. Es gibt wahrscheinlich unzählbare Sprachbuchseiten und Rechtschreibhilfen für Schüler/innen, bei denen diese entscheiden müssen, ob ein Wort mit »ss« oder »ß« geschrieben wird oder ob ein Wort mit »ss« oder »ß« richtig oder falsch geschrieben ist. Dasselbe Prinzip findet sich bei den allermeisten Rechtschreibschwierigkeiten wieder. Und seit Generationen üben die Lehrer/innen mit diesen Sprachbüchern und diesem Übungsmaterial und machen viel zu oft verwundert die Feststellung, dass sich die Rechtschreibleistung ihrer Schüler/innen bei einem Diktat im Anschluss an eine solche gezielte Übungseinheit zum Fehlerschwerpunkt kaum oder gar nicht verbessert hat. Ja sogar, dass bei der Unterscheidung zwischen »ss« und »ß« mehr Fehler als vorher gemacht wurden. Gibt es eine Erklärung für dieses Problem? Die Lernpsychologie spricht von »Interferenz« bzw. von der pro- und retroaktiven Ähnlichkeitshemmung. Als Erstes beschrieben hat dies der Psychologe Paul Ranschburg in den 1920er-Jahren, berühmt geworden ist es als »Ranschburg'sche Hemmung«. Der Begriff meint: Wenn zwei in zeitlicher Nachbarschaft gelernte Stoffe einander ähnlich sind, sind die Gedächtnisstörungen besonders stark. Der Effekt ist: Die Schüler/innen können sich nicht mehr genau erinnern, wann jetzt ein Wort so oder so geschrieben wird, sie werden unnötig verwirrt. Sie verwechseln dann die Schreibung eines Wortes, obwohl sie eigentlich vorher wussten, wie es geschrieben wird. Diese Ähnlichkeitshemmung greift in allen Fächern, nicht nur beim Rechtschreiben. Dennoch strotzen die meisten Sprachbücher nur so von verwirrenden und lernpsychologisch gesehen kontraproduktiven Übungsbausteinen.

Zusammengefasst: Ihre Aufgabe im Rahmen der Sachanalyse besteht darin, die vielfältigen Informationen und Quellen so zu ordnen, dass eine Sachstruktur sichtbar wird. Dies können Sie z.B. in Form eines Fließtextes, mit Hilfe einer Mindmap oder einer Tabelle oder mit Hilfe von Strichpunkten angehen. Der letzte Schritt besteht dann darin, diese Sachstruktur schriftlich niederzulegen. Hilfreiche Fragen sind dabei:

- Welche Bedeutung hat der Inhalt in der Fachwissenschaft?
- Welches Teilgebiet vertritt er?
- Welche Teilgebiete sind gegebenenfalls beteiligt? Ist der Gegenstand interdisziplinärer Natur?
- Wie ist der Inhalt begrifflich zu fassen?
- Hat der Gegenstand verschiedene Sinn- oder Bedeutungsschichten?
- Wie ist sein Komplexizitätsgrad?
- Welche Elemente, Klassen, Systeme, Begriffe, Formen, Probleme, Prinzipien, Gesetze, Techniken oder Methoden sind mit ihm verbunden?
- Wofür ist der Inhalt repräsentativ bzw. exemplarisch?
- Welche Transfermöglichkeiten sind impliziert?
- Welche fachlichen Schwierigkeiten und Probleme sind mit dem Inhalt verbunden?
- Welche Inhalte müssen vorausgehen?
- Welche Inhalte folgen üblicherweise bzw. sinnvollerweise? Inwieweit ist der Inhalt in ein Curriculum eingebunden?

6. Didaktische Analyse – die begründete Auswahl der Lerninhalte

Wenn Sie sich nun über die Struktur des Themas klar geworden sind, zahlreiche Quellen herbeigezogen haben und sich einen Überblick verschafft haben, werden Sie bemerken, dass es unmöglich ist, all das in eine Unterrichtsstunde oder Unterrichtseinheit hineinzupacken. Es würde die Schüler/innen erschlagen, vielleicht sogar verhindern, dass relevante Lernprozesse stattfinden. Die didaktische Analyse soll die Frage beantworten, warum *diese* Schüler/innen mit *diesen* vermuteten Interessen, Erfahrungen und Handlungszielen ausgerechnet an *diesem* Unterrichtsinhalt und mit *diesen* Methoden zu den angestrebten Lernergebnissen kommen sollen.

Sie müssen daher eine begründete Auswahl der Unterrichtsinhalte vornehmen. Dieser Prozess der Auswahl ist eine der wichtigsten Aufgaben von Allgemeiner Didaktik und Fachdidaktik. In der Geschichte der Didaktik gab es schon viele Vorschläge, diese Auswahl durch Leitfragen zu unterstützen. Besonders bekannt geworden sind die Ansätze von Möller (1969), Robinsohn (1967) und Klafki (1962, erstmals 1958) – vgl. die Übersicht auf der nächsten Seite.

Neben begrifflichen oder konzeptionellen Unterschieden gibt es auch Parallelitäten: Alle drei Ansätze setzen bei der Auswahl der Inhalte 1. an der fachlichen Bedeutsamkeit, 2. an der aktuellen Bedeutsamkeit für die Schüler/innen und 3. an der antizipierten Bedeutsamkeit für die Zukunft der Schülerinnen an.

Fasst man bislang erschienene Kataloge zur Auswahl von Inhalten zusammen, erscheinen uns folgende Fragen als relevant für die didaktische Analyse in allen Fächern und Schulstufen:

- Welche Rolle spielt der Inhalt in den Lehrplänen?
- Wie wird der Inhalt in Schulbüchern behandelt? Gibt es (z.B. in der Sekundarstufe) Unterschiede zwischen einzelnen Schularten oder Klassenstufen?
- Wie wird der Inhalt in der fachdidaktischen Literatur behandelt?
- Welche (vermutete oder zu belegende) gegenwärtige Bedeutung hat der Inhalt zurzeit im Bewusstsein der Schüler/innen?
- Existiert ein aktueller Anlass für die Behandlung des Themas?
- Welche (vermutete oder zu belegende) diesbezüglichen Vorkenntnisse haben die Schüler/innen?
- Gibt es dabei Unterschiede zwischen muttersprachlichen Schüler/innen und solchen mit Migrationshintergrund? Zwischen Mädchen und Jungen? Zwischen verschiedenen sozialen Schichten?
- Was ist den Schüler/innen am Thema vermutlich neu?

Möller 1969	Robinsohn 1967	Klafki 1958
Ist der Inhalt für ein bestimmtes Wissensgebiet bedeutsam?	Hat der Gegenstand eine herausragende Bedeutung im Gefüge der Wissenschaft?	Welchen größeren bzw. allgemeineren Sinn- oder Sachzusammenhang erschließt der Inhalt (Exemplarität/Repräsentativität)?
Hat sich der Inhalt schon seit alters her bewährt?	Leistet der Inhalt Wesentliches für das Weltverstehen?	Welche Bedeutung hat der Inhalt für die Gegenwart der Schüler/innen?
Ist der Inhalt nützlich?	Hat der Inhalt eine wichtige Bedeutung für spezifische Verwendungssituationen des privaten oder öffentlichen Lebens?	Worin liegt die Bedeutung des Inhalts für die Zukunft der Schüler/innen?
Ist der Inhalt für die Lernenden interessant?		Welches sind die besonderen Fälle, Phänomene, Situationen, Versuche, in oder an denen die Struktur des jeweiligen Inhaltes den Kindern dieser Bildungsstufe, dieser Klasse interessant, fragwürdig, zugänglich, begreiflich, »anschaulich« werden kann?

- Worin liegt die (vermutete oder zu belegende) Bedeutung des Themas für die Zukunft der Schüler/innen innerhalb der Schullaufbahn?
- Worin liegt die (vermutete oder zu belegende) Bedeutung des Themas für die Zukunft der Schüler/innen außerhalb der Schullaufbahn, d.h. zum Beispiel im zukünftigen Berufs- oder Familienleben?
- Hat das Thema neben seiner fachlichen Exemplarität auch eine unterrichtliche Exemplarität?
- Welche Transfermöglichkeiten innerhalb des Fachunterrichts bietet das Thema?
- Welche fächerübergreifenden Aspekte bietet das Thema?
- Legt die Struktur des Inhalts bestimmte Schrittfolgen oder Anregungen zur Strukturierung von Unterrichtsprozessen nahe?
- Welche vermuteten Lernschwierigkeiten bringt der Inhalt mit sich?
- An welchen Punkten können die Schüler/innen aktiv werden?
- Welche Lernhilfen (z.B. Vermittlungshilfen, Arbeitshilfen, Vorlagen) können bereitgestellt werden?
- Welche inhaltlichen Schwerpunkte können gesetzt werden?
- Welche Ergebnisse sollten bei der Auseinandersetzung mit dem Inhalt mindestens erreicht werden?

- Sind diese Ergebnisse überprüfbar? Durch Selbstkontrolle oder Fremdkontrolle?
- Welche Hilfen stehen mir zur Vorbereitung des Unterrichts zur Verfügung (z.B. Fachliteratur, Lehrerhandbücher, Internet, Kollegium ...)?

Die didaktisch begründete Auswahl der Lerninhalte ist ein schwieriges Geschäft. Manchmal sind viele der Fragen sehr leicht zu beantworten, häufiger aber verlangen Sie eine eingehende Beschäftigung und analytisches Gespür.

7. Lernziele formulieren

In direkter Verbindung mit der Sachanalyse und der didaktischen Analyse, d.h. der Auswahl der Inhalte einer Unterrichtsstunde oder -einheit steht die Formulierung von Lernzielen. Lernziele geben an, was Schüler/innen am Ende der Stunde oder Einheit mehr bzw. auch anders kennen, können, wissen oder tun sollten. Sie können sich auf Wissen, Verhalten oder Einstellungen beziehen. Lernziele geben also gewünschte Lernergebnisse an.

Dabei hat sich in der Didaktik mittlerweile durchgesetzt, zwischen »Lernziel« und »Lehrziel« zu differenzieren. Lehrziele werden von Lehrer/innen formuliert, Lernziele müssen die Schüler/innen sich erst zu Eigen machen. Beide Begriffe beschreiben also den gleichen Sachverhalt aus unterschiedlichen Perspektiven. Man kann darüber streiten, ob diese Unterscheidung Sinn macht oder nicht. Wir sprechen im Folgenden der Einfachheit halber von Lernzielen.

Als Praktikant/in werden Sie sich möglicherweise fragen, warum es wichtig ist, Lernziele ausdrücklich zu formulieren. Immerhin ist doch die mehr oder weniger intensive Auseinandersetzung mit einer mathematischen Formel, einem chemischen Experiment, einer historischen Quelle, einem literarischen Text oder auch einem englischen Wortfeld Ziel des Unterrichts genug. Die Formulierung von Lernzielen hat dagegen gewichtige Vorteile: Sie lenken den Blick auf das gewünschte Ergebnis des Unterrichts und stellen Anforderungen an die Stufung und methodische Gestaltung des Unterrichts. Darüber hinaus ist es mittels Lernzielen möglich, den Erfolg bzw. Misserfolg des Unterrichts relativ präzise zu überprüfen. Zusätzlich verhindern sie, Schule nur als Selbstzweck, als reine Beschäftigung zu sehen.

Andererseits sind Lernziele und vor allem ihr Erreichen im Unterricht auch nicht alles. In konkreten Unterrichtssituationen müssen jeweils mehrere Ziele angestrebt und immer synchronisiert werden. Es gibt unzählige Stunden, in denen die Lernziele nicht erreicht oder gar keine aufgestellt wurden, die aber trotzdem sehr sinnvoll liefen und bei denen die Schüler/innen trotzdem viel Wichtiges gelernt haben.

Systematisch lassen sich einerseits verschiedene Bereiche von Lernzielen grob unterscheiden:

- **Wissen/Kenntnisse**
  Deutsch: Die Schüler/innen sollen zwei wichtige Merkmale einer Kurzgeschichte kennen.
- **Verhalten**
  Technik: Die Schüler/innen sollen ein Metallstück feilen und abrunden können.

- **Einstellungen**
  Kunst: Die Schüler/innen sollen den Wert des Werkes von Picasso schätzen lernen.

Andererseits lassen sich Lernziele auf unterschiedlichen Komplexizitätsgraden bzw. Schwierigkeitsstufen formulieren. Viele Jahre war z.B. die Lernzieltaxonomie kognitiver Lernziele von Bloom u.a. (erstmals 1956) verbreitet. Sie reicht von einfachen zu immer komplexer werdenden Lernzielen:

Kenntnisse
- Auswendig lernen (reproduzieren)
- Verstehen (in eigenen Worten wiedergeben)
- Anwendung (Anwendung zur Problemlösung)
- Analyse (Teilkomponenten und Beziehungen identifizieren)
- Synthese (neu Kombination von Teilen)
- Evaluation (Bewertung)

Eine solche Komplexizitätsskala lässt sich auch für den affektiven Bereich nach dem Grad der Verinnerlichung (Aufnehmen, Reagieren, Werten, Werte ordnen) oder für den psychomotorischen Bereich nach dem Grad der Koordination (Imitation, Manipulation, Präzision, Gliederung, Naturalisierung) formulieren.

Zum Dritten kann man ein Lernziel nach dem Grad der Zielgenauigkeit unterscheiden: Sie können sehr genau beschrieben sein (z.B. »Die Schüler/innen sollten mindestens drei Gründe für das Scheitern der Weimarer Republik nennen können«) oder eher allgemein formuliert sein (z.B. »Die Schüler/innen sollen einen Bewerbungsbrief verfassen können«).

In der Fachliteratur und in den meisten Unterrichtsentwürfen im Schulpraktikum wird häufig zwischen Feinzielen, Grobzielen und Richtzielen unterschieden. Feinziele sind sehr konkret formuliert und beziehen sich auf spezielle Phasen oder Abschnitte einer Unterrichtsstunde. Grobziele oder Stundenziele besitzen ein mittleres Abstraktionsniveau und beziehen sich häufig auf eine ganze Stunde, eine Sequenz von mehreren Stunden oder eine längere Unterrichtseinheit. Richtziele sind auf einem hohen Abstraktionsniveau formuliert und geben die Richtung an, in die die jeweilige Stunde einzuordnen ist.

In enger Verbindung mit der Zielgenauigkeit eines Lernziels steht die Frage, wie konkret man die Zielerreichung beschreibt, wie man dies als Lehrer/in überprüfen kann und woran man beobachten kann, ob diese Lernziele auch wirklich erreicht wurden. Die Didaktik nennt diesen Prozess »Operationalisierung von Lehr-Lern-Zielen«.

Ein Beispiel: Sie möchten Ihren Fokus darauf richten, was die Schüler/innen im Laufe einer Sachunterrichts-Doppelstunde in einer 3. Klasse zum Thema »Gesunde Ernährung« konkret lernen.

Die Lernziele der Doppelstunde könnten sein:

- Die Schüler/innen sollen wissen, dass die meisten Menschen in Deutschland zu fett, zu süß und zu salzig essen.
- Die Schüler/innen sollen wichtige Auswirkungen (individuelle bzw. gesellschaftliche) dieser ungesunden Ernährungsweise erläutern können.
- Sie sollen ihr eigenes Essverhalten mit Hilfe eines Arbeitsblattes grafisch darstellen.
- Sie sollen ihr eigenes Trinkverhalten anhand einer Tabelle einschätzen.
- Sie sollen mit einem Mitschüler ein kurzes Interview zu seinem Ernährungsverhalten anhand von Leitfragen führen und der Klasse darüber berichten.
- Sie sollen in Gruppenarbeit mit Hilfe eines Sachtextes ein Plakat zum Thema »Gesunde Ernährung« für eine Ausstellung im Schulfoyer entwerfen.
- Sie sollen motiviert werden, sich gesünder zu ernähren.

Bei der Formulierung von Lernzielen ist es wichtig, die Lernziele des Mentors zu erkunden und zu notieren und danach zu fragen, wie das Erreichen bzw. Nichterreichen dieser Lernziele konkret zu beobachten ist. Ergebnis Ihrer Überlegungen könnte sein, die inhaltlichen Lernprozesse anhand folgender Lernziele, Kategorien bzw. Verhaltensweisen zu operationalisieren, d.h. anzugeben,

• wer dieses Ziel	*Die Schülerinnen der Klasse 2c sollen*
• welchen Inhalts	*ihr eigenes Trinkverhalten*
• in welcher Lernzeit	*in zwanzig Minuten*
• unter welchen Lernbedingungen	*in Partnerarbeit in ihr Heft*
• nach welchem Gütemaßstab	*wahrheitsgemäß*
• in welcher Form erreichen soll.	*in Form eines Kreisdiagramms abbilden.*

Zur genauen Beobachtung nehmen wir uns jetzt nur eines, das letzte dieser oberen Lernziele heraus und fragen, an welchen Verhaltensweisen beobachtet werden kann, ob die Schüler/innen motiviert werden können, sich gesünder zu ernähren. Wir werden sehen, dass das gar nicht so einfach ist, gerade im Bereich der sozialen Dimension und der Einstellungsdimension sogar nahezu unmöglich.

Verhaltensweisen, die eher das Erreichen des Lernziels anzeigen

- Die Schüler/innen kennen die wichtigsten Bausteine einer gesunden Ernährung.
- Die Schüler/innen wissen, dass bei uns oft zu viel, zu fett, zu salzig gegessen wird.
- Die Schüler/innen äußern Vorsätze über ihr eigenes gesundes bzw. gesünderes Ernährungsverhalten.
- Die Schüler/innen bringen vermehrt gesunde Lebensmittel für die Pause (z.B. Vollkornbrot, Obst, Rohkost) und weniger ungesunde Lebensmittel mit.
- Die Schüler/innen berichten von Änderungen in ihren häuslichen Essgewohnheiten hin zur gesunden Ernährung.

Verhaltensweisen, die eher das Nicht-Erreichen des Lernziels anzeigen
- Die Schüler/innen wissen nicht, was unter gesunder Ernährung zu verstehen ist.
- Die Schüler/innen kennen nicht die grundlegenden Fehler, die in unserer Kultur beim Ernährungsverhalten gemacht werden.
- Die Schüler/innen äußern keinerlei Vorsätze über ihr eigenes gesundes bzw. gesünderes Ernährungsverhalten.
- Die Schüler/innen ernähren sich weiterhin in der Schule ungesund.
- Die Schüler/innen berichten von keinerlei Veränderungen.

Für das Schulpraktikum raten wir, im Allgemeinen pro Unterrichtsstunde ein oder zwei Grobziele sowie, soweit dies sinnvoll ist, Feinziele für jeweils unterschiedliche Phasen zu formulieren.

Hier einige Beispiele für ausgewählte Themen. Die nachfolgenden Formulierungen sind nur als Möglichkeit und Illustration gedacht und sollen nicht suggerieren, zu allen Stunden dieses Themas müssten diese Ziele eine Rolle spielen.

Sachunterricht, Klasse 3: Wasserverbrauch im Haushalt
Richtziel
- Die Schüler/innen sollen zu umweltbewusstem Handeln geführt werden.

Grobziel/Stundenziel
- Die Schüler/innen sollen verschiedene Erkundungen zum Wasserverbrauch im Haushalt anstellen.

Feinziele
- Die Schüler/innen sollen Vermutungen anstellen, wie viel Wasser jeder Mensch in Deutschland durchschnittlich verbraucht.
- Die Schüler/innen sollen ihren Wasserverbrauch der letzten drei Tage grafisch darstellen.
- Die Schüler/innen sollen drei Wege nennen können, im Haushalt Wasser einzusparen.

Geschichte, Klasse 10: Das Scheitern der Weimarer Republik
Richtziel
- Die Schüler/innen sollen historische Zusammenhänge verstehen lernen.

Grobziel/Stundenziel
- Die Schüler/innen sollen das Scheitern der Weimarer Republik verstehen.

Feinziele
- Die Schüler/innen sollen wissen, dass die Weimarer Republik von 1919 bis 1933 dauerte.
- Die Schülerinnen sollen mindestens drei Gründe für das Scheitern der Weimarer Republik nennen.
- Die Schülerinnen sollen die Rolle der Banken beim Scheitern erklären.
- Die Schüler/innen sollen Vergleiche zur heutigen gesellschaftlichen Situation in Deutschland anstellen.

Deutsch, Klasse 8: Merkmale von Kurzgeschichten

Richtziel

- Die Schüler/innen sollen in ihrer literarischen Kompetenz gefördert werden.

Grobziel/Stundenziel

- Die Schüler/innen sollen eine Kurzgeschichte erkennen können.

Feinziele

- Die Schüler/innen sollen mindestens drei Merkmale einer Kurzgeschichte nennen.
- Die Schüler/innen sollen eine Kurzgeschichte von einer Erzählung unterscheiden.
- Die Schüler/innen sollen einen eigenen Schluss zu einem Anfang einer Kurzgeschichte entwerfen.

Während erfahrene Lehrer/innen bei den meisten Stunden recht präzise ihre Ziele nennen können bzw. wissen, was am Ende der Stunde oder der Unterrichtseinheit stehen soll, planen gerade unerfahrene Lehrer/innen und erst recht Praktikant/innen ihre Stunden weniger von den Zielen, sondern von möglichen Methoden her. Dies ist häufig mit Problemen verbunden, weil einerseits für die Schüler/innen nicht offensichtlich wird, wozu sie jetzt dieses oder jenes im Unterricht machen. Andererseits verführt die methodengeleitete Planung dazu, möglichst viele unterschiedliche Methoden einzusetzen und dabei zu vergessen, worum es eigentlich im Unterricht geht.

Daher möchten wir Ihnen raten: Planen Sie immer von den Zielen her und bestimmen Sie erst ein mögliches Stundenziel sowie mehrere Feinziele, vor allem für die zentralen Phasen der geplanten Stunde. Dies schließt nicht aus, dass Sie im Laufe der Planung bei Ihren Zielen noch Präzisierungen oder Verallgemeinerungen vornehmen, neue Ziele mit hereinnehmen oder andere Ziele verwerfen.

8. Unterrichtsphasen konzipieren

Nachdem Sie jetzt den Inhalt des Unterrichts für sich geklärt haben, eine didaktische Auswahl im Hinblick auf eine Klassenstufe und eine konkrete Klasse getroffen haben und schließlich sich zu einigen Lernzielen entschieden haben, geht es im nächsten Schritt Ihrer Unterrichtsplanung darum, eine Grobstruktur und mögliche Phasen der Stunde zu entwerfen. Teilweise kann sich diese Phasierung aus der Sachstruktur ergeben, z.B. wenn die Teilinhalte der Stunde aufeinander aufbauen. Teilweise legt die reale Klassensituation vor Ort, d.h. zum Beispiel bestimmte Rituale des Klassenlehrers, einige Phasen fest.

Man kann bei der Wissensvermittlung grob zwischen folgenden Vorgehensarten unterscheiden:

- deduktives Vorgehen (vom Allgemeinen zum Besonderen) vs. induktives Vorgehen (vom Besonderen zum Allgemeinen),
- analytisch (ein Ganzes wird in seine Einzelteile zerlegt) vs. synthetisch (aus einzelnen Teilen wird ein Ganzes konstruiert),
- ganzheitlich (verschiedene Lernzugänge werden verknüpft) vs. elementhaft (verschiedene Lernzugänge werden nacheinander abgearbeitet).

Jede Unterrichtsstunde besteht mehr oder weniger deutlich aus einer bestimmten Abfolge von Bausteinen. In der didaktischen Literatur wurden bis heute vor allem zwei Ansätze rezipiert. Johann Friedrich Herbart (1806) legte erstmals auf der Grundlage eines Unterrichtskonzeptes, das einen ständigen Wechsel von Vertiefung und Besinnung vorsah, ein Gliederungsschema für den Ablauf eines Denkaktes vor (»Formalstufen-Theorie«):

- Klarheit,
- Assoziation,
- System,
- Methode.

Heinrich Roth (1957) unterschied z.B. folgende Lernstufen:

- die Stufe der Motivation,
- die Stufe der Schwierigkeit,
- die Stufe der Lösung,

- die Stufe des Tuns oder Ausführens,
- die Stufe des Behaltens oder Einübens,
- die Stufe des Bereitstellens, der Übertragung und der Integration.

Diese Konzepte sind eher systematisch als chronologisch zu verstehen. Zwar finden viele Unterrichtsstunden in vielen Unterrichtsfächern als Fünfschritt statt (Hinführung, Präsentation, Erarbeitung, Übung, Transfer). Dennoch gibt es zahlreiche Unterrichtskonzepte, vor allem die des offenen Unterrichts, bei denen die verschiedenen Zugangsweisen zum Unterrichtsgegenstand ineinander greifen. Manfred Bönsch hat zu Letzterem 1996 eine flexible Artikulation des Unterrichts vorgeschlagen:

- Eingangsphase/Motivation,
- Erarbeitungsphase,
- Sicherungsphase.

Für das Schulpraktikum im Rahmen des Lehramtsstudiums ist unseres Erachtens folgende Struktur der Unterrichtsphasen gut handhabbar:

Schritte der Hinführung zum Inhalt	**Schritte der Begegnung mit dem Inhalt**	**Schritte der Erarbeitung des Inhalts**	**Schritte der Einübung eines Inhalts**	**Schritte des Transfers eines Inhalts**
Hinführung Motivation Einstieg Einleitung Problematisierung Zielangabe Anschauung	Präsentation Lehrervortrag Erlesen eines Textes Problemdarstellung Stofferschließung	Analyse Vertiefung Lösungssuche Gespräch	Übung Training Wiederholung	Anwendung Bewertung/ Evaluation Verknüpfung mit einem neuen Thema

Eine ganz wichtige Frage beim Konzipieren einer Abfolge von Unterrichtsphasen ist, in welchen Interaktionsweisen die Schüler/innen und der Lehrer sich mit dem Unterrichtsgegenstand beschäftigen. Die Didaktik nennt diese unterrichtsorganisatorischen Art »Sozialformen«. Systematisch lassen sich vier grobe Sozialformen unterscheiden:

- Einzelarbeit,
- Partnerarbeit,
- Gruppenarbeit,
- Plenumsarbeit.

Jede dieser Sozialformen hat gewisse Stärken und Schwächen. Vor allem stehen die Sozialformen in mehr oder weniger enger Verknüpfung mit den Unterrichtsmodulen (s.o.) und dem konkreten Unterrichtsthema. So ist es wohl sinnvoll, für eine Phase, wo möglichst unterschiedliche Lösungen erarbeitet werden sollen, zur Partner- oder Gruppenarbeit zu greifen. Um als Lehrer/in zu kontrollieren, ob alle in der Klasse eine mathematische Formel selbstständig anwenden können, ist es sinnvoll, eine Einzelarbeit einzubauen. Und ein Montag-Morgen-Kreis zum Austausch der Wochenendaktivitäten ist sinnvoll nur als Plenumsarbeit, d.h. z.B. im Stuhlkreis denkbar.

Aus Sicht der lernpsychologischen Forschung sollte jeder Unterricht einerseits Aufmerksamkeitsspannen berücksichtigen, andererseits verschiedene Zugangskanäle ansprechen. Vor diesem Hintergrund ist es häufig sinnvoll, in jeder Unterrichtsstunde einen oder mehrere Sozialformenwechsel einzuplanen. Dies sollte aber auch in der Sache, d.h. im Thema des Unterrichts, begründbar sein und Sinn machen. Nicht jeder Sozialformenwechsel ist schon an sich gut. Und nicht jede Sozialform ist an sich gut oder schlecht.

9. Methodeneinsatz wählen

Jede unterrichtliche Auseinandersetzung mit einem Thema vollzieht sich in konkreten Unterrichtsformen, Techniken, Lehrweisen. Praktikablerweise spricht man von Methoden, also von Wegen des Lehrens und Lernens. Unterrichtsmethoden haben immer einen

- Zielbezug,
- einen Inhaltsbezug und
- einen Personenbezug.

Die Allgemeine Didaktik und die verschiedenen Fachdidaktiken haben bis heute vielfältige Unterrichtsmethoden, d.h. Verfahrensschritte, Aktionsformen und Unterrichtsrezepte, entwickelt, um Lehren und Lernen effektiver und humaner zu machen. Dennoch lässt sich konstatieren, dass das methodische Repertoire vieler Lehrer/innen offenbar relativ begrenzt ist. Die allgemeine und fachdidaktische Unterrichtsforschung hat mittlerweile deutlich gezeigt, dass bestimmte Unterrichtsmethoden sehr häufig, andere sehr selten und wieder andere fast gar nicht gewählt werden. Insgesamt lässt sich in allen Schulstufen, aber mit unterschiedlicher Deutlichkeit, eine Priorität der lehrerdominanten Methoden feststellen, d.h. vor allem lehrerzentriertes Erarbeitungsgespräch, Lehrervortrag oder auch das Ausfüllen von Arbeitsblättern. Die verfolgten Ziele beziehen sich zum großen Teil auf die Vermittlung von Kenntnissen bzw. intellektuellen Aspekten (Analysieren, Interpretieren, Schlussfolgern). Häufig wird dies auch als »Verkopfung« des Unterrichts bezeichnet. Dabei spielt die Sozialform »Frontalunterricht« quantitativ und qualitativ die wichtigste Rolle. Fast drei Viertel der Unterrichtszeit verlaufen in dieser Form. Eine Studie hat diese Ergebnisse einmal als »methodische Monostruktur des Unterrichts« bezeichnet.

Das lässt die Vermutung zu, dass an deutschen Schulen, im Unterschied zu einigen anderen Ländern, Schüler/innen im Unterricht vor allem damit beschäftigt sind, am Platz sitzen zu bleiben, dem Lehrer zuzuhören, sich an einem Frage-und-Antwort-Spiel zu beteiligen, Arbeitsblätter auszufüllen, abzuschreiben und ansonsten nicht aufzufallen.

Methodisches Handeln des Lehrers kann systematisch am Grad der Lenkung unterschieden werden, wobei die hier genannten Beispiele nicht immer ganz trennscharf sind:

- darbietende Methoden: Lehrervortrag, Lehrerdemonstration, ...
- anleitende/erarbeitende Methoden: erarbeitendes Unterrichtsgespräch, Schüler-Demonstration, Diskussion, Lernzirkel,
- anregende/entdeckende Methoden: Experiment, Befragung ...

Aufgabe von Unterricht müsste sein, die Schüler/innen schrittweise heranzuführen, ihr eigenes Lernen selbst zu steuern, d.h. von lehrerzentrierten Methoden immer mehr wegzukommen und schülerzentrierte Methoden und unterrichtliche Settings zu verwirklichen.

Zu jeder Phase und für jedes Feinziel des geplanten Unterrichts bieten sich in der Regel mehrere Methoden an. Ihre Aufgabe besteht nun darin, diese methodischen Möglichkeiten überblickend darzustellen.

Der zweite Schritt besteht darin, diese Liste an möglichen Methoden nach bestimmten allgemeindidaktischen und fachdidaktischen Kriterien zu beurteilen, z.B.:

- Gegenstandsbezug,
- Zeitaufwand,
- methodische Vorkenntnisse der Schülerinnen,
- Vorerfahrung der Lehrerin,
- Zielangemessenheit,
- Methodenangemessenheit,
- Motivationsgehalt.

Der dritte Schritt ist die gezielte Auswahl der jeweiligen Unterrichtsmethoden und deren Begründung im Hinblick auf das zu erreichende Stundenziel.

Ziele und Methoden sind miteinander verbunden. Für bestimmte Ziele sind bestimmte Methoden besser geeignet als andere. Alternativen sollten deshalb im Entwurf auch immer diskutiert werden. Dies hat zudem eine immunisierende Funktion: Wenn ein Mentor oder Beurteiler eine Praktikantin nach einer Stunde mit belehrendem Unterton fragt, warum sie in einer bestimmten Phase nicht methodisch anders vorgegangen sei, kann sie darauf verweisen, dass sie daran oder an andere Alternativen durchaus gedacht, sie aber aus bestimmten Gründen verworfen habe. Diese Argumentation lässt ihre methodische Kompetenz deutlich werden.

Je nach Unterrichtsfach und Klassenstufe bieten sich verschiedene Wege des Lehrens und Lernens an. Dabei ist es im Interesse eines nachhaltigen und erfolgreichen Lernens wichtig, einerseits mit möglichst verschiedenen Methoden im Unterricht zu arbeiten und gleichzeitig auch methodische Bezüge zwischen verschiedenen Fächern zu sehen und Synergien zu nutzen. Im Folgenden eine Methodenübersicht zu den einzelnen Fächern, eher als Anregung denn als erschöpfender Katalog gedacht:

Biologie
- visuelle Informationen (Lehrfilme, Dias) aufnehmen, analysieren, verarbeiten
- Sachtexte sinnentnehmend lesen
- naturwissenschaftliche Versuchsanordnungen konzeptionieren
- kleinere Versuche vorbereiten, aufbauen, durchführen und auswerten
- mikroskopieren

Erdkunde
- mit geografischen Karten rezeptiv und produktiv arbeiten
- Erkundungen durchführen und Beobachtungen dokumentieren
- Sachtexte sinnentnehmend lesen
- Tabellen und Schaubilder interpretieren

Fremdsprachen
- Vokabeln lernen
- mit einem Wörterbuch arbeiten
- verschiedene Texte sinnentnehmend lesen
- ein grammatisches Regelheft führen
- eine individuelle Lernkartei mit Vokabeln führen
- Hörverstehen trainieren
- die Lautschrift anwenden
- in konkreten Situationen adäquat sprachlich handeln
- Rollenspiel

Deutsch
- Texte sinnentnehmend lesen
- über literarische Texte sprechen
- Diskussionen führen
- unterschiedliche Texte schreiben und Textformen anwenden
- mit einem Wörterbuch umgehen
- sich Notizen machen
- Texte sinngestaltend lesen
- ein Referat vortragen
- Informationen gliedern und ordnen
- Rollenspiele durchführen
- Diktatformen anwenden

Geschichte
- historische Quellen (Texte, Bilder, Grafiken) sinnentnehmend lesen, analysieren
- Rollenspiele durchführen
- eine Zeitleiste anlegen
- Fakten visuell strukturieren
- Bezüge zwischen der Geschichte und der Gegenwart herstellen

Bildende Kunst
- verschiedene Darstellungstechniken kennen und anwenden
- die Wirkung von Farbe und Form analysieren
- eine Mediothek für jede Thematik einrichten, um das Thema dann künstlerisch zu bearbeiten

Mathematik
- mit Grundrechenarten umgehen
- Dinge ausmessen
- Maße und Maßeinheiten umrechnen
- Skizzen, Tabellen und Diagramme anfertigen
- Formeln herleiten
- geometrische Figuren berechnen und herstellen

Technik
- mit verschiedenen Materialien umgehen
- mit verschiedenen Werkzeugen umgehen
- Werkstücke beschreiben
- technische Zeichnungen herstellen
- Sicherheitsregeln kennen und befolgen
- mit Maschinen umgehen

Musik
- Noten lesen
- ein Instrument spielen
- singen
- über Musik sprechen
- Musik bewerten

Religion
- Bibeltexte sinnentnehmend lesen und verstehen
- über religiöse Fragen sprechen
- mit religiösen Bildern und Symbolen umgehen
- ein Bibliodrama durchführen
- musizieren

Sachunterricht
- Sachtexte sinnentnehmend lesen
- mit audiovisuellen Quellen umgehen
- kleinere Versuche vorbereiten, aufbauen, durchführen und auswerten
- naturwissenschaftliche und sozialwissenschaftliche Erkundungen durchführen

Sport
- körperliche Übungen durchführen
- Zirkeltraining
- Ballspiele
- Spielregeln aufstellen und einhalten
- anderen Schülerinnen bei Übungen helfen (Hilfestellung)
- Sicherheitsregeln beachten
- die Funktion von Knochen, Muskeln und Sehnen beachten

Bei der Planung des methodischen Ablaufs sollten Sie zusätzlich Ihr Augenmerk auf besonders sensible Phasen des Unterrichts lenken:

- den Einstieg,
- die Übergänge von einer Phase zur nächsten (so genannte »Gelenkstellen«),
- die zentralen Arbeitsanweisungen und Impulse,
- die Gestaltung des Schlusses.

Unserer Erfahrung nach hat es sich sehr bewährt, gerade für Praktikant/innen, sich die geplanten Anweisungen, Aufgaben, Impulse oder Überleitungen im Wortlaut vorzuformulieren. Dies verhindert, dass Sie in der konkreten Unterrichtssituation aus Nervosität, Vergesslichkeit oder Zeitdruck zentrale Impulse unpräzise oder gar nicht geben.

Drei Beispiele hierzu:

- Mathematik, Klasse 7, es geht um geometrische Körper, Einstiegsphase: »Ihr seht hier vier geometrische Körper. Ich bin gespannt, ob ihr Eigenschaften nennen könnt, die alle Körper gemeinsam haben.«
- Deutsch, Klasse 3, Wortart Wie-Wörter/Adjektive, Gelenkstelle zwischen der Erarbeitung der Merkmale von Wie-Wörtern und der Übungsphase: »Wir haben jetzt gemeinsam erarbeitet, was Wie-Wörter sind und woran man sie erkennt. Jetzt sollt ihr mit mindestens drei Wie-Wörtern an der Tafel einen Satz schreiben. Achtet darauf, dass ihr das Wie-Wort kleinschreibt.«
- Erdkunde, Klasse 10, Abschlussimpuls zum Transfer: »Ihr habt in dieser Stunde viele Daten zur Industriestruktur Japans von 1970 bis 2000 gesammelt. Ihr sollt nun zum Abschluss in Partnerarbeit die Frage bearbeiten: ›Welche Auswirkungen hatte wohl der Wirtschaftsboom Japans für eine ganz normale Familie auf dem Land bzw. in der Stadt?‹ Dabei hilft es euch vielleicht, wenn ihr eine Tabelle anlegt.«

Wir empfehlen Ihnen, solche Formulierungen am besten in die spätere Strukturskizze mit hineinzunehmen oder aber sie auf Karteikarten zu notieren und dann im Unterricht zu benutzen.

In vielen Fällen haben Ihre Stunden im Laufe des Praktikums eher den Charakter von Vorführstunden, statt dass sie sich harmonisch in eine Unterrichtseinheit eingliedern und mit einem normalen, d.h. leistbaren Methoden- und Materialeinsatz betrieben werden. Die Krux von solchen Vorführstunden ist, dass man in einem modernen Unterricht die Schüler/innen möglichst lange und intensiv selbst gesteuert lernen lassen möchte, vorzugsweise in Einzel-, Partner-, Gruppen- oder Freiarbeit, Beurteiler/innen aber eine Lehrperson immer noch am liebsten danach beurteilen, wie sie frontale Phasen wie ein Unterrichtsgespräch gestaltet. Die methodische Kompetenz eines Lehrers dagegen wird in einem schülerzentrierten Unterricht vor allem durch die dargebotenen Materialien sowie die erworbenen Kompetenzen, aber auch zu Beginn und am Ende einer Stunde sowie an den Nahtstellen und Übergängen zwischen den Unterrichtsphasen deutlich.

Bei der Planung einzelner Methoden ist zu berücksichtigen, wie vertraut die Schüler/innen damit sind und wie gut sie die Ihnen zugebilligte Autonomie produktiv nutzen können. Da die Fähigkeit zum selbstständigen Arbeiten nicht bei allen Schüler/innen gleich entwickelt ist, kann mit arbeitsteiliger Gruppenarbeit und differenzierten Angeboten diesen Unterschieden entsprochen werden.

10. Medien auswählen

Nahezu alles, was den Lehrprozess der Lehrer/innen und den Lernprozess der Schüler/innen trägt und unterstützt, ist Lehrmittel oder Lernmittel, so z.B.:

- das Schulbuch,
- der Overhead-Projektor,
- die Tafel,
- das Arbeitsblatt,
- der Film,
- die Diareihe,
- die Wandkarte,
- die Kreide,
- das Modell,
- der Computer,
- die Lernsoftware,
- reale Anschauungsobjekte.

Medien sind in systematischer Hinsicht nach dem Grad der Abstraktion zu unterscheiden:

- reale Ebene: reale Anschauungsobjekte
- ikonische (bildliche) Ebene: Landkarte, Schaubild, Mindmap, Modell, Schema ...
- symbolische Ebene: Sprache, Text ...

Bei der Überlegung, welche Medien Sie im Unterricht einsetzen, spielt einerseits die Zieldimension, andererseits die Methodenwahl eine wichtige Rolle. Der Medieneinsatz muss sich danach richten, welche Ziele Sie mit Ihrem Unterricht verfolgen und welche Methoden Sie anwenden. Die Auswahl des Mediums verläuft wie die Auswahl der Methoden entlang von bestimmten Kriterien, z.B.

- Verfügbarkeit,
- Zeitaufwand,
- Vorerfahrungen der Schüler/innen,
- Vorerfahrung des Lehrers,
- Zieladäquatheit,
- Methodenadäquatheit,

- Motivationsgehalt,
- Aktualität,
- Authentizität im Verhältnis zu Ihrer Person.

Wenn Sie beispielsweise den »Bienentanz«, d.h. das Übermitteln von Informationen zur Nahrungsfindung, Ihrer 6. Klasse näher bringen möchten, könnten Sie z.B.:

- gemeinsam einen Imker besuchen, ihn befragen und dort ein Modell eines Bienenstocks gemeinsam untersuchen,
- einen Film darüber zeigen,
- eine Diareihe zeigen,
- den Bienentanz selbst mit Hilfe von Bildern erklären,
- einen Sachtext im Biologiebuch durcharbeiten und
- einiges andere mehr, z.B. den Bienentanz im Klassenzimmer selbst tanzen.

Bestimmte Medien sind möglicherweise von vornherein ausgeschlossen, andere drängen sich auf, wieder andere müssen genau geprüft werden.

Schaut man sich die Unterrichtswirklichkeit in den meisten Fächern an, so fällt auf, dass insbesondere drei Medien eine sehr wichtige Rolle spielen: die Tafel, das Arbeitsblatt und der Overhead-Projektor.

Die Tafel

Die Tafel, d.h. die übliche Kreidetafel, steht wie kein anderes Medium im Mittelpunkt des Unterrichts. Und dies in systematischer und auch ganz konkreter Hinsicht. Fast alle Klassenzimmer sind mit einer größeren Kreidewandtafel ausgestattet, in den allermeisten Klassenzimmern richtet sich die Sitzordnung, gleichgültig ob es sich um Tischreihen, Gruppentische oder ein Hufeisen handelt, an der Tafel aus. Das Pult des Lehrers steht in der Regel seitlich der Wandtafel, mit Blick in die Klasse, durch beide Gegenstände wird die Bühne des Unterrichts markiert.

Die Tafel hat zahlreiche Vorteile: Mit ihrer Hilfe kann ein Inhalt schrittweise erarbeitet werden, sie bietet Platz für Erklärungen, Erläuterungen oder schriftliche Arbeitsanweisungen, auf ihr kann man Ideen, Vermutungen oder auch Lösungsmöglichkeiten sammeln und präsentieren. Die Kreidetafel ist nahezu immer verfügbar, ist relativ einfach zu handhaben (eine gewisse Routine vorausgesetzt), und falsche oder nicht mehr aktuelle Anschriebe können sehr leicht gelöscht oder korrigiert werden. Zusätzlich können die Schüler/innen durch eigene Anschriebe an exponierter Stelle mit ins Unterrichtsgeschehen integriert werden. Darüber hinaus ist die Tafel durch ihre zentrale Stellung im Klassenzimmers gut zum Zusammenführen und Sammeln der Schüler/innen und ihrer Aufmerksamkeit geeignet. Man kann mit farbiger Kreide den Tafelanschrieb strukturieren, Wichtiges betonen, mit einem Kasten versehen, einrahmen, umkreisen oder schraffieren.

Nachteile der Tafel liegen zum Beispiel darin, dass die Anschriebe in aller Regel schon in einigen Unterrichtsstunden oder maximal wenigen Tagen weggewischt sein müssen, längere Tafelanschriebe besser vor Beginn der Unterrichtsstunde angefertigt werden müssen, auch das Abschreiben oder Abzeichnen für die Schüler/innen zeitaufwändig ist, die Lehrerin beim Anschreiben keinen Blickkontakt zu den Schüler/innen hat und es nicht ausgeschlossen ist, dass die Schüler/innen Fehler beim Abschreiben machen.

In vielen Stunden, auch in den von Ihnen geplanten Praktikumsstunden, spielt die Tafel eine wichtige Rolle. Mit ihr sind große Möglichkeiten, aber, gerade für unerfahrene »Tafelschreiber/innen«, auch große Risiken verbunden. Es ist ärgerlich und darüber hinaus für die Schüler/innen verwirrend und ablenkend, wenn Sie beim Anschreiben bemerken, dass Ihnen der Platz nicht reicht. Oder Sie schreiben so klein, dass der Text in der letzten Reihe nicht gelesen werden kann. Oder aber Sie schreiben nach Ihrer Handschrift und ignorieren damit die vorgeschriebene Ausgangsschrift. Deshalb raten wir Ihnen: Üben Sie jeden Tafelanschrieb und auch jede Grafik oder jede Zeichnung, die an der Tafel stehen soll, vorher im »Trockenen«. Und zwar einmal auf einem DIN-A4-Papier und zum zweiten in Originalgröße, z.B. nachmittags im Klassenzimmer oder zu Hause an alten Tapeten. Je sicherer Sie mit dem Medium Tafel umgehen und je weniger Sie Angst im Umgang mit ihr haben, umso besser können Sie sich auf die zentralen Aufgaben des Unterrichtens konzentrieren. Weitere Tipps gibt Ihnen Trainingsmaterial 20.

Das Arbeitsblatt

Die Geschichte des massenhaften Gebrauchs von Arbeitsblättern im Unterricht ist relativ kurz. Sie beginnt zu Beginn der 1970er Jahre, als im Zuge der Bildungsreform und der Erneuerung der Curricula an den damals neu gegründeten Gesamtschulen die Lehrer/innen gezwungen waren, die bislang benutzten Schulbücher oder Arbeitshefte durch moderne Medien zu ersetzen. Es begann die Blüte der schweren und terpentinbetankten Umdrucker, die Arbeitsblätter wurden gleich für die ganze Klassenstufe vervielfältigt. Die große Verbreitung der Fotokopierer machte es dann möglich und auch relativ erschwinglich, dass jeder Lehrer sein individuell gestaltetes Arbeitsblatt im Klassensatz produzierte.

Mittlerweile hat das Arbeitsblatt in vielen Stunden die Tafel als dominantes Medium abgelöst. Nicht wenige Lehrer/innen halten die Erstellung eines Arbeitsblattes für den wichtigsten Aspekt der Unterrichtsvorbereitung. Und sowohl für einige Lehrer/innen wie auch Schüler/innen ist eine Unterrichtsstunde nur dann gut, wenn ein Arbeitsblatt eingesetzt wurde, wenn mit seiner Hilfe ausgefüllt, angekreuzt, umkreist, beantwortet, Stellung genommen oder auch gemalt werden kann.

Deshalb unser Hinweis: Auch der Einsatz eines Arbeitsblattes muss didaktisch begründet werden. Alleine ein Arbeitsblatt einzusetzen ist noch kein Indiz für die Güte des Unterrichts. Weitere Tipps und Hinweise gibt Ihnen Trainingsmaterial 21.

Der Overhead-Projektor

Der Overhead-Projektor (OHP) ist ebenfalls, schulgeschichtlich gesehen, ein sehr modernes Medium. Er hat mehrere Vorteile: Die Aufmerksamkeit der Klasse kann gut versammelt werden, die Lehrerin kann während der Arbeit mit dem OHP Blickkontakt zu den Schülern und Schülerinnen halten, das Klassenzimmer braucht nicht oder nur kaum verdunkelt werden, die gebräuchlichen OHP-Folien sind mit wasserfesten oder wasserlöslichen Stiften zu beschriften und von Folien lassen sich leicht Fotokopien herstellen.

Auch zum OHP der Hinweis: Überlegen Sie sich genau, wozu Sie den OHP einsetzen wollen und wie diese Phase genau gestaltet werden soll. Weitere Tipps und Hinweise gibt Ihnen Trainingsmaterial 22.

Recherchieren von Medien

Sie sollen in Ihrem Fachpraktikum Erdkunde/Geografie eine Stunde zur Oberrheinischen Tiefebene halten, haben sich für ein Stundenziel und eine methodische Gliederung entschieden. Sehr gut, so denken Sie bei der Planung, würde ein kurzer Film über die geologische Formation der Oberrheinischen Tiefebene passen. Doch woher nehmen? Zu dieser Frage und allgemein zur Beschaffung von Medien einige Tipps:

- Erkundigen Sie sich bei Ihrem Mentor, welche Quellen er kennt und auch nutzt.
- Erkundigen Sie sich bei dem jeweiligen Fachsprecher im Kollegium Ihrer Praktikumsschule.
- Manche Schulen (vor allem größere) haben Mediensammlungen mit zahlreichen Video- oder Super-8-Filmen.
- Recherchieren Sie im Verzeichnis der jeweiligen Kreisbildstelle und gehen Sie dabei nach Fächern, Schlagwörtern oder Titeln vor.
- Stöbern Sie im Internet bei den einschlägigen Suchmaschinen.
- Besorgen Sie sich den »Pädagogischen Schnäppchenführer« vom AOL-Verlag in Lichtenau. Hier stehen unzählige Medien und Materialien, die Sie zu Ihren Unterrichtsthemen für umsonst oder gegen eine kleine Schutzgebühr bekommen können.
- Entscheiden Sie sich, sofern Sie die Auswahl haben, für das Medium, das am aktuellsten ist und am wenigsten den sonstigen Unterrichtsverlauf stört.

11. Differenzierungsmöglichkeiten erkunden und planen

Vielleicht kennen Sie den Cartoon von Marie Marcks, einer bekannten Grafikerin: Auf ihr sind mehrere Tiere zu sehen, u.a. ein Elefant, ein Goldfisch und ein Vogel. Alle stehen unter einem Baum, davor steht ein Lehrer, der sagt: »Alle haben dieselbe Aufgabe: Klettert auf den Baum.« Dieser Cartoon hat mittlerweile Karriere gemacht, er hängt in Lehrerzimmern, über Lehrer-Schreibtischen oder in Klassenzimmern. Seine Aussage ist ebenso banal wie folgenreich: Schüler/innen verfügen über unterschiedliche Lernvoraussetzungen, sie sind unterschiedlich begabt, haben unterschiedliche Fähigkeiten und Interessen und damit auch unterschiedliche Lernvoraussetzungen und Lernmöglichkeiten. Um diesen entgegenzukommen und dafür zu sorgen, dass alle Schüler/innen der Klasse, leistungsstarke, mittlere und leistungsschwache, etwas in Ihrer Stunde lernen, sollten Sie bei der Unterrichtsplanung auch Differenzierungsmöglichkeiten erkunden und daraus Konsequenzen für die Stunde ziehen.

Differenzierung lässt sich als Inbegriff aller didaktischen, methodischen und organisatorischen Maßnahmen auffassen, die auf eine unterschiedliche Behandlung der Schüler/innen in unterrichtlicher oder erzieherischer Hinsicht zielen. Wichtige Differenzierungskriterien sind:

- Begabung,
- Leistung,
- Interesse,
- Vorerfahrungen,
- Alter,
- Geschlecht,
- Kulturzugehörigkeit,
- Religion,
- Lernhaltung,
- Sozialverhalten,
- »Behinderung«,
- Sympathie/Antipathie (z.B. beim Mannschaftenwählen im Sport oder der freien Gruppenbildung).

Der Begriff »differenzieren« (lat. differentia) bedeutet »unterscheiden« bzw. »Verschiedenartigkeit«. Aus schulpädagogischer Sicht geht es um die Gruppierung von Schüler/innen, um spezifische Unterrichtskonzeptionen, innerhalb derer versucht wird, der Verschiedenartigkeit Rechnung zu tragen, sowie um Sozialformen, welche den Schüler/innen ebenfalls Gelegenheit bieten, sich mit ihren individuellen Lernvoraussetzungen einzubringen.

Eine – für uns – ganz normale Art der Differenzierung ist die Bildung von Jahrgangsklassen. Dabei geht man von der – mittlerweile entwicklungspsychologisch überholten – Vorstellung aus, dass alle Kinder mit Vollendung des sechsten Lebensjahres »schulreif« seien und sich die Kinder und Jugendlichen im Schulalter weitgehend gleich, und zwar kognitiv, emotional, psychomotorisch, entwickeln. Eine weitere Differenzierungsmaßnahme ist das Sitzenbleiben, eine, wie wir spätestens nach PISA und IGLU wissen, wenig ökonomische und pädagogisch meist kontraproduktive.

Die Schulpädagogik unterscheidet zwischen Maßnahmen der äußeren Differenzierung und der inneren Differenzierung. Bei der äußeren Differenzierung werden nach relativ willkürlichen Kriterien wie Alter, Geschlecht oder Leistung Lerngruppen gebildet, voneinander getrennt und fortan als homogen hinsichtlich dieser Kriterien betrachtet. Das Prinzip der inneren Differenzierung setzt dagegen erst nach der Konstitution von Lerngruppen ein. Es zweifelt die behauptete Homogenität hinsichtlich des Leistungsstandes an und hat zum Ziel, innerhalb der jeweiligen Lerngruppe den verschiedenen Individualitäten möglichst gut gerecht zu werden.

Äußere Differenzierung	**Innere Differenzierung**
Maßnahmen, die über die einzelne Klasse hinausgreifen	*Maßnahmen, die innerhalb der einzelnen Klasse vorgenommen werden*
• Systemdifferenzierung (Grundschule, Sonderschule, Hauptschule, Realschule, Gymnasium) • Schuldifferenzierung (Unterstufe, Mittelstufe, Oberstufe, Leistungskurse, Grundkurse, Wahlfächer, Wahlpflichtfächer, Stützkurse, Förderkurse, Arbeitsgemeinschaften u.v.m.) • Jahrgangsdifferenzierung • Differenzierung nach körperlichen und/oder geistigen Arten der »Behinderung« • Sitzenbleiben Schulwechsel, z.B. vom Gymnasium auf die Realschule	Differenzierung hinsichtlich u.a. der • Lernziele • Inhalte • Methoden und Medien • Sozialformen • Arbeitsformen • Aufgaben • Bearbeitungsumfang • Lernzielkontrollen • Leistungsmessungen • Hausaufgaben

Vergleicht man das bundesdeutsche Schulsystem mit dem vieler anderer Staaten, so kann man von einer starken Dominanz des Aspekts »Homogenisierung« sprechen. Die Organisation von Schule in unserem Lande basiert auf der Vorstellung, es sei besonders sinnvoll, zweckmäßig und effizient, Schüler/innen so zusammenzufassen, dass möglichst homogene Lerngruppen entstehen. Lehrer/innen in Deutschland planen Unterricht vor allem im Hinblick auf diese Homogenisierung, sie beklagen sich häufig, vor allem in der Realschule und dem Gymnasium, mittlerweile aber auch in der Hauptschule, dass einige Schüler/innen »an der falschen Schule« sind und die Lernvoraussetzungen in ihren Schulklassen so unterschiedlich seien. Unser Schulsystem ist auch daher stark selektionsorientiert, um diesem Ziel homogener Klassen näher zu kommen. Selbst die bundesdeutschen Gesamtschulen differenzieren nach A-, B- und C-Kursen. Andere Schulsysteme haben die »Heterogenität« zu ihrem Prinzip gemacht. Hier ist es kein »Problem«, unterschiedliche Lernvoraussetzungen, Interessen und Fähigkeiten zu haben, alle Schüler/innen lernen z.B. in der Sekundarstufe I an einer Schulart. Die stärkeren helfen dadurch eher den lernschwächeren Schüler/innen beim Lernen, und beide profitieren davon. Es müssen keine Schüler/innen »sitzen bleiben« oder die Schule wechseln. Sonderschulen für »Lernbehinderte« gibt es ebenso wenig wie Sonderschulen für Körperbehinderte. Der Leiter der PISA-Studie in Deutschland, der Berliner Bildungsforscher Prof. Jürgen Baumert, hat das schlechte Abschneiden Deutschlands bei internationalen Schulleistungsstudien wiederholt auch mit dem Aspekt »Homogenisierung« bzw. »Heterogenität« in Verbindung gebracht. Er nennt die in Deutschland vorherrschende Meinung eine »Ideologie der Homogenisierung«, die empirisch keine Belege hat, und konstatierte einmal in einem Deutschlandfunk-Interview, die deutschen Lehrer/innen hätten, international gesehen, die homogensten Klassen und beschwerten sich am meisten über die Heterogenität ihrer Schüler.

Die Schulpraxis kennt zahlreiche Unterrichtskonzeptionen, z.B. die Wochenplanarbeit, die Freiarbeit, das Lernen an Stationen oder die Werkstattarbeit, bei denen der Differenzierungsaspekt das Prinzip bildet, wo die Schüler/innen jeweils mehr oder weniger entscheiden können, welcher Lernaufgabe mit welchem Schwierigkeitsgrad sie sich zuwenden. Im Projektunterricht bzw. projektorientierten Unterricht haben die Schüler/innen eine weitgehend freie Themenwahl und können sich sehr unterschiedlich in die Projektarbeit einbringen. Der integrative Unterricht möchte die sonst übliche Trennung zwischen »behinderten« und »nichtbehinderten« Schülerinnen aufheben.

Für die Planung von Unterricht sind nun folgende Fragen im Hinblick auf Differenzierungsmöglichkeiten zielführend:

- Über welche besonderen Lernvoraussetzungen verfügen die Schüler/innen bzw. einzelne Schüler/innen?
- Welche Differenzierungsmaßnahmen erscheinen aufgrund dieser Voraussetzungen notwendig?
- Welche Differenzierungsmöglichkeiten bietet der Lerninhalt an?
- Kann innerhalb der Lernziele differenziert werden?
- Kann innerhalb der Arbeitsaufträge differenziert werden?
- Kann innerhalb des Bearbeitungsumfangs differenziert werden?
- Kann innerhalb der Lernzielkontrollen differenziert werden?
- Kann innerhalb der Leistungsmessungen differenziert werden?

- Kann innerhalb der Hausaufgaben differenziert werden?
- Welche Sozialformen erscheinen geeignet?

Sie sehen, teilweise überschneiden sich die Fragen mit denen anderer Unterkapitel, z.B. zu den Lernvoraussetzungen oder zu den Medien.

Relativ verbreitet ist eine eher quantitative Differenzierung, d.h. die Schüler/innen bekommen unterschiedliche Mengen an Aufgaben. Insbesondere findet man dieses Muster so, dass die lernschwächeren oder langsameren Schüler/innen weniger Aufgaben bekommen. Darüber hinaus gibt es auch eher qualitative Differenzierungsmöglichkeiten, bei der verschiedene Schüler/innen mit unterschiedlichen, ihnen gemäßen Aufgaben betraut werden. Zum Schluss hier noch 15 konkrete Differenzierungsideen. Vielleicht erhalten Sie so manch eine Anregung für Ihren eigenen Unterricht.

- **Anfangsunterricht, 1. Klasse**
  Nach der Behandlung eines Textes »Mein tollstes Geburtstagserlebnis« können die Schüler/innen ein eigenes schönes Geburtstagserlebnis malen oder aufschreiben.
- **Deutsch, 2. Klasse**
  Die Hausaufgabe lautet: »Schreibe mindestens drei Sätze über den Beruf deiner Mutter.« Schwächere Schüler/innen bekommen zusätzlich fünf Wörter, die sie verwenden können.
- **Sachunterricht, 3. Klasse**
  In einer Doppelstunde zum Thema »Schwimmen und Sinken« gibt es sechs verschiedene Stationen mit Versuchsaufgaben. Die Schüler/innen wählen mindestens drei Stationen aus.
- **Mathematik, 3. Klasse**
  Lernstärkere Schüler/innen dürfen eine schwierige Zusatzaufgabe lösen und sie danach der Klasse erklären.
- **Sport, 3. Klasse**
  Beim Geräteturnen sind für den Sprung über den Kasten verschiedene Höhen möglich. Die Schüler/innen sollen ihr eigenes Sprungverhalten individuell einschätzen.
- **Musik, 3. Klasse**
  Beim Einüben eines Liedes für das Klassenfest können die musikalisch stärkeren Schüler/innen eine eigene Strophe einstudieren.
- **Mathematik, 4. Klasse**
  Die Klasse bekommt die Aufgabe, mindestens drei Gegenstände im Schulhaus mit dem Metermaß zu vermessen und die Messergebnisse aufzuschreiben.
- **Biologie, 5. Klasse**
  In einer Stunde zum Thema »Säugetiere« stehen sechs verschiedene Tiermodelle auf einem Tisch, von denen die Schüler/innen mindestens eines genauer beschreiben sollen.

- **Englisch, 6. Klasse**
  Bei einer Schreibaufgabe auf einem Arbeitsblatt zum Thema »electric things in the house« stehen für lernschwächere Schüler/innen noch einige Schreibhilfen bereit.
- **Deutsch, 7. Klasse**
  In einem Erzähltext sollen Stellen herausgefunden werden, wo Metaphern vorkommen. Schwächere Schülerinnen erhalten zusätzliche Hinweise, z.B. in welchen Abschnitten diese vorkommen oder Umschreibungen der Metaphern.
- **Bildende Kunst, 7. Klasse**
  Die Themenstellung lautet: »Angst«. Schwächeren Schülerinnen werden mögliche Strategien vermittelt, wie das Thema grafisch umzusetzen ist, d.h. z.B. welche Farben welche Wirkungen verursachen.
- **Physik, 8. Klasse**
  In einer Unterrichtseinheit zum Thema »Beschleunigung« sollen die Schülerinnen mit bestimmten Materialien einen Turm bauen, um ein Modellauto auf die Geschwindigkeit von 3 m/s zu beschleunigen.
- **Ethik, 9. Klasse**
  In einem Gespräch im Stuhlkreis sollen alle Schüler/innen eine Situation schildern, bei der sie schon einmal ein schlechtes Gewissen gehabt haben.
- **Geschichte, 10. Klasse**
  Die Schüler/innen sollen in Gruppenarbeit einen Zeitzeugen zu seiner Kindheit und Jugend im Nachkriegsdeutschland befragen. Einige Fragen sind dazu vorgegeben. Andere Fragen sollen sich die Schüler/innen selbst überlegen.
- **Deutsch, 11. Klasse**
  Bei der Unterrichtseinheit »Sprache in der Politik« sollen die Schüler/innen einen von vier unterschiedlich komplexen Ausschnitten aus Bundestagsreden untersuchen und bewerten.

12. Eventualitäten miteinbeziehen

Wenn Sie nun den Inhalt der Stunde beschrieben haben, eine didaktisch begründete Auswahl vorgenommen haben, Lernziele, Methoden und Medien ausgewählt haben, möchten wir Ihnen eine, gerade für Lehramtsstudierende, schwierige Planungstätigkeit dringend empfehlen: die Überlegung, welche möglichen Störungen Ihren Planungen entgegenlaufen könnten und welche Möglichkeiten es gibt, damit umzugehen (vgl. auch das Kapitel »Unterrichtsstörungen«, S. 157).

Im Verlauf Ihres Praktikums werden Sie feststellen oder festgestellt haben, dass realer Unterricht oft anders abläuft, als von Ihnen geplant. Das kann an vielem liegen. Zum Beispiel daran, dass Sie die Lernvoraussetzungen nicht genug kannten. Oder: Die Unterrichtsstunde liegt in der letzten Schulstunde, die Klasse hat vorher eine Arbeit geschrieben, es gab einen Konflikt mit einer Schlägerei in der Pause, am Vorabend war Schulfest, oder draußen fängt es gerade dann an zu schneien, wenn Sie mit dem motivierenden Einstieg anfangen. In diesem Sinne kann die Unterrichtsvorbereitung immer nur das Drehbuch für die Stunde sein. Am Set wird dann immer noch viel verändert. Das ist häufig eine Belastungsquelle für Lehrer/innen. Und fordert eine zusätzliche professionelle Kompetenz: Flexibilität.

Sie sollten sich also vorher auch Gedanken darüber machen, was es für Ihre Stunde bedeutet, wenn die Schüler/innen zu wenig motiviert sind, wenn ein Schüler wieder mal zu spät in den Unterricht kommt, wenn einige Schüler/innen vor der Stunde bereits Ihren Tafelanschrieb gelesen haben, eine Schülerin bereits in der ersten offenen Runde das Ergebnis der Stunde vorwegnimmt, eine Phase deutlich länger dauert als geplant oder ein Schüler Sie fortwährend imitiert und die Klasse zu Lachern hinreißen will.

Einige mögliche Störungen sind im Vorfeld für Sie als Praktikant/in möglicherweise vorauszuahnen, andere treffen Sie (wie auch die erfahrensten Lehrer/innen) aus heiterem Himmel: der Feueralarm, ein brechendes Kind, ein verabredeter Aufruhr in der Klasse.

Überlegen Sie sich daher zumindest für einige Eventualitäten mögliche Alternativen:

- Wo kann ich ggf. kürzen, wenn die Zeit eng wird?
- Welche zusätzlichen Motivationshilfen kann ich ggf. einschieben?
- Welche Hilfen kann ich geben, wenn ein Großteil der Schülerinnen die Aufgaben auf dem Arbeitsblatt nicht richtig verstanden hat?
- Welche Phasen könnte ich unter Umständen ganz weglassen?

Mitunter ist es hilfreich, sich ein »worst case«-Szenario zu überlegen, was Sie also mit den Schüler/innen machen können, wenn die Klasse äußerst unkonzentriert ist, die meisten Schüler/innen die für die Stunde notwendige Hausaufgabe nicht erledigt haben, in der Mitte der Stunde draußen starker Schneefall einsetzt und Ihnen zum Ende der Stunde die Stimme wegbleibt.

Bei all diesen Überlegungen sollten Sie die Hilfe und den Rat Ihres Mentors in Anspruch nehmen, auch in der Stunde selbst. Er wird Ihnen vor dem Hintergrund langjähriger Berufserfahrung sicher zur Seite stehen.

13. Lernzielkontrollen einbauen

Jeder Unterricht verfolgt bestimmte Ziele (s. Seite 87ff). Sie haben sich bei der bisherigen Planung diese Lernziele überlegt und geplant, mit welchen Medien und Methoden Sie diese Ziele erreichen. Teil eines guten Unterrichts ist es demnach natürlich auch, in irgendeiner Weise zu erkunden, ob die angestrebten Lernziele von den Schüler/innen auch erreicht wurden.

Wir unterscheiden dabei die Begriffe »Lernzielkontrolle« und »Leistungsmessungen«. Lernzielkontrollen werden dann notwendig, wenn der Lehrer erkunden muss, zum Beispiel nach einer Unterrichtsphase oder einem Lernschritt, ob die Schüler/innen ein wichtiges Lernziel erreicht haben. Wenn aus dem Lernverhalten der Schüler/innen eindeutig zu entnehmen ist, dass das Lernziel erreicht wurde, erübrigt sich eine Lernzielkontrolle. Im anderen Fall sind Lernzielkontrollen notwendig, um bei weiterführenden Schritten oder Phasen des Unterrichts nicht an den Schüler/innen vorbei zu unterrichten. Streng genommen, müsste der Lehrer gerade bei wichtigen Lernzielen den Lernstand aller einzelnen Schüler/innen ihrer Klasse kennen. Darüber hinaus sind Lernzielkontrollen auch aus Sicht der Schüler/innen wichtig: Sie brauchen eine Auskunft über den Erfolg ihrer Lernbemühungen, und dies kann letztlich, vor allem in den unteren Klassen, nur der Lehrer leisten.

Als Leistungsmessungen bezeichnen wir die vielfältigen Formen des Bewertens und Benotens von Schüler/innenleistungen, z.B. durch eine Klassenarbeit, einen Test oder durch mündliche Noten. In der Regel wird dieser Bereich, so sehr er im Mittelpunkt des Lehrer/innenberufs steht, im Praktikum eher eine untergeordnete Rolle spielen. Und wenn, dann nur in enger Absprache mit dem Mentor und in deren Letztverantwortung. Es ergibt sich dadurch folgendes Bild:

Lernzielkontrolle

Funktionen

- Diagnostische Funktion (Wo steht der Schüler?)
- Evaluative Funktion (Was kann er schon, was noch nicht?)
- Feedback-Funktion (Was weiß ich schon, was noch nicht?)
- Selbstreflexive Funktion (Was habe ich gelernt?)
- Prozessleitende Funktion (Wie geht es im Lernprozess weiter?)
- ...

Mögliche Formen

- Schüler/innen stellen sich gegenseitig Fragen.
- L. fragt die Schüler/innen und bittet sie, die wichtigsten Punkte zu wiederholen.

- L. fragt nach offenen Fragen oder Problemen.
- L. fragt gezielt nach Kernpunkten und bittet die Schüler/innen, ihr diese zu erklären.
- Eine Schülerin fragt ihre Mitschüler/innen ab.
- Schüler/innen fragen die Lehrerin zu diesem Thema ab.
- Sch. erstellt/erstellen ein Ergebnisprotokoll.
- L. und Schüler/innen kontrollieren die Hausaufgaben.
- ...

Perspektive
- Wichtig ist, was verstanden bzw. gekonnt ist.
- Wichtig ist zu erfahren, welche Hilfen noch benötigt werden.

Wirkungstendenz bei Schüler/innen
- Sicherheit
- Selbsteinschätzung
- Lernmotivation

Leistungsmessung

Funktionen
- Selektierende Funktion (Wo steht die Schülerin im Leistungsspektrum?)

Mögliche Formen
- Klassenarbeiten
- Tests
- Mündliches Abfragen/»Abhören«
- Hefte einsammeln und benoten.

Perspektive
- Wichtig ist, was noch nicht verstanden, gekonnt ist.

Wirkungstendenz bei Schülerinnen
- Angst
- Druck
- Lernhemmung

14. Einen Verlaufsplan erstellen

Der letzte Schritt Ihrer Unterrichtsplanung besteht darin, einen Verlaufsplan bzw. eine Strukturskizze zu erstellen. Dafür gibt es, je nach Vorgabe der Universität oder des Mentors bzw. je nach individueller Vorliebe, verschiedene Möglichkeiten.

Bewährt hat sich unseres Erachtens ein tabellarischer Verlaufsplan im DIN-A4-Querformat (vgl. Trainingsmaterial 18), der oben die formalen Angaben zur Stunde enthält, danach das Thema und das Stundenziel benennt und schließlich den Ablauf der Stunde in den wichtigsten Zügen darstellt. Der Grad der Ausführlichkeit ist einerseits durch den Umfang der Strukturskizze begrenzt, andererseits durch die Notwendigkeit, das geplante Unterrichtsgeschehen auch umfassend abzubilden. Insgesamt empfehlen wir fünf Spalten:

- *Zeitleiste,* entweder mit absoluten Uhrzeiten (8.15 Uhr ...), mit relativen Zeiten (05 Minuten, 10 Minuten ...) oder mit den jeweiligen Zeiten der einzelnen Phasen (5 Minuten, 20 Minuten, 10 Minuten). Wir empfehlen die zweite Möglichkeit.
- *Phasen* mit ihren Funktionen: Einstieg, Erarbeitung, Vertiefung, Reflexion, Analyse, Zusammenfassung, Ergebnissicherung u.a.
- *L-Sch-Interaktion*: überwiegend stichwortartige Hinweise zu den Intentionen und Handlungen von Lehrer und Schülern, zentrale Arbeitsanweisungen oder Fragen wortwörtlich.
- *Unterrichtsformen, d.h. Arbeitsformen, ggf. Sozialformen:* Unterrichtsgespräch, Lehrervortrag, Schülervortrag, Gruppenarbeit, Partnerarbeit, Einzelarbeit, Lernzirkel, Lerntheke, szenisches Spiel o.Ä.
- *Medien*

Weitere Differenzierungen, beispielsweise eine häufig zu sehende Trennung des geplanten und erwarteten Lehrer- und Schülerverhaltens oder die Formulierung von einzelnen Lernzielen zu jeder Phase, sind u.E. kontraproduktiv. Es verleitet Sie beim Unterrichten, jeden kleinsten Schritt zu betrachten und damit spontane Wendungen des Unterrichts als unliebsame Störung aufzufassen. Folgende Tipps scheinen uns wichtig:

- Denken Sie beim Verfassen immer daran, dass der Verlaufsplan für Leser/innen (Mentor, Hochschulbetreuer, Kommiliton/innen) gedacht ist, die sich rasch einen Überblick über Ihre Planung und den Verlauf der Stunde verschaffen wollen.

- Viele Mentor/innen oder Betreuer/innen haben besondere Vorlieben für eine bestimmte Struktur der Verlaufsskizze. Wenn es Ihnen irgend möglich ist, richten Sie sich danach.
- Überlegen Sie vor der Stunde, ob Sie selbst mit dem Verlaufsplan im Unterricht arbeiten möchten oder zusätzliche Aufschriebe oder »Spickzettel« (z.B. Karteikarten etc.) hinzunehmen möchten. Am besten, Sie probieren verschiedene Formen aus und schauen, was Ihnen eher entgegenkommt.
- Benutzen Sie für die gängigsten Bezeichnungen der Phasen, der Unterrichtsstrukturierungen des Lehrers, der Arbeits- und Sozialformen und der Medien Abkürzungen, um die Tabelle übersichtlicher zu machen.
- Lassen Sie alles Unwichtige weg und schreiben Sie die Tabelle im Telegrammstil bzw. mit Abkürzungen. Also nicht: »Der Lehrer sagt ...«, sondern: »L: ...«
- Formulieren Sie zentrale Arbeitsanweisungen, Impulse oder Gelenkstellen der Stunde im Wortlaut.
- Der Gesamtumfang des Verlaufsplanes sollte i.d.R. nicht mehr als zwei Seiten betragen. Am besten und übersichtlichsten ist eine Seite.

Und dann noch das: In der Uni und im Internet gibt es viele Unterrichtsentwürfe zum Kopieren oder Downloaden. Unser Rat: Nutzen Sie das Angebot, um Ideen zu bekommen (Lehrer gelten zu Recht als Jäger und Sammler ...), seien Sie aber vorsichtig damit, ganze Stunden zu übernehmen. Vieles davon ist zu gebrauchen, muss aber auf Ihre konkrete Klassensituation und die Lernvoraussetzungen der Schüler/innen bezogen werden. Einiges ist großer Schwachsinn. Dabei ist es nicht leicht, auf den ersten Blick das eine vom anderen zu unterscheiden.

Quellen und weiterführende Literatur

Becker, Georg E.. (2001): Planung von Unterricht. Weinheim/Basel: Beltz.
Bönsch, Manfred. (2001): Methoden des Unterrichts. In: Roth, Leo (Hrsg.): Pädagogik. Handbuch für Studium und Praxis. München, Oldenbourg, S. 801–815.
Grell, Jochen/Grell, Monika (199): Unterrichtsrezepte. Weinheim/Basel: Beltz.
Jank, Werner/Meyer, Hilbert (2000): Didaktische Modelle. Berlin: Cornelsen.
Klippert, Heinz (2002): Methoden-Training. Übungsbausteine für den Unterricht. Weinheim/Basel: Beltz.
Meyer, Hilbert (2002): Unterrichtsmethoden. 2. Praxisband. Berlin: Cornelsen Scriptor.
Peterßen, Wilhelm H. (2000): Handbuch Unterrichtsplanung. München: Oldenbourg.
Peterßen, Wilhelm H. (2001): Kleines Methoden-Lexikon. München: Oldenbourg.
Pädagogischer Schnäppchenführer für Lehrer/innen und Erzieher/innen (2004). PSF 2004. Der Weg zu mehr als 700 kostenlos erhältlichen Lehr- und Lernmitteln. Lichtenau: AOL.

Unterricht durchführen – eine riesige Herausforderung

1. Der Unterschied zwischen Planung und Durchführung

Unterrichten ist eine sehr komplexe Tätigkeit, die ein Höchstmaß an Aufmerksamkeit, emotionaler Stabilität und auch berufliche Erfahrung benötigt. Parallel muss die Lehrerin zahlreiche Teilaufgaben bewältigen: Der Unterrichtsstoff muss präsentiert und die Beiträge der Schüler/innen müssen darin eingebunden werden. Das Interesse der Schüler/innen muss geweckt und der Zeitrahmen muss eingehalten werden. Die Aspekte zur Beurteilung der Schülerleistungen müssen berücksichtigt werden. Störungen müssen möglichst so bearbeitet bzw. eingedämmt werden, dass der Lernprozess der Klasse nicht nachhaltig behindert wird.

Die hohe Komplexität des Unterrichtens führt zu einer Vielzahl von, nahezu strukturell gegebenen, Unsicherheiten bezüglich Verlauf und Wirkung des Unterrichts: Sie erfahren nicht immer, ob bzw. was die Schüler/innen gelernt haben, was Sie mit Ihrem Unterricht kognitiv und emotional bewirkt haben, was die Schüler/innen über Ihre fachliche, methodische und erzieherische Kompetenz denken.

Vor diesem Hintergrund zeichnen sich für Praktikant/innen zahlreiche Probleme gerade für die Durchführung ab: Ihnen fehlt naturgemäß die Routine, Sprache und Körpersprache gezielt einzusetzen, Schülerinnen-Verhalten und deren Leistungen während des Unterrichts einigermaßen sicher zu diagnostizieren und zu bewerten, die Grundregeln der Klasseninteraktion zu beachten und durchzusetzen sowie die eigene Rolle als Lehrerin darzustellen.

Die universitäre Ausbildung ist eine Ausbildung, die, wenn sie überhaupt einen Praxisbezug hat, nur eine nahezu optimale Unterrichtsgestaltung in den Blick rückt, die die Fassbarkeit von Problemen suggeriert und den Umgang mit Unterrichtsstörungen nur unzureichend behandelt. Darüber hinaus wird die zentrale Rolle von Erfahrung im Lehrerberuf durch Struktur und Inhalt der Ausbildung in Studium und Referendariat vernachlässigt. Das Wichtigste: Eine Ausbildung als Vorbereitung auf Unsicherheit fand kaum statt. Praxis vor Ort – das ist, wie der Erziehungswissenschaftler Jürgen Oelkers schreibt: *Der rasche Verbrauch von Zeit in mühsam stabilisierten Situationen mit unsicheren Effekten.*

Besonders Praktikant/innen haben in der Regel noch große Probleme mit der Vorstellung, als Lehrerin vor einer Klasse zu stehen, Autorität auszuüben, Inhalte überzeugend zu vertreten, Ansprüche einzufordern, Störungen einzudämmen und auch Strafen auszusprechen. Der Grund dafür ist, dass die eigene Lehrerrolle noch nicht gefestigt ist und auch noch nicht gefestigt sein kann. Studien haben gezeigt, dass z.B. Referendar/innen und junge Lehrer/innen unterschiedlich klare Vorstellungen von ihrer eigenen Lehrerrolle besitzen. Lehrer/innen mit unklaren Vorstellungen schwanken häufig in ihrer Rolle hin und her, sie werden unsicher, das Ergebnis sind Disziplinschwierigkeiten. Lehrer/innen, die klarere Vorstellungen haben, sind offensichtlich weniger von Disziplinschwierigkeiten betroffen. Dabei ist es gänzlich unerheblich, welche Lehrerrolle man für sich in Anspruch nimmt.

Mit der Lehrerrolle korrelieren naturgemäß auch die Prinzipien und Vorstellungen der Unterrichtsgestaltung. So zeigt sich, dass Lehramtsstudierende in überwiegender Zahl schülerzentrierte Unterrichtsmethoden und offene Unterrichtsformen als wünschenswert ansehen: Stationenarbeit, Freiarbeit, Wochenplan, Projektunterricht bzw. projektorientierter Unterricht oder Werkstattunterricht. Sie beabsichtigen, mit diesen Unterrichtskonzepten das selbstständige Lernen der Schüler/innen zu ermöglichen bzw. zu fördern, und rechnen implizit mit deren Zustimmung und Unterstützung.

Dass dies aber nur die halbe Wahrheit ist, zeigt sich für viele Praktikant/innen relativ schnell: Da die Schülerinnen in der Regel in der Vergangenheit nur wenig Erfahrungen mit solchen Unterrichtskonzepten machen konnten, kommt es bei der geplanten Umsetzung der schülerzentrierten Unterrichtsmethoden zwangsläufig zu Problemen: Verwirrung und Unterrichtsstörungen nehmen zu und Disziplinkonflikte überlagern fachlich Lehr- und Lernprozesse. Da man als Praktikant/in über genau jene schwierigen Situationen nur wenig Kenntnisse hat und darüber hinaus auch kaum Erfolg versprechende Handlungsrepertoires entwickeln konnte, führen solche Konflikte im Rahmen der Einführung von offeneren Unterrichtsformen nicht selten zu grundlegenden pädagogischen und persönlichen Konflikten, die sich derart aufschaukeln können, dass die ursprünglich vorhandene große Sympathie auf Seiten der Schüler/innen und des Praktikanten nach und nach verloren geht. Erst mit der Zeit lernen Lehramtsstudierende, in Schulpraktika mit Unterrichtsstörungen und Disziplinkonflikten strukturierter umzugehen, indem sie präventiv arbeiten, d.h. zum Beispiel die Sitzordnung ändern, die Schüler/innen gezielter und differenzierter fördern und fordern oder zielgruppenspezifischere Unterrichtseinstiege wählen, aber auch nachhaltiger und gezielter intervenieren.

In vielen Praktika kann es möglich sein, dass Sie gefragt werden, ob Sie bestimmte Stunden nicht nur einzeln vor der Klasse bestreiten, sondern zu zweit oder im Dreier- oder Viererteam. Die Gründe dafür liegen auf Seiten der Organisation des Praktikums vor allem darin, die hohen Studierendenzahlen im Schulpraktikum zu bewältigen. Gleichzeitig wird das gemeinsame Unterrichten häufig auch als Chance vermittelt, teamorientiert Unterricht zu planen, durchzuführen und auszuwerten. Unseres Erachtens liegt im kooperativen Unterrichten in der Tat eine gute Möglichkeit, vom Einzelkämpfertum, dem der Lehrerberuf noch immer (in Deutschland!) unterliegt, etwas abzukommen und Erfahrungen zu sammeln, die im traditionellen Unterrichtssetting »one teacher – one class« unmöglich sind. Von daher raten wir Ihnen, diese Möglichkeit zu ergreifen, ohne allerdings, wenn möglich, auf alleiniges Unterrichten zu verzichten.

2. Einige goldene Regeln für Ihre Unterrichtsgestaltung

- Sie haben nach bestem Wissen und Gewissen Ihre Stunde geplant. Stehen Sie deshalb nach Möglichkeit hinter dem Thema und der Planung Ihrer Stunde. Schüler/innen reagieren sehr feinfühlig auf Unsicherheit und inneren Zweifel.
- Versuchen Sie, Ihre Aufmerksamkeit auf die Schüler/innen und deren Lernprozess zu richten, gleichzeitig aber auch quasi sich selbst von schräg oben zuzusehen. Kümmern Sie sich möglichst wenig darum, was der Mentor oder der Unibetreuer hinten gerade treiben oder welche Mimik sie haben.
- Formulieren Sie Arbeitsanweisungen oder Impulse möglichst langsam, deutlich, klar verständlich und dosiert.
- Vermeiden Sie es, mehrere Fragen oder Impulse hintereinander zu stellen.
- Versuchen Sie, Ihren verbalen Anteil möglichst zu reduzieren und nur dann zu sprechen, wenn es wichtig und notwendig ist. Ersetzen Sie einige verbale Impulse durch nonverbale (Gestik, Mimik, Proxemik).
- Versuchen Sie, nicht in das »Lehrerecho« bzw. den »Lehrerpapagei« zu verfallen d.h. alle Schüleräußerungen noch einmal zu wiederholen.
- Lassen Sie den Schüler/innen in Gesprächsphasen Zeit zum Überlegen.
- Entscheiden Sie sich eher dazu, den Schüler/innen Informationen zu geben als in einem endlosen Ratespiel die Schüler/innen zu verunsichern und zu langweilen und dabei wertvolle Zeit vergehen zu lassen.
- Bemühen Sie sich beim Unterrichten um Verlässlichkeit und Konsequenz. Bestehen Sie auf Inhalten und Zielen, die Sie sich reiflich überlegt haben. Nutzen Sie Regeln und Rituale, um dem Chaos zu trotzen. Erklären Sie ggf. den Schüler/innen den Sinn und das Ziel Ihres Unterrichts.
- Versuchen Sie, sich so zu geben, wie Sie sind, also möglichst authentisch zu sein. Schüler/innen durchschauen unechte Schauspieler relativ schnell.

3. Der gleitende Einstieg: Erste Unterrichtsversuche

Lehramtsstudierende erleben den Übergang vom Hospitieren zum eigenen Unterrichten erfahrungsgemäß als Schwelle bzw. Hürde, die mit sehr verschiedenen Gefühlen verbunden ist. Einerseits möchten Sie sicher endlich einmal vor der Klasse stehen und das ausprobieren, was Sie sich ausgedacht haben. Andererseits erahnen Sie, wie komplex das Unterrichtsgeschehen ist und wie viele Risiken damit verbunden sind. Je nach Temperament des Praktikanten, aber auch je nach Mentor/in, Unibetreuer, vor allem aber je nach Klasse kann das eine oder das andere überwiegen.

Wer unterrichtet, steht notwendigerweise im Mittelpunkt der Aufmerksamkeit und damit unter einem immensen Handlungsdruck. Binnen Sekundenbruchteilen müssen Sie beispielsweise Schülerantworten, Unterrichtsstörungen oder auch die Ergebnisse von Partnerarbeitsphasen einschätzen hinsichtlich z.B. Richtigkeit, Relevanz, Zielführung oder auch hinsichtlich möglicher Konsequenzen oder Folgen.

In Ihrem Schulpraktikum wird es sicher Möglichkeiten geben, dass Sie gleitend an das Unterrichten herangeführt werden. Wenigstens wäre das unserer Meinung nach wünschenswert. Wir möchten Ihnen im Folgenden empfehlen, diese Gelegenheiten wahrzunehmen und sich stufenweise dieser Schwelle »selbst unterrichten« anzunähern, und zwar über drei Stufen:

Die erste Stufe besteht darin, die Hospitationsposition immer mal wieder zu verändern. Das bedeutet, dass Sie nicht nur hinten im Rücken der Klasse sitzen und sich Aufzeichnungen machen, sondern zum Beispiel während einer bestimmten Stunde oder einer Phase einer Stunde sich an die Seite oder nach vorne ans Pult oder daneben setzen. Sie werden bemerken, dass die neue Position auch die Beobachtungen quantitativ und qualitativ verändert. Sie sehen mehr oder weniger, vor allem aber anderes, als wenn Sie das Unterrichtsgeschehen von hinten verfolgen. Lassen Sie Ihren Blick während dieser Phasen über die Klasse und den Lehrer schweifen und verhalten Sie sich interessiert, auf der anderen Seite aber auch möglichst neutral und distanziert, um nicht die Aufmerksamkeit der Schüler/innen unnötig auf sich zu ziehen.

Die zweite Stufe ist das Betreuen kleinerer Aktivitäten im Unterricht, sodass die Schüler/innen Sie bereits punktuell als Lehrer/in erleben. Sie können sich in vielfältiger Hinsicht in das Unterrichtsgeschehen einklinken. Nachfolgend zwölf Vorschläge, wie dies geschehen kann:

Sie beraten eine Schülerin während einer Einzelarbeitsphase.	Sie beraten eine Gruppe bei einer Gruppenarbeitsphase.	Sie geben Hilfestellung beim Geräteturnen im Sportunterricht.
Sie übernehmen einen Tafelanschrieb.	Sie korrigieren im Durchgehen die Hausaufgaben.	Sie beteiligen sich bei einer Diskussion mit einem Impuls oder einer weiterführenden Frage in der Rolle der Moderation.
Sie betreuen eine Gruppe, die außerhalb des Klassenzimmers etwas vorbereitet.	Sie stehen Ihrer Mentorin bei der Bedienung eines Videorekorders zur Seite.	Sie lesen eine Geschichte vor.
Sie teilen ein Arbeitsblatt aus.	Sie stellen die Hausaufgabe am Ende einer Stunde.	Sie führen ein Experiment vor.

Was bei all diesen Aktivitäten wichtig ist: Diese sollten Sie vorher mit Ihrer Mentorin abgesprochen haben. Vielleicht können Sie von sich aus die Initiative ergreifen und Ihre Mentorin bitten, solche kleineren Aufgaben beim Unterrichten zu übernehmen.

Der letzte Schritt der Annäherung an das volle Unterrichten ist die Übernahme einer oder mehrerer Phasen einer Stunde. Auch hierzu 15 Vorschläge aus unterschiedlichen Fächern:

In Deutsch lesen Sie einen Text vor.	In Mathematik leiten Sie die Übungsphase zum Satz des Pythagoras.	In Englisch führen Sie eine mündliche Hausaufgabenkontrolle durch.
In Geschichte halten Sie einen kurzen Lehrervortrag über die Bauernkriege.	In Chemie führen Sie ein Schülerexperiment durch.	In Physik erklären Sie eine Formel.
In Geografie zeigen Sie eine Diareihe über die Oberrheinische Tiefebene.	In Musik üben Sie ein kurzes Lied mit der Klasse ein.	Im Kunstunterricht verdeutlichen Sie die Technik des Aquarellierens.
Beim Sport fungieren Sie als Schiedsrichterin des Fußballspiels.	In Technik feilen Sie ein Werkstück zur Demonstration.	In Religion sprechen Sie mit der Klasse das Morgengebet.
In Ethik stellen Sie der Klasse ein Fallbeispiel vor.	Im Lateinunterricht leiten Sie eine Übersetzungsübung.	In Hauswirtschaft erarbeiten Sie mit der Klasse ein Kochrezept.

4. Körpersprache im Unterricht

In jedem Unterricht wirkt der Lehrer nicht nur als Stoffvermittler, als Fachwissenschaftler, sondern auch auf der Beziehungsebene. Jedes Lehrer/innenhandeln hat, wie jede menschliche Kommunikation, also zwei Aspekte: Einen Sachaspekt und einen Beziehungsaspekt. In beiden Bereichen spielt sich menschliche Kommunikation sprachlich (verbal) und körpersprachlich (nonverbal) ab.

Zu jedem Augenblick sendet der Körper Signale über das aus, was die Person gerade empfindet und denkt. Psychologische Forschungen haben Hinweise dafür, dass menschliche Kommunikation zu mehr als zwei Dritteln nonverbal abläuft. Wie wir also Situationen oder Handlungen einschätzen, wird zu einem großen Teil körpersprachlich vermittelt. Darüber hinaus gibt es Anzeichen dafür, dass, wenn beide Ebenen, sprachliche und körpersprachliche, in Widerspruch zueinander treten, die körpersprachliche Ebene der Wahrheit, dem, was eigentlich gemeint ist, näher kommt. Der Grund hierfür könnte in der Phylogenese, d.h. der Stammesgeschichte des Menschen liegen, wo der körpersprachliche Ausdruck weit vor dem sprachlichen Ausdruck kam.

Die Körpersprache gehört in das Gebiet der Kinesik (griech. kinesis = Bewegung). Körpersprache ist die Wissenschaft von der Kommunikation durch körperliches Verhalten. Darunter fallen Signale und Handlungen des Menschen. Es gehören dazu: Mimik, die Körperhaltung, der Blickkontakt, der Gang, die Gestik, das Äußere und allgemein Körpersignale. Erstaunlich ist: Viele Körpersignale werden überall auf der Welt in gleicher Weise entschlüsselt und verstanden.

Ein Körpersignal alleine drückt aber meistens noch nichts aus. Erst wenn viele Signale zusammenwirken, können die zum Beispiel ein bestimmtes Verhalten oder bestimmte Persönlichkeitsmerkmale signalisieren. Und: Körpersprache ist auf keinen Fall immer eindeutig. Es wird also nie ein Lexikon geben, in dem Körpersignale und ihre eindeutige Bedeutung abgedruckt sind. Körpersignale sind immer situationsabhängig und deshalb immer im Kontext der Situation zu interpretieren.

Nehmen wir zur Illustrierung des bisher Gesagten eine ganz gewöhnliche studentische Party: Sie sind nicht direkt eingeladen worden, sondern wurden von einem Freund der Gastgeberin, Ihrer Freundin, mitgebracht, wahrscheinlich ohne das Wissen der Gastgeberin, die Sie im Übrigen noch nicht kennen. Sie wissen zwar, dass die Gastgeberin nichts gegen Ihr Erscheinen hat, sind sich aber dennoch etwas unsicher über Ihre Rolle an diesem Abend. Auch weil Sie die meisten anderen Gäste genauso wenig kennen wie die Gastgeberin. Sie klingeln also und werden begrüßt. Die Gastgeberin sagt sehr freundlich: »Schön, dass Ihr gekommen seid!«, umarmt Ihre

Freundin und gibt Ihnen die Hand. Bereits jetzt läuft Ihr Programm zur ständigen Interpretation der verbalen und nonverbalen Handlungen der Gastgeberin. Bereits in Sekundenbruchteilen, so hat die psychologische Forschung mehrfach eindrucksvoll gezeigt, haben Sie die Gastgeberin auf der Skala Sympathie – Antipathie relativ sicher verortet. Genauso wie Sie selbst von ihr eingeschätzt wurden. Und dies vor allem durch Ihr nonverbales Verhalten. Dieses Programm zum Interpretieren von körpersprachlichen Äußerungen und der ständige Abgleich Ihres eigenen Verhaltens wird Sie den ganzen Abend begleiten.

Körpersprache ist als zentraler Bestandteil des Lehrerverhaltens in den letzten Jahren immer stärker in den Blick der Ausbildung und Fortbildung von Lehrer/innen, aber auch der Lehrer/innenforschung gerückt. Frühere weit verbreitete Einschätzungen, dass die Körpersprache von Lehrer/innen ein zu vernachlässigender Aspekt im beruflichen Handeln von Lehrkräften ist, wurden vor allem einerseits theoretisch durch die Kommunikationstheorie von Watzlawick (»Man kann nicht nicht kommunizieren.«), andererseits empirisch durch größere videogestützte Forschungen im Zusammenhang mit der Gesprächsforschung widerlegt. Aber auch ein anderes Vorurteil gilt längst nicht mehr: Dass die Körpersprache von Lehrer/innen quasi naturgegeben sei und wenig daran zu trainieren.

Die Körpersprache ist eine wesentliche Voraussetzung für glaubwürdiges Überzeugen und für wirkliches Verstehen. Wir drücken innere Bewegungen durch unseren Körper aus. Schüler/innen beobachten den Lehrer ganz genau. Sie erkennen Widersprüche zwischen Denken und Erleben. Sie merken sofort, wenn ein Lehrer etwas anderes sagt oder tut, als ihr Körper signalisiert. Bei Lehrer/innen sind die inhaltliche Stoffvermittlung und die erzieherische Arbeit untrennbar mit körpersprachlichen Signalen verknüpft. Ihre Glaubwürdigkeit hängt davon ab, ob die Signale die sie aussendet, widerspruchsfrei sind oder nicht.

Mittlerweile gilt die Körpersprache von Lehrer/innen als unglaublich wichtiger Aspekt des Lehrerhandelns und auch als solcher, der gezielt trainiert werden kann. Dazu ist es natürlich notwendig, den großen Bereich der Körpersprache von Lehrer/innen in einzelne Elemente aufzugliedern (vgl. z.B. Heidemann 1999):

- Blickkontakt,
- Körperhaltung vor der Klasse,
- Proxemisches Verhalten,
- Mimik und Gestik,
- Kleidung und äußere Erscheinung.

Mit dieser systematischen Aufstellung soll nicht suggeriert werden, dass die Elemente unabhängig voneinander existieren und auch trainiert werden können. Aber unseres Erachtens hat es sich erwiesen, in kleineren Modulen und Schwerpunkten zu arbeiten, um dann schrittweise komplexe Handlungsformen auszuprobieren. Im Folgenden zu jedem Bereich einige Bemerkungen und Hinweise.

Blickkontakt

Der Blickkontakt ist der erste Weg der Kontaktaufnahme und eng an kognitive Prozesse gebunden. Mit ihm werden in sehr intensiver Weise Einschätzungen, Sympathie, Antipathie, Zuneigung und Feindseligkeit signalisiert und »rübergebracht«. Während im Laufe des Lebens vielfältige Formen der Emotionskontrolle erlernt werden, entzieht sich der Blickkontakt dieser Kontrolle weitgehend. Augen sind, so sagt das Sprichwort völlig zu Recht, die Fenster zur Seele. Insofern ist der Blickkontakt ein sehr bedeutsamer Übermittler von Gefühlen, Stimmungen und Einschätzungen.

Ins Gespräch vertiefte Menschen realisieren fast immer einen »tanzenden« Blickkontakt. Der Sprecher schaut bei Beginn der Ausführungen dem Gegenüber in die Augen, schweift dann mit dem Blick ab, um dann zum Ende hin wieder seinen Zuhörer anzusehen, um zu erkennen, welche Wirkung seine Worte hinterlassen haben. Während der Zuhörer bislang eher den Sprecher anschaute, beginnt diese nun bei seinen Ausführungen abzuschweifen und wieder mit dem Blick zurückzukommen.

Wer vor der Klasse steht und unterrichten soll, erlebt die Macht der Blicke: Es gibt interessierte Blicke, desinteressierte Blicke, freundliche, abweisende Blicke, motivierende und demotivierende Blicke. Das wird gerade von unerfahrenen Lehrer/innen häufig als Bedrohung erlebt.

Tipps

- Als Lehrer/in sollten Sie einen Blickkontakt pflegen wie bei einer außerunterrichtlichen normal intensiven Begegnung.
- Lassen Sie Ihren Blick vor Ihrem ersten Satz ruhig über die Klasse schweifen und »sammeln« Sie die Blicke der Schüler/innen schrittweise ein, auch wenn es Ihnen wie eine Ewigkeit vorkommt.
- Schauen Sie beim Unterrichten Ihren Schüler/innen immer wieder in die Augen.
- Verweilen Sie mit Ihrem Blick auch einmal ruhig bei einzelnen Schüler/innen.
- Versuchen Sie, Ihren Blickausdruck zu variieren.
- Benutzen Sie den Blickkontakt, um ein Unterrichtsgespräch ruhig und aufmerksam zu steuern, z.B. indem Sie weitere Schülerinnenäußerungen nach einer Frage von Ihnen hervorkitzeln, gezielt Schülerinnen einige Sekunden anschauen und mit den Augenbrauen »winken«.
- Sehr hilfreich ist es, sich in der Klasse eine oder mehrere Schülerinnen heraus zusuchen, die Sie als positiv gestimmt vermuten oder erleben, und mit ihnen ab und zu Blickkontakt aufzunehmen.
- Setzen Sie Phasen des Schweigens bewusst ein, um Ruhe in den Unterricht zu bekommen.

Das ist wenig ratsam

- Längere Zeit ins Blatt oder auf die Verlaufsskizze schauen und damit den Kontakt zur Klasse unterbrechen.

- Einen Punkt an der gegenüberliegenden Wand fixieren, um den Blicken der Schüler/innen auszuweichen.
- Genauso kontraproduktiv ist es, einige Schülerinnen längere Zeit anzustarren (länger als ca. fünf Sekunden).

Körperstellung vor der Klasse und im Umgang mit Schülerinnen

Durch die Körperhaltung wird der soziale Status einer Person bzw. die Statusbeziehung zwischen verschiedenen Menschen zum Ausdruck gebracht. Als Lehrer/in werden Sie aufgrund Ihrer exponierten und mit Macht versehenen Rolle einen Teil der Zeit stehend, frontal zur Klasse verbringen. Es müsste das Ziel von Unterrichtsreformen sein, dass dieser Anteil der zentralen Lehrerdominanz verringert wird. Gänzlich sinnlos ist es jedoch nicht. Daher muss es darum gehen, solche Phasen bewusst auch körpersprachlich zu gestalten.

Tipps

- Der beste Platz ist vorne zwischen Tafel und Lehrerpult (sofern das Pult vorne steht).
- Stehen Sie am besten frei und lehnen sich nirgendwo an.
- Versuchen Sie, möglichst ruhig und aufrecht zu stehen.
- Arbeiten Sie ggf. mit einem Standbein und einem Spielbein.
- Wechseln Sie bei längeren Lehrervorträgen einige Male den Platz.
- Bei kürzeren Lehrervorträgen (bis ca. 5 Minuten) ist es besser, an einem Ort stehen zu bleiben.
- Sie können ab und zu eine Hand in eine Hosentasche stecken (niemals aber gleichzeitig beide Hände in die Taschen).
- Wenn Sie sich setzen wollen, setzen Sie sich am besten vorne seitlich an das Pult (nicht auf das Pult).
- Bei einem Tafelanschrieb stellen Sie sich so, dass Sie gut schreiben können und konzentrieren sich vor allem auf einen ordentlichen Anschrieb. Die Kontrolle der Klasse durch einen Blick über die Schulter wirkt eher hilflos. Am besten, Sie gewöhnen die Schüler/innen automatisch daran, Ihren Tafelanschrieb sofort ins Heft zu übertragen.
- Wenn Sie fertig mit dem Anschrieb sind, stellen Sie sich an die Seite der Tafel, mit dem Körper zur Klasse. Bei Rechtshänderinnen ist normalerweise der beste Platz (aus Schülersicht) rechts neben der Tafel, um dann mit der kreideführenden Hand gleichzeitig auf bestimmte Begriffe o.Ä. zu zeigen.
- In Stillarbeitsphasen oder anderen Phasen, wenn Sie nicht im Mittelpunkt stehen, können Sie sich gezielt auch optisch zurückziehen, z.B. indem Sie sich am Rand oder am Fenster aufhalten und einige Zeit Kraft tanken oder entspannen.

Das ist wenig ratsam

- Ständiges Hin-und-Herwandern oder -schwanken vor der Klasse führt zu unnötiger Unruhe und lenkt die Aufmerksamkeit der Schüler/innen von der Sache weg.
- Vermeiden Sie Übersprungshandlungen (Nase kratzen, durch die Haare fahren etc.).
- Vermeiden Sie Beziehungsbarrieren und Sperren, z.B. indem Sie hinter Ihrer Tasche oder dem Overheadprojektor stehen.
- Setzen Sie sich nicht auf einen Schülertisch und stellen bzw. legen Ihre Füße oder Beine hoch.
- Vermeiden Sie negative Signale, wie z.B. Überlegenheitssignale, Spottsignale, zurückweisende Signale oder weitere Signale der Unsicherheit und Ablehnung.

Proxemisches Verhalten

Jeder Mensch besitzt, egal wo er sich aufhält, einen unsichtbar umzäunten Raum, den er mit sich herumträgt. Ob Sie im voll besetzten Hörsaal, beim Arzt im Wartezimmer, im Flugzeug oder der Eisenbahn oder auch auf einer proppenvollen Party sind – immer werden Sie sich instinktiv bedroht fühlen, wenn jemand anders, vor allem Menschen, die Sie nicht kennen oder nicht mögen, Ihnen zu nahe kommt. Wenn sich Ihre Ellenbogenfreiheit nicht mehr aufrechterhalten lässt, z.B. mit mehreren Menschen im Fahrstuhl, wird Ihre »Intimdistanzzone« verletzt. Wie alle anderen Menschen reagieren Sie dann, indem Sie die »Eindringlinge« versuchen zu ignorieren: Sie schauen zum Boden, an die Wand oder einfach ins Leere.

Menschliche Kommunikation kann nur dann gelingen, wenn die Gesprächspartner auf die jeweiligen Distanzzonen achten. Die Annäherung an andere Menschen nennt man proxemisches Verhalten. In der Fachliteratur wird unterschieden:

- **Ansprachedistanz:** 3 bis 4 Meter: Diese Distanz ist nötig, um die ganze Klasse im Blick zu haben und mit allen Schüler/innen gleichwertigen Kontakt aufzunehmen.
- **Persönliche Distanz:** 1,50 Meter bis 60 Zentimeter: Diese Distanzzone müssen Sie »betreten«, um mit einem Menschen persönlicheren Kontakt aufzunehmen.
- **Intimdistanz:** Näher als 60 Zentimeter: Die Verletzung der Intimdistanz wird in aller Regel als aufdringlich empfunden, gerade von Seiten der Schüler/innen. Eine gute Hilfe zum Erkennen der Intimdistanzzone: Wenn man den Arm ausstreckt, sollte der Gesprächspartner mindestens bis zum Handgelenk entfernt sein. Aber auch hier gibt es individuelle Unterschiede, für die Sie sensibilisiert sein sollten.

Der größte Teil des Unterrichts findet erfahrungsgemäß in der persönlichen Zone statt. Der Unterricht wird dadurch lebendiger und interessanter.

Tipps

- Gerade in der unterrichtlichen Interaktion ist es wichtig, sich diese Distanzzonen bewusst zu machen und diese einzuhalten. Im Zweifelsfall gehen Sie auf eine weitere Distanz.
- Zuweilen ist es hilfreich, zu einem störenden Schüler näher heranzutreten (in die persönliche Distanzzone) und mit ihm strengen Blickkontakt aufzunehmen. Verwenden Sie dieses Mittel aber sehr dosiert. Es kann auch schnell zu größerer Abwehrhaltung des jeweiligen Schülers führen.
- Allgemein kann man durch Annäherung einzelne, auch sonst stillere Schüler/innen aus der Anonymität der Klassengruppe herausholen. Durch diese Individualisierung kann man einen persönlichen Kontakt herstellen.
- Den persönlichen Kontakt zu solchen schüchternen Schüler/innen kann man am besten herstellen, wenn man die persönliche Distanz wahrt. Man sollte sich auf gleicher Blickhöhe zunächst neben und dann vor die betreffende Schülerin begeben. Dabei kann man sich zu ihr runterbeugen oder in die Knie gehen. So wird der Lehrer allmählich zu ihrem vertrauten Partner, mit der sie sogar gemeinsam Seite an Seite an der Tafel Aufgaben lösen kann.
- Wenn Sie z.B. in einer Einzelarbeitsphase an eine Schülerin herantreten, tun Sie das am besten von der Seite, in gleicher Augenhöhe, mit Blickkontakt und nicht zu dicht. Beachten Sie auch hier, dass z.B. das Heft und der Tisch Teil der Intimzone des Schülers ist.
- Beachten Sie die körpersprachlichen Signale Ihrer Schüler/innen und erkunden Sie deren Wunsch nach Nähe bzw. Distanz zu Ihnen.

Das ist wenig ratsam

- Vermeiden Sie es, die Intimdistanz von Schülerinnen und Schülern zu verletzen, gerade zwischen einer Schülerin und einem männlichen Lehrer sowie zwischen einem Schüler und einer Lehrerin.
- Bauen Sie sich nicht in voller Größe vor oder hinter einer Schülerin auf.
- Schleichen Sie sich nicht, z.B. während die Schüler/innen konzentriert arbeiten oder abschreiben, von hinten an Schüler/innen heran.

Mimik und Gestik

Gestik und Mimik unterstützen weitestgehend unbewusst die Sprache. Die Mimik ist die sichtbare Bewegung der Gesichtsoberfläche und setzt sich zusammen aus den Signalen der Augen und Augenbrauen, des Mundes, der Nase und der Haut. Mimik umfasst das gesamte Gesicht. Als Gestik werden die körpersprachlichen Signale bezeichnet, die mit den Händen und Armen, Füßen und Beinen ausgedrückt werden. Von Mimik und Gestik gehen Informationen aus, die uns unbemerkt entlarven. So gibt es zum Beispiel entscheidende Unterschiede zwischen den körperlichen Signalen beim Erzählen der Wahrheit und denen beim Lügen. Beim Lügen nimmt die

Gestik mit den Händen ab. Es kommt zur Erhöhung des Selbstkontaktes mit der Hand im Gesicht (Kinnstreicheln, Mundbedecken, Nasenberührung). Auch der Gesichtsausdruck verändert sich.

Die Gestik ist eng mit unserem Sprechen verknüpft. Sie hat eine ausmalende und unterstützende Funktion. Oft wird die Gestik wie auch die Mimik zum Ausdruck bzw. zur Intensivierung von Gefühlen verwendet. Während die Gestik durch bewusste Kontrolle veränderbar und trainierbar ist, geschieht Mimik nur teilweise kontrolliert, meistens gar unkontrolliert. Weiterhin können Gesten vereinbarte Bedeutungsträger zwischen Kommunikationspartnern sein (Bsp. Finger an den Mund legen als Zeichen für Ruhe).

Die verbreitetsten mimischen und gestischen Ausdrücke sind:

- Mund öffnen (Erstaunen),
- Lippen zusammenpressen (Starrsinn, verhaltener Zorn),
- Unterlippe hochziehen (Überlegung, Nachdenklichkeit),
- Arme vor der Brust verschränkt (Abwarten, Ablehnung, Suche nach Geborgenheit, sich unter Kontrolle bringen),
- weite Armbewegungen (Sicherheit),
- sich die Hände reiben (Schadenfreude [schnell] oder Zufriedenheit [langsam]),
- mit dem Bleistift oder der Kreide spielen (Unsicherheit),
- Zeigefinger heben (Lob, Tadel),
- Finger zum Mund (kurz) Verlegenheit, (länger) Nachdenklichkeit.

Tipps

- Vor der Klasse sollten Sie möglichst frei im Raum stehen, damit alle Schüler/innen Ihre Mimik und Gestik sehen können.
- Die Hände sollten Sie möglichst in Brust- bis Bauchhöhe halten, da dies eine positive Ausstrahlung bewirkt. Vermeiden sollte man hingegen, die Arme zu oft zu verschränken, da dies eine Distanz zwischen Lehrer und Schüler schafft.
- Drohende Gesten sollte man vermeiden.
- Am günstigsten ist es, wenn man weite, offene, natürliche und ruhige Kontaktgesten im Richtung auf die Schüler/innen macht. Natürliche Gesten kommen aus dem Oberarm. Die Arme sollten sich dabei in Brusthöhe bewegen und die Handflächen nach oben zeigen.
- Benutzen Sie beim Aufrufen den Arm, der dem Schüler zugewandt ist, d.h., kreuzen Sie nicht mit dem Arm den Oberkörper. Das wirkt wieder als Beziehungssperre und kann den Kontakt zu den Schülern erschweren.
- Sehen Sie den Schüler/innen möglichst offen und entspannt ins Gesicht. Dabei hat natürliche Freundlichkeit und herzliches Lachen eine positive Wirkung auf die Schüler.
- Mit der Mimik sollte man eher seine Gestik und das, was man aussagen will, unterstützen.

- Die Glaubwürdigkeit einer Person hängt entscheidend von der Wiederspruchsfreiheit aller Signale ab. Also sollte man vor der Klasse keine besonderen Stimmungen vortäuschen. In Phasen, in denen man »schlecht drauf« ist, akzeptieren Schüler/innen eher ein neutrales Verhalten und konzentrierte Sachlichkeit. Schüler/innen erkennen schnell, wenn man zwanghaft versucht, seine Grundstimmung zu überspielen.

Das ist wenig ratsam

- Wenn man sich zu oft die Nase reibt, seine Stirn runzelt oder zu oft die Augenbrauen hebt, wirkt das fahrig und emotional unkontrolliert.
- Es ist nicht gut, wenn man Mimik zu übertrieben oder zum falschen Zeitpunkt einsetzt. Das erscheint dann eher gekünstelt.

Kleidung und äußere Erscheinung

Kleidung dient in unserer Gesellschaft sehr stark der Individualisierung, aber auch der Universalisierung: Wir kleiden uns einerseits, um unsere Unverwechselbarkeit darzustellen, andererseits auch, um klarzumachen, welcher Gruppe dieser Gesellschaft wir uns zugehörig fühlen. Dies gilt auch für Lehrer/innen. An der Kleidung kann man im Groben sehr schnell sehen, was für eine Persönlichkeit der Lehrer hat, welchen Erziehungsstil er präferiert oder welchen Trends und Moden er anhängt. Die Schüler/innen beobachten die Kleidung ihrer Lehrer/innen sehr aufmerksam – schon häufig hat ein bestimmtes Kleidungsstück, ein Accessoire oder ein kleiner Fehler vor dem morgendlichen Spiegel die Aufmerksamkeit der Schüler/innen weg vom Unterrichtsgegenstand geführt.

Tipps

- Kleiden Sie sich möglichst im Unterricht so, wie Sie sich wohl fühlen.
- Im Allgemeinen vermittelt farbige Kleidung eine lebendigere Atmosphäre als sehr gedeckte Kleidung.
- Beachten Sie dabei einige Mindeststandards: gepflegte Kleidung, Oberschenkel bedeckt, keine extravaganten oder zu ablenkenden Kleidungsstücke.
- Weder der Rock bei den Frauen, noch Anzug und Krawatte bei Männern sind notwendig. Der Anzug drückt bei den Schülerinnen und Schülern allgemein eher eine gewisse Distanz aus.
- Halten Sie die Kleidungsregeln ein, die auch für die Schüler/innen gelten, z.B. keine bauchfreien Tops, keine Kopfbedeckung etc.

Das ist wenig ratsam

- Sexuell aufreizende Kleidung ist fehl am Platz.

5. Die Sprache der Lehrerin

Wenn man sich die durchschnittliche Alltagsarbeit von Lehrer/innen besieht, so fällt ein starker Kontrast auf: Ungefähr die Hälfte der Zeit arbeiten sie im Klassenzimmer oder im Schulhaus, die andere Hälfte zu Hause am Schreibtisch. Dabei ist die eine Hälfte geprägt von vielfältigen Begegnungen sprachlicher und nichtsprachlicher Art, die andere Hälfte von relativer Einsamkeit.

Blickt man genauer auf den Arbeitsanteil in der Schule, stellt man fest: Einen Großteil ihrer Arbeit im Unterricht verrichten Lehrerinnen und Lehrer mittels Sprache:

- Sie eröffnen den Unterricht,
- stellen Fragen
- führen ein Unterrichtsgespräch,
- erteilen Arbeitsaufträge,
- stellen Sachverhalte dar,
- hören Schüler ab,
- stellen Hausaufgaben.

Aber auch außerhalb des Unterrichts ist Sprache für Lehrer/innen zentral: Sie sprechen mit Eltern, beraten Schüler/innen bei Lernproblemen (und nicht nur dabei ...), sprechen sich mit Kolleg/innen ab, planen in einer Arbeitsgruppe die nächsten Schulveranstaltungen und reden in der großen Pause im Lehrerzimmer im Sinne der Psychohygiene über Larissa in der 4b, die in letzter Zeit so schlampig geworden ist (was ist nur mit ihr los ...?). Anders gesagt: Lehrer/innen reden viel, ja sie müssen viel reden, um ihren Job richtig zu machen (das schließt nicht aus, dass es manchmal ratsamer ist, die eigenen Sprechanteile zurückzuschrauben, aber dazu später).

Gespräche mit Schüler/innen, Kolleg/innen, Eltern, Vorgesetzten, aber auch mit Ausbildungsleitern, Förstern, Sozialarbeiter/innen oder Museumspädagog/innen u.a. zu führen ist damit eine der wichtigsten Kompetenzen von Lehrer/innen. Aber – wie lernt man, diese Unterrichtsgespräche, Beratungsgespräche oder Kooperationsgespräche gelingend zu führen? Was muss man beachten? Wo sind Fettnäpfe und Fallstricke?

Die kommunikationstheoretische und -praktische Forschung hat mittlerweile auch in der Ausbildung von Lehrer/innen Früchte getragen. Vielleicht haben Sie in einem Proseminar oder Seminar schon gehört, welches die fünf Watzlawick'schen Axiome sind:

1. Man kann nicht nicht kommunizieren.
2. Jede Kommunikation hat einen Inhalts- und einen Beziehungsaspekt, derart, dass Letzterer den Ersteren bestimmt und daher eine Metakommunikation ist.
3. Die Natur einer Beziehung ist durch die Interpunktion der Kommunikationsabläufe seitens der Partner bedingt, d.h. die subjektive Verteilung von Ursache und Wirkung.
4. Menschliche Kommunikation bedient sich digitaler (Sprache) und analoger (Mimik, Gestik ...) Modalitäten.
5. Kommunikationsabläufe sind entweder symmetrisch oder komplementär, je nach Gleichheit oder Ungleichheit der Beziehung.

Möglicherweise haben Sie auch gehört, dass jede Äußerung, jeder gesprochene Satz nach Schulz von Thun vier Botschaften beinhaltet (Sachinhalt, Selbstkundgabe, Beziehung, Appell) und mit vier Ohren gehört werden kann.

In der Praktikumsrealität stellen Sie nun mitunter fest: Die Gesprächspraxis, vor allem bei Gesprächen mit der ganzen Klasse, ist hochkomplex und widersprüchlich. Ganz anders als die Theorie. Unterrichtsgespräche laufen aus dem Ruder, Konfliktgespräche mit Schülern bleiben ohne Konsequenzen, Missverständnisse mit dem Mentor tauchen auf, und sogar in der Praktikumsgruppe selbst wird manches anders verstanden, als Sie es gemeint haben.

Unterrichtsgespräche können schwerpunktmäßig dazu dienen, Vorkenntnisse zu aktualisieren, Einfälle zu sammeln, Ergebnisse zu erarbeiten oder zu reflektieren, unterschiedliche Positionen zu diskutieren oder auch ganz konkrete Probleme der Klasse oder Schule zu besprechen.

Die bisherige Unterrichtsforschung hat herausgefunden: Rund zwei Drittel der Unterrichtszeit werden noch immer mit Gesprächen in der ganzen Klasse, also frontal, ausgefüllt. Und: Die meiste Zeit davon spricht die Lehrerin bzw. der Lehrer. Für jede einzelne Schülerin und jeden einzelnen Schüler bleiben im Durchschnitt nur ca. 30 Sekunden Redezeit pro Unterrichtsstunde. Das ist in einigen Stunden zu akzeptieren, insgesamt aber ein Ungleichgewicht, das behoben werden sollte. Zum einen mit einem schülerzentrierten Unterricht, der den Sprechanteil der Schüler/innen durch Partnerarbeit, Gruppenarbeit, projektorientierte Arbeitsformen u.Ä. merklich erhöht. Und zum anderen mit Unterrichts-Gesprächen, die wirkliche Gespräche sind, und nicht nur verdeckte Monologe und Lehrervorträge (die haben aber auch, begrenzt eingesetzt, ihre Berechtigung!).

Unterrichts-Gespräche mit der ganzen Klasse zu führen, ist äußerst schwierig. Sie benötigen Disziplin auf beiden Seiten und sind sehr störungsanfällig. Sie sind in ihrem Ablauf äußerst komplex und stellen höchste Herausforderungen an die Lehrer/innen. Und selbst Kolleg/innen mit langer Berufserfahrung verzweifeln mitunter daran.

Ein immer wiederkehrendes Muster in der Unterrichtskommunikation besteht darin, dass der Lehrer eine Frage stellt und die Schüler/innen diese Frage beantworten, worauf sich zuerst eine Wertung der Schülerantwort und danach eine erneute

Lehrerfrage anschließt. Forschungen haben gezeigt, dass in jeder Unterrichtsstunde der Lehrer durchschnittlich mehr als 50 Fragen stellt. Lehrerfragen begleiten den gesamten Lehr-Lern-Prozess, viele sind notwendig, andere überflüssig. Die Schulpädagogik unterscheidet zwischen verschiedenen Fragetypen, die sich hinsichtlich der Komplexität und der damit verbundenen Denkleistung der Schüler/innen bei deren Beantwortung grundlegend unterscheiden:

Fragetyp	**Beschreibung, was die Schüler/innen wissen sollen**	**Beispiel**
Kenntnisfragen	Fragen nach etwas, woran sich die Schülerinnen erinnern sollen	*Wann begann der 2. Weltkrieg?*
Konvergierende Fragen	Fragen nach etwas, was die Schüler/innen verstehen sollen, es ist nur eine Antwort möglich, eher »geschlossene« Fragen	*Warum tanzt die Biene nun vor den anderen Bienen herum?*
Divergierende Fragen	Fragen nach etwas, was die Schüler/innen weiterdenken sollen, es sind mehrere Antworten möglich, eher »offene« Fragen	*Warum könnte die Hauptfigur sich so entschieden haben?*
Bewertende Fragen	Fragen nach Verknüpfungen von Sachverhalten und Bewertungskriterien	*Was spricht eurer Meinung nach für ein Wahlalter ab 16 Jahren?*
Sondierende Fragen	Möchten die Schüler/innen veranlassen, weiterzudenken, haben meist Impulscharakter	*Jetzt haben wir die Merkmale von Fabeln erarbeitet. Wie könnte es nun weitergehen?*
Organisierende Fragen	Befassen sich mit dem Unterrichtsverlauf selbst und seiner Organisation	*Hat dazu noch jemand eine Frage?*

Insbesondere die Kenntnisfragen bewegen sich auf einem basalen, häufig auch banalen Niveau. Auf der anderen Seite sind Kenntnisse auch unabdingbare Voraussetzung für anspruchsvollere Denkleistungen, z.B. die Analyse oder den Transfer. Dennoch kann konstatiert werden, dass im Unterricht dieser Typ von Fragen eindeutig dominiert. Und gerade im Verlaufe eines erarbeitenden Unterrichtsgesprächs wird immer wieder beobachtet, dass der Lehrer zu Beginn mit relativ divergierenden oder bewertenden Fragen einsteigt, im Verlaufe des Unterrichts aufgrund der fehlenden Beteiligung der Schüler/innen die Lehrerfragen immer trivialer werden, bis zum Schluss es nur noch darum geht, ein bestimmtes Wort zu nennen, das der Lehrer hören möchte.

Auf der folgenden Seite finden Sie zur Illustrierung ein Unterrichtstranskript. Es geht in einer 6. Klasse um den kurzen erzählenden Lesebuchtext »Ein ruhiges Haus« von Ilse Aichinger.

L:	Ich hoffe, ihr habt die Geschichte alle zweimal durchgelesen. Wir wollen jetzt darüber sprechen, was ihr zu der Geschichte denkt. Zuerst müssten wir den Inhalt klären. Welche Figuren oder Personen kommen vor?
MS1:	Das kleine Kind und die Frau.
L:	Ja, wer noch?
WS1:	Der alte Mann.
L:	Warum ruft die Frau die Polizei?
WS2:	Sie hat Angst um den alten Mann ...
L:	Angst? Hat sie wirklich Angst?
MS2:	Nein, sie glaubt, der ist verrückt.
L:	Genau. Und ist er wirklich verrückt?
Einige Sch.:	Nein.
L:	Sondern?
WS3:	Er spielt mit dem Kind gegenüber Pantomime.
L:	Klasse. Das habt ihr toll verstanden.

L = Lehrerin MS = Schüler WS = Schülerin

Dieser kleine Ausschnitt, der in der Realität knapp eine halbe Minute gedauert hat, zeigt die häufig benutzte Lehrerfrage: Es sind eng gestellte Fragen, zu der die Lehrerin die einzig richtige Lösung weiß. Bei einigen Punkten des Unterrichtsverlaufs hätte die Lehrerin auch andere, d.h. komplexere Fragen stellen können. Oder, sofern sie das Ziel hat, in dieser Phase den Inhalt des Textes zu wiederholen und zu sichern, andere Methoden als ein erarbeitendes Unterrichtsgespräch, als einen »Lehrervortrag mit verteilten Rollen« wählen können.

Insofern sind Fragen von Lehrer/innen immer auch Mittel, das Niveau des Unterrichts zu heben bzw. zu senken. In der schulpädagogischen (Ratgeber-)Literatur gibt es immer wieder Empfehlungen, unechte Fragen oder geschlossene Fragen zu vermeiden oder anstelle von Fragen mit Impulsen zu arbeiten oder so genannte W-Fragen (Wann? Was? Warum? Wo? Wie? ...) wegzulassen. Nach unserer Erfahrung helfen alle solche Ratschläge in der Praxis nicht weiter. Die Frage ist nämlich nicht primär, in welcher Form ich eine Frage oder einen Impuls formuliere, sondern welche Denkleistung ich mit der Beantwortung verbinde. Und dies kann ich sehr unterschiedlich auf formaler Ebene ausdrücken. Guter Unterricht kann viele Wege gehen.

Hier einige Tipps ...

... zum Thema Lehrersprache allgemein

- Warten Sie mit Ihrem Stundenbeginn, bis es ganz ruhig ist und alle Schüler/innen aufmerksam sind. Bleiben Sie im Blickkontakt, sodass man erkennt, dass Sie gerne anfangen möchten. Manchmal kommen die Schüler/innen am Anfang einer Stunde von selbst zur Ruhe. Der Lehrer kann, wenn es die Situation erlaubt, still warten, bis sich die Schüler/innen beruhigt haben, und dann beginnen. Dazu gehört aber viel Erfahrung.
- Sprechen Sie nicht zu langsam und nicht zu schnell. Als Grundregel gilt: Die Sprache eines Lehrers im Klassenzimmer ist langsamer als die natürliche Sprache. Zu langsames Sprechen verursacht Trägheit und Langeweile, zu schnelles Sprechen Hektik und Nervosität.
- Variieren Sie Ihr Sprechtempo während der Stunde. Das erhöht die Aufmerksamkeit der Schüler/innen und macht nicht so einen monotonen Eindruck.
- Variieren Sie auch Ihre Lautstärke. Sprechen Sie lieber besonders deutlich als besonders laut. Zu lautes Sprechen kann zu Aggressivität führen, zu leises Sprechen zu Desinteresse und zum Abschalten der Schülerinnen.
- Üben Sie zentrale Fragen, Arbeitsanweisungen und Impulse zu Hause vor dem Spiegel in verschiedenen Tempi und Lautstärken, um die unterschiedliche Wirkung zu testen und um sich selbst an Ihre Stimme im Unterricht zu gewöhnen.
- Bemühen Sie sich, gerade wenn die Schülerinnen lauter werden, bewusst leiser zu sprechen. Sprechen Sie besonders an spannenden Stellen leiser und langsamer.
- An besonders zentralen Stellen sollten Sie so laut sprechen, dass alle Ihren Beitrag mitbekommen können. Unter Umständen ist es auch hilfreich, zentrale Arbeitsanweisungen oder Fragen zu wiederholen bzw. zur Kontrolle von Schüler/innen wiederholen zu lassen.
- Kündigen Sie das bevorstehende Ende einer Stillarbeitsphase oder Gruppenarbeit o.Ä. leise an (z.B. »So, es ist jetzt 5 nach 10, ihr habt jetzt also noch zwei Minuten Zeit.«).
- Versuchen Sie, sich während der Gruppenarbeitsphase mindestens die erste Hälfte der Zeit gänzlich zurückzuziehen (auch körpersprachlich), d.h., sprechen Sie nicht oder laufen Sie nicht im Klassenzimmer herum, sondern beschäftigen Sie sich mit dem Klassenbucheintrag oder kommen Sie einige Minuten zur Ruhe, während Sie aus dem Fenster schauen. Sprechen Sie danach (z.B. mit einzelnen Gruppen) auch nur dann, wenn es wirklich nötig ist.
- Reagieren Sie auf erregte, laute Schüleräußerung kontrolliert, langsam und leise.
- Bemühen Sie sich insgesamt um eine ruhige und tiefe Stimmlage. Dies gilt besonders für Lehrerinnen, da bei Frauen die natürliche Stimmlage höher ist als bei Männern und gerade bei Anspannung so hoch werden kann, dass das Sprechen als störend erlebt wird. Also: Im Zweifelsfall immer daran denken: »Tiefer sprechen«. Das vermittelt Ruhe.

- Modulieren Sie Ihre Tonhöhe im Laufe einer Stunde bzw. eines Unterrichtstages. Versuchen Sie, aus dem Bauch heraus zu atmen (Zwerchfellatmung) und nicht aus dem Kopf heraus (Hechelatmung). Das gibt mehr Ruhe in der Stimme und führt dazu, dass Sie immer wieder einige Sekunden Pause machen müssen.
- Sprechen Sie möglichst in kurzen und vollständigen Sätzen. Lange Sätze deuten oft auf Unsicherheit hin. Die Schüler werden dann durch die Sprache regelrecht erschlagen und schalten irgendwann ab.
- Vermeiden Sie es möglichst, die Sprachgewohnheiten der Schüler/innen aufzugreifen oder nachzumachen. Diese fassen das dann eher als peinlichen Versuch auf, Anerkennung zu erwecken oder finden es einfach lächerlich.
- Vermeiden Sie stereotype Wendungen (z.B. »Toll!«, »in meinem Lesebuch steht«, etc.) und bemühen Sie sich um stilistische Varianz.
- Sprechen Sie in aller Regel Hochdeutsch. Der Gebrauch des Dialekts ist u.E. nur bei Zuwendung zu einem einzelnen Schüler in besonderen Situationen angebracht oder in eher informellen Unterrichtssituationen.

... zum Thema Unterrichtsgespräche

Das Führen von Unterrichtsgesprächen gilt als eine der schwierigsten Herausforderungen für Lehrer/innen.

- Überlegen Sie sich bei der Planung eines Unterrichtsgespräches genau, was Sie mit dem Gespräch erreichen wollen und wie Sie das Gespräch inhaltlich und zeitlich begrenzen können. Notieren Sie sich vorher wichtige Fragen, Impulse und mögliche Vermittlungshilfen im Wortlaut. Stellen Sie sich auch vor, welche Schüleräußerungen im Laufe des Gesprächs kommen können, auch wenn sie quer zu Ihren Zielen stehen.
- Warten Sie nach einer Frage oder einem Impuls so lange, bis sich mehr als drei Schüler/innen melden. Motivieren Sie ggf. nonverbal.
- Warten Sie auch nach einer Frage eines Schülers, sodass auch alle anderen Schüler/innen die Möglichkeit haben, über das Problem nachzudenken.
- Versuchen Sie, Unterrichtsgespräche mit der ganzen Klasse auch nichtverbal zu steuern und Ihren eigenen Redeanteil zu vermindern. Die Körpersprache des Lehrers ist ein wertvolles Instrumentarium. Sie können ein Unterrichtsgespräch mit einer schriftlichen Fragestellung oder einem Schlüsselbegriff an der Tafel einleiten, durch Handbewegungen um Beiträge bitten oder das Wort erteilen oder die Beiträge weiterführen lassen, indem Sie mit Mimik und Gestik einzelne Beiträge positiv bewerten oder hervorheben oder bei stark vom Thema wegführenden Beiträgen auf den schriftlichen Impuls an der Tafel deuten. Oder indem Sie einfach mal, wenn es zu unruhig in der Klasse wird, sich das Ohr zuhalten.
- Versuche Sie, Beiträge von Schüler/innen nicht noch einmal zu wiederholen (die pädagogische Literatur kennt das als »Lehrer-Papagei« oder »Lehrer-Echo«),

denn dann hören die Schüler/innen sich gegenseitig immer weniger zu, weil sie es ohnehin von Ihnen noch einmal wiederholt bekommen. Und das sogar in der Regel besser und lauter als im Original.

- Vermitteln Sie Bestätigung oder Lob für bestimmte Schülerbeiträge durch Varianz in Sprache und Körpersprache, z.B. »richtig«, »ja«, »gut«, »Was folgt daraus?«, »Wer formuliert noch etwas besser?«, Nicken mit dem Kopf, Benutzung der Hand, u.v.a. – Bei nur teilweise brauchbaren Beiträgen können Sie eine Vermittlungshilfe oder auch eine bessere Formulierung sagen (z.B. »Du meintest, dass der Dienstleistungssektor in den letzten Jahrzehnten wesentlich wichtiger geworden ist als der industrielle Sektor?«).
- Beobachten Sie, wie der Mentor Gesprächsregeln in der Klasse anwendet. Nutzen Sie ggf. das Ritual des gegenseitigen Aufrufens (z.B. nach dem Mädchen-Junge-Prinzip), lassen Sie einzelne Schüler die Gesprächsleitung übernehmen oder den bisherigen Stand des Gespräches kurz zusammenfassen.
- Scheuen Sie sich nicht davor, auf Störungen des Unterrichtsgesprächs zu reagieren und massive Störungen des Unterrichtsgesprächs zu unterbinden (s.u.).

... zum Thema Lehrerfragen

- Beginnen Sie einige Fragen mit einem Fragewort (»W«-Fragen sind zwar in der didaktischen Literatur immer wieder mal etwas verpönt, u.E. aber durchaus brauchbar). Überlegen Sie sich zentrale Fragen und Impulse zu Hause genau und notieren Sie sich den Wortlaut in die Strukturskizze.
- Überlegen Sie sich bei der Unterrichtsplanung anspruchsvolle Fragestellungen.
- Formulieren Sie Ihre Fragen verständlich, d.h. einfach, kurz, gegliedert und anregend. Unverständliche Fragen sind unnötige Lernhindernisse und behindern vor allem lernschwächere Schüler/innen.
- Vermeiden Sie doppelte Verneinungen, z.B. »Warum glaubt Ihr nicht, dass der Text nicht mehr aktuell ist?«
- Vermeiden Sie Suggestivfragen, z.B. »Glaubt Ihr nicht auch, dass dieser Knetballen sinkt, wenn ich ihn ins Wasser werfe?«
- Trennen Sie Erläuterung und Frage voneinander. Am besten ist, Sie schicken eine Erläuterung voraus und stellen dann eine möglichst knappe Frage (z.B. »Ihr habt jetzt verschiedene Zeitadverbien gesammelt. Was haben all diese Zeitadverbien gemeinsam?«).
- Warten Sie möglichst ruhig auf Antworten auf Ihre Frage, am besten so lange, bis mindestens drei Schülermeldungen vorliegen.
- Manchmal stellt man eine Frage und merkt beim Aussprechen der Frage, dass diese Frage misslungen oder verwirrend ist. Warten Sie in diesem Fall auch am besten ruhig auf Antworten. Erst wenn keine oder nur sehr wenige Finger sich melden oder mehrere unzutreffende Antworten gegeben werden, sollten Sie die Frage zurücknehmen oder neu formulieren.

- Manchmal meldet sich auch bei längerem Warten kaum jemand. Das kann mehrere Gründe haben. Die häufigsten sind Unterforderung oder Überforderung. Bei vermuteter Unterforderung können Sie z.B. dies metasprachlich verbalisieren (z.B. »Ich glaube, ihr wisst alle ziemlich genau, worauf ich hinaus will: Es ist das Jahr 1914.«) oder die Schüler/innen auffordern, die Frage mit eigenen Worten zu wiederholen, bei vermuteter Überforderung können Sie von einer anderen Seite her fragen oder andere minimale Vermittlungshilfen geben.
- Stellen Sie im Verlaufe des Unterrichts immer auch zwischendurch sehr leichte Fragen. Diese kann man gut von leistungsschwächeren Schüle/innen beantworten lassen bzw. lassen sich dazu passive Schüler/innen aufrufen, auch wenn sie sich nicht melden.
- Um den Lernfortschritt zu kontrollieren, sollten Sie Wiederholungsfragen bzw. Verständnisfragen einplanen.

... zum Thema Schweigen im Unterricht

- Bewusst zu schweigen ist oft sehr wirkungsvoll. Im Zusammenhang mit Blickkontakt oder Gestik und Mimik sagt man schweigend manchmal mehr aus als durch Sprache. Es erfordert aber sehr viel Selbstkontrolle. Achtung: Zu langes Schweigen kann auch manchmal die Langeweile der Schüler/innen oder psychischen Druck hervorrufen.
- Eine längere Pause des Schweigens kann Schüler/innen wieder dazu bringen, sich zu konzentrieren. Hilfreich ist dabei intensiver, aber nicht anstarrender Blickkontakt.

6. Unterricht differenzieren und schrittweise öffnen – Konzepte offenen Unterrichts

Frontalunterricht sinnvoll einsetzen

Wenn man aktuelle pädagogische Zeitschriften und Fachliteratur, in denen es um Unterrichtsmethoden geht, anschaut, dann scheint es, Frontalunterricht sei ein Akt des Teufels, der Inbegriff für eine veraltete, überholte Form von Unterricht, mit großen Strapazen für Schüler/innen wie Lehrer/innen verbunden, und vor allem: ohne große Lernerfolge.

Der Begriff »Frontalunterricht« ist einerseits (deskriptiv) als weite Beschreibung all jener Unterrichtsformen aufzufassen, bei denen es um die lehrerzentrierte Darbietung, Erarbeitung und Präsentation von Unterrichtsgegenständen geht. In diesem Sinne kann er als Sammelbegriff für sehr unterschiedliche Unterrichtskonzeptionen begriffen werden. Seit den 1960er-Jahren wird mit dem Begriff aber (normativ) ein negativ beschriebener Kontrast zu moderneren Unterrichtsmethoden, z.B. Gruppenunterricht oder Offener Unterricht, beschrieben. Frontalunterricht, das bedeutet in diesem Kontext: keine Differenzierung, Lehrerzentrierung, Lernen im Gleichschritt. Frontalunterricht verläuft in der Regel in vier Phasen:

- Darbietungsphase (Einstieg, Sachbegegnung),
- Erarbeitungsphase,
- Übungsphase (Wiederholung),
- Anwendungsphase (Transfer).

Kernpunkt des Frontalunterrichts ist insbesondere die Erarbeitungsphase in Form eines erarbeitenden, lehrergelenkten, fragend-entwickelnden Unterrichtsgesprächs. Dabei versucht der Lehrer, mit gezielten Fragen, die weder unter- noch überfordern, die Schüler/innen auf den Weg zur Lösung bzw. zur Erkenntnis zu führen.

Die schulpädagogische Forschung hat eindrucksvoll gezeigt, dass in allen bundesdeutschen Schulstufen der Frontalunterricht, vor allem das fragend-entwickelnde Unterrichtsgespräch trotz aller gegenläufiger Publikationen und Appelle noch immer (in den Sekundarstufen noch mehr als in den Grundschulen) die dominierende Sozial- und Arbeitsform in nahezu allen Fächern ist. Darüber hinaus ist belegt, wie sehr noch immer lehrerzentriert unterrichtet wird, wie ungleich verteilt die Sprechanteile zwischen Lehrer/in und Schüler/innen sind, wie wenig verbreitet offenere Unterrichtsformen sind und wie schwer es ist, Unterricht zu öffnen.

Über die Wirkungen und Nebenwirkungen des Frontalunterrichts weiß man nicht sehr viel: Weder ist bislang eine Überlegenheit noch eine Unterlegenheit beim Erreichen vor allem kognitiver Lernziele im Vergleich zu anderen Methoden belegt. Allerdings gibt es einige Indizien dafür, dass der Frontalunterricht und vor allem das fragend-entwickelnde Unterrichtsgespräch in seinem Umfang eingedämmt werden müsste:

- Frontalunterricht unterdrückt strukturell viele Kompetenzen, die Schüler/innen in der Schule auch vermittelt bekommen müssen, z.B. Teamfähigkeit, Kreativität, Selbstbewusstsein.
- Die Gefahr ist hoch, dass sich im Frontalunterricht lernstärkere Schüler/innen langweilen, lernschwächere Schüler/innen überfordert sind.
- Frontalunterricht vermittelt im Kern ein antidemokratisches Modell, bei dem der Lehrer alles weiß und Schüler/innen immer unwissender als er bleiben müssen.
- Frontalunterricht verstärkt den Pygmalion-Effekt, d.h., der Lernerfolg der einzelnen Schüler/innen hängt sehr stark davon ab, welche Erwartungen der Lehrer an sie hat.
- Die Ergebnisse von internationalen Schulleistungsstudien (v.a. PISA und IGLU, z.T. auch TIMSS) zeigen, dass Nationen weit vor Deutschland rangieren, bei denen differenzierende und offene Lernformen im Unterrichtsalltag eine größere Rolle spielen.
- Frontalunterricht belässt die Schüler/innen im Prinzip in einer passiven, abwartenden Rolle im Lernprozess. Dies widerspricht aktuellen Forschungen der Lernpsychologie.

Lernen ist ein individueller Akt, der Anregung und Motivation bedarf, der am besten mehrkanalig und mit Eigentätigkeit gefördert und unterstützt wird. Aus Sicht der Schüler/innen ist sicher die Mehrheit ihrer Unterrichtsstunden im Moment noch weit davon entfernt, diesen Zielen gerecht zu werden.

Insgesamt möchten wir dennoch dafür plädieren, Frontalunterricht nicht aus dem Klassenzimmer zu verbannen. Damit wäre das Kind mit dem Bade ausgeschüttet. Es muss darum gehen, frontale Phasen mit Phasen der Gruppenarbeit, der Partnerarbeit, der Stillarbeit, der Freien Arbeit oder der Projektarbeit sinnvoll zu verknüpfen. Das heißt auch: Frontalunterricht ist immer dann sinnvoll, wenn alle einen bestimmten Inhalt, eine bestimmte Methode oder eine bestimmte Einsicht brauchen, um am Lernprozess weiterhin Gewinn bringend teilzunehmen.

Offener Unterricht – was ist das eigentlich genau?

In den letzten beiden Jahrzehnten hat sich in vielen bundesdeutschen Schulen etwas Gravierendes getan: Viele Lehrer/innen, vor allem in der Grundschule, haben sich auf den Weg gemacht, Unterricht schrittweise zu öffnen, schülerzentrierter zu lehren und dabei selbst zu lernen. Dabei kam es auch zu einer Renaissance von reformpädagogischen Unterrichts-Konzepten. Die wichtigsten Stichworte dazu: Innere Differenzierung, handlungsorientiertes Lernen, projektorientierter Unterricht, Stationenlernen, die Arbeit mit Lernkarteien, Wochenplan-Unterricht, Freiarbeit, Werkstattunterricht, Schule als Lebensraum.

Hier ein paar kurze Erläuterungen

Innere Differenzierung ist die Antwort auf heterogene Lernvoraussetzungen. Darauf, dass die Kinder in jeder Klasse unterschiedliche Sozialisationserfahrungen, Interessen, Begabungen und Neigungen mitbringen. Sie ermöglicht eine weitgehende Individualisierung der Lernanforderungen und Lernprozesse. Die Schüler/innen lernen mit unterschiedlichen Methoden an unterschiedlichen Lerngegenständen, erledigen zum Beispiel auch differenzierte Hausaufgaben und Leistungskontrollen.

Handlungsorientiertes Lernen meint nicht nur (und nicht vor allem) praktisches Lernen (»mit den Händen«), sondern einen Unterricht, der die Lernenden in den Lernprozess ganzheitlich einbezieht, sie Erfahrungen machen lässt. Handlungsorientierung bezieht sich also auf kognitive, körperliche und seelische Lern- und Verarbeitungsprozesse.

Projektorientierter Unterricht beinhaltet Formen der Projektarbeit. Das heißt im Idealfall: Schüler/innen arbeiten fächerübergreifend an einem selbst gewählten Thema eigenverantwortlich mit selbst gewählten Zielen und Methoden und Ergebnissen. Projektorientierter Unterricht ist damit das Gegenteil vom Lehrgang. Die an vielen Schulen praktizierte Projektwoche nach der Notenabgabe, bei der die Schüler/innen in jahrgangsgemischten Gruppen sich mit bestimmten Themen beschäftigen, ist der »kleine Bruder« eines projektorientierten Unterrichts. Seit Anfang des 20. Jahrhunderts spielt die Projektmethode eine zunehmende Rolle in der Theorie und der Praxis der Schule. Ihre Entwicklung ist spannend und vielfältig, heute ist der »Projektunterricht« eine der verbreitetsten Formen des schülerorientierten Unterrichts. Schülerorientiert heißt in einem Projekt, dass die Schüler/innen an der Themenfindung, der Planung, Vorbereitung und Durchführung gleichberechtigt beteiligt sind.

Lernen an Stationen ist eine Sonderform des differenzierten Unterrichts. Im Klassenraum oder an einem anderen Lernort werden verschiedene Stationen ausgewiesen, an denen die Lernenden weitgehend selbstständig arbeiten können. Je nach konkreter Ausgestaltung (u.a. gibt es »Lernzirkel«, »Lerntheke«, »Lernstraße« oder »Lerngarten«) gibt es unterschiedliche Formen der Unterrichtsplanung, der konkreten Lernarbeit durch die Schüler/innen und der Dokumentation.

Arbeit mit Lernkarteien ist die Antwort auf zentrale Erkenntnisse der Lernpsychologie (Ultrakurzzeit-Gedächtnis, Kurzzeit-Gedächtnis, Langzeit-Gedächtnis). Lernkarteien vermeiden streng das Prinzip der Ähnlichkeitshemmung und integrieren unterschiedliche Lernkanäle. Lernkarteien sind Karteikästen mit zahlreichen

Karteikarten, auf denen jeweils eine Frage bzw. Aufgabe und ihre jeweilige Antwort bzw. Lösung (auf der Rückseite) steht. Die üblichen Lernkartei-Kästen haben drei bis fünf Fächer, in denen die Schüler/innen nach dem Motto »Bei richtig ins nächste Fach – bei falsch zurück in Fach 1« ihre Karteikarten einsortieren. Die Arbeit mit Lernkarteien dient besonders dem Wiederholen und Üben, kann aber auch in Erarbeitungsphasen eingesetzt werden.

Wochenplan-Unterricht dient dem selbstständigen Üben von Sachverhalten und soll Kinder und Jugendliche zum selbstständigen Lernen begleiten. Dabei werden auf einem Plan alle Arbeiten vermerkt, oft mit dazugehörigen Hinweisen und Hilfsmitteln, die die Schüler/innen im Laufe eines Tages oder einer Woche erledigt haben sollen (Pflicht-Teil), bei denen sie auswählen können (Wahlpflicht-Teil) oder die sie zusätzlich erledigen können (Kür-Teil). Wochenplan-Unterricht benötigt eine vorbereitete Lernumgebung, gemeinsame Kommunikations- und Ordnungssysteme sowie eine kontinuierliche Feedback-Kultur. In der Regel werden die Stunden für den Wochenplan-Unterricht aus den Kontingenten der jeweiligen beteiligten Fächer gezogen.

Werkstatt-Unterricht ist eine noch relativ neue, aber gerade in der Grundschule zunehmend verbreitete Unterrichtsform, die darin besteht, dass Schüler/innen weitgehend selbst bestimmt in einer Lernumwelt und an Arbeitsposten einzeln, zu zweit oder in Gruppen Lernaufgaben bewältigen, ihren Lernweg selber bestimmen und ihre Lernerfolge z.T. selber kontrollieren. Dabei sind die Lernenden nicht gänzlich frei, häufig gibt es Pflichtaufgaben und Wahlaufgaben. Die Schüler/innen machen meistens einen individuellen Lernplan, sie füllen beim Arbeiten einen »Werkstatt-Pass«/»Arbeitspass« bzw. ein Lernprotokoll aus. Oft tragen sie auch in einer Posten-Übersicht ein, was sie schon absolviert haben, welche Hilfe sie nötig haben usw. Der Lehrer übernimmt dabei mehr die Rolle eines Lernberaters.

Freiarbeit ist als eine besondere und besonders freie Form des selbst gesteuerten Lernens aufzufassen. Die Schüler/innen entscheiden dabei, im Rahmen des Curriculums und der jeweiligen Klassensituation und den Potenzialen ihrer individuellen und gruppenbezogenen vorbereiteten Lernumgebung über ihre individuellen Ziele und Methoden des Lernens. Freiarbeit ist vor allem an Grundschulen verbreitet, in der Sekundarstufe bislang kaum.

Freie Arbeit, Werkstatt-Unterricht und Wochenplanarbeit haben – besonders in Grundschulen – in den letzten Jahren an Akzeptanz gewonnen. Doch lohnt es sich genauer hinzuschauen, wenn jemand behauptet, in seiner Klasse »Freiarbeit« zu praktizieren. Denn alleine die Möglichkeit der Kinder, sich unter drei Arbeitsblättern eines aussuchen zu dürfen, entspricht nicht den Kriterien und Ansprüchen Freier Arbeit. Die Qualität des Materials und der Grad der Selbstorganisation spielen eine zentrale Rolle und werden sehr oft vernachlässigt. Die didaktisch-methodische Vorstrukturierung der Lerngegenstände ist genauso unerlässlich wie die gezielte Beobachtung und Hilfestellung durch die Lehrkraft.

Schwierigkeiten im Praktikum

Wer als Praktikant/in versucht, Unterricht zu öffnen und schülerzentrierter zu unterrichten, muss häufig erfahren, dass das gar nicht so einfach ist. Dass auf beiden Seiten, bei den Schüler/innen und bei sich selbst, Blockaden da sind. Als Praktikant/in muss man in offeneren Unterrichtsformen Kontrolle abgeben, muss vorher mehr vorbereiten als bisher und muss sich mitunter gegen Widerstände des Mentors durchsetzen. Und für Schüler/innen heißt ein offenerer Unterricht der Abschied von der passiven Null-Bock-auf-nichts-Schule-ist-doof-Haltung und das Übernehmen von Verantwortung für den eigenen Lernprozess. Möglicherweise sind auch einzelne Eltern gegen die Reform des Unterrichts, weil sie befürchten, ihr Kind könne nicht genug dabei lernen und könne nicht mit der neuen Freiheit umgehen. Und schließlich gibt es auch immer wieder Widerstände im Kollegium (»Die im Nachbarzimmer sind immer so laut!«), bei der Schulleitung (»Lernen die so überhaupt etwas?«) und auch beim Hausmeister (»Sauhaufen, das da oben!«). Denn häufig ist offener Unterricht mit mehr Aktivität, mehr Material und mehr Raumbedarf, z.B. im Flur, verbunden.

Da noch immer offenere Unterrichtsformen an unseren Schulen, vor allem in den Sekundarstufen, die Ausnahme sind, sind die Schüler/innen in der Regel nicht darauf vorbereitet. Wer also von heute auf morgen Unterrichtsformen wie Projektunterricht, Freiarbeit und Wochenplan einführen möchte, wird schnell feststellen, dass er die meisten Schüler/innen überfordert. Als Praktikant/in der Klasse Freiarbeit beizubringen, wenn die Schüler/innen bislang kaum Erfahrung in freien Arbeitsformen haben, ist aus unserer Sicht ebenso unmöglich wie unsinnig. Daher raten wir dringend, diese Widerstände anzuerkennen und im Zweifel mehr oder weniger diejenigen Unterrichtsformen anzuwenden, die die Klasse kennt. Auch wenn es wehtut.

Nun ist häufig das Problem, dass in Ihrem Studium zwar offener Unterricht möglicherweise als erstrebenswertes Ziel und Idealzustand vermittelt wird, aber kaum der Weg dahin mit seinen Schwierigkeiten und auch Rückschlägen erfahrbar gemacht wird. Hier müssen Kooperation und gezielte Fortbildung ansetzen. Daher hier und im Materialteil die wichtigsten Hinweise.

Tipps zum Thema: Unterricht differenzieren und öffnen

- Holen Sie die Kinder und Jugendlichen da ab, wo sie stehen, und analysieren Sie genau die Lernvoraussetzungen Ihrer Schüler/innen: Welche Sachkompetenzen bringen sie mit? Welche Methodenkompetenzen? Welche Sozial- und Selbstkompetenzen? Wie verbreitet sind individualisierende Unterrichtsformen? Welche Ängste können für die Beteiligten mit Veränderungen verbunden sein?
- Offener Unterricht braucht klare Regeln, Rituale und eine transparente Struktur. Knüpfen Sie daher an die erarbeiteten Strukturen Ihres Mentors an.

- Als Einstieg in den offenen Unterricht eignet sich vor allem der schrittweise Einsatz von Lerntheken, bei denen die Schüler/innen unter Wahlangeboten auswählen können und eine Selbstkontrolle möglich ist. Erst danach empfiehlt es sich, komplexere Formen des offenen Unterrichts einzuführen, z.B. die Wochenplanarbeit, weil man hier schrittweise (von einfachen zu schwierigeren z.B. projektartigen Aufgaben), strukturiert (zunächst ähnlicher Rahmen), gesteuert (unterschiedlicher Grad an Freiheit) und differenzierend (z.B. in Leistungsgruppen) vorgehen kann. Der Plan gibt zudem die Möglichkeit der engen Beratung und Rückmeldung und gibt auch den Schüler/innen die notwendige Orientierung.
- Seien Sie nicht sehr enttäuscht, wenn die Schüler nicht wie von Ihnen gewünscht auf offene Unterrichtsphasen anspringen und einige davon mit ihrer neuen Freiheit nicht umgehen können. Alle Lehrer/innen haben erfahren, dass das punktuelle Scheitern zum Öffnungsprozess gehört und wertvolle Hinweise für Überforderungen, unzulängliche Strukturierung und Beziehungskonflikte gibt.
- Fragen Sie Ihren Mentor um Unterstützung und fahnden Sie im Kollegium. Gerade bei der aufwändigen Materialherstellung für offene Unterrichtsformen kann Zusammenarbeit besonders entlasten.

Unterricht soll unsere Schüler/innen zu problemlösendem, selbstständigem Lernen befähigen. Aktives, entdeckendes Lernen fördert die individuelle, thematische Auseinandersetzung und kreative Lösungsfindung. Das ist wichtiger denn je. Der »Königsweg« ist aber keine bestimmte Methode, sondern die Vielfalt der Methoden, mit denen die Schüler/innen Möglichkeiten geboten bekommen, sowohl das Lernen wie auch neue Inhalte zu lernen. Das »Lernen lernen« ist bereits ein geflügeltes Wort in der Schulpädagogik. Nur die Umsetzung scheint viel schwieriger zu sein als gedacht. Viele Lehrer/innen klagen, dass die Voraussetzungen nicht stimmen: zu große Klassen, zu wenig Zeit zur gezielten Vorbereitung solch »aufwändiger« Methoden, zu wenig Disziplin und eine schlechte Arbeitshaltung der Schüler/innen usw. Neue Wege im Unterricht brauchen sowohl Zeit als auch entsprechende Strukturen. Von heute auf morgen wird kein Schüler lernen, gezielt und sinnvoll selbst zu lernen, oder wirkungsvolle Arbeit im Team zu leisten. Hier sind Kompetenzen gefragt, die langfristig und Stück für Stück aufgebaut werden müssen. Auch als Lehrer/in muss man umdenken: Ohne gezieltes Feedback wird kein Schüler seine Arbeitsweise verändern und optimieren können. Und ohne Teamarbeit und Kooperation im Kollegium wird niemand solch differenzierten Unterricht bewerkstelligen können. Um den Kompetenzerwerb auf beiden Seiten zu ermöglichen, muss sich Unterricht öffnen und entwickeln. Auch hier hat das Motto »learning by doing« seine Berechtigung.

7. Wann und warum Hausaufgaben geben?

Zur deutschen Schule gehören Hausaufgaben offensichtlich wie das Bier zum Cannstatter Wasen (für Nicht-Schwaben: Stuttgart ist ein Vorort von Cannstatt ...): Es ist nicht anders vorstellbar. Nicht nur für die Schüler/innen, für die Hausaufgaben oft das Schlimmste von Schule sind, sondern auch für Lehrer/innen sind Hausaufgaben integraler Bestandteil von Unterricht. An jedem Nachmittag sitzen Millionen Schüler/innen an Hausaufgaben, die erledigt werden müssen. Dabei spielen Hausaufgaben an Deutschlands Schulen, die noch immer fast gänzlich reine Halbtages-Schulen sind, eine besondere Rolle. Sie dienen in der Regel dazu, den am Vormittag »durchgenommenen Stoff« am häuslichen Schreib- oder Küchentisch zu üben, zu wiederholen, anzuwenden und zu vertiefen.

Die von der schulpädagogischen Forschung erkundete Hausaufgaben-Wirklichkeit ist allerdings noch immer so, dass es sich lohnt, genauer über die Stellung und das Stellen von Hausaufgaben nachzudenken:

- Während viele Grundschüler/innen noch überwiegend gerne Hausaufgaben machen, nimmt ihre Beliebtheit mit zunehmendem Schüleralter kontinuierlich ab. Für viele Schüler/innen in der Pubertät sind Hausaufgaben nur noch lästige Pflichtübung, wenn sie überhaupt gemacht werden. Gleichwohl sind sowohl Schüler/innen als auch Eltern als auch Lehrer/innen vom Sinn und Wert der Hausaufgaben relativ überzeugt.
- Der Umfang für die zu erledigenden Hausaufgaben schwankt an unseren Schulen zwischen den Durchschnittswerten 30 Minuten (in der Primarstufe) und 60–90 Minuten (in den Sekundarstufen). Wobei auch hier gravierende Unterschiede von Klasse zu Klasse, Lehrer zu Lehrer und Schultag zu Schultag zu verzeichnen sind. Absprachen unter den in der Klasse unterrichtenden Kollegen bezüglich des aktuellen Hausaufgaben-Pensums sind längst nicht die Regel.
- Die Stellung der Hausaufgaben erfolgt häufig am Ende der jeweiligen Stunde, fast immer undifferenziert (alle Schüler/innen haben die gleiche Hausaufgabe auf) und mit äußerst geringen Hilfen, zuweilen werden Hausaufgaben auch zur Disziplinierung verwandt.
- Beim Bearbeitungsniveau der Hausaufgaben gibt es klare Prioritäten: Ca. 60 Prozent aller Hausaufgaben dienen der Übung und Wiederholung, 20 Prozent der Erweiterung, 15 Prozent der eigenständigen Anwendung. Nur ein sehr geringer Teil besteht im praktischen Tun oder in vorbereitenden Aufgaben.

- Hausaufgaben sind ein ständiger Konfliktherd zwischen Schüler und Lehrer, aber auch zwischen Schüler und Eltern. Sie müssen zeitaufwändig verglichen und kontrolliert, gegebenenfalls sanktioniert werden, sie sind Ursache für viele nachmittägliche und abendliche Streitereien in den Familien.
- Erstaunlicherweise haben Studien gezeigt, dass gerade schwächere Schüler von Hausaufgaben nur unterdurchschnittlich bis überhaupt nicht profitieren und dass der allgemein beabsichtigte Lernfortschritt durch Hausaufgaben nicht bewiesen werden kann.
- Die Erledigung von Hausaufgaben ist mehr und mehr ein boomender Wirtschaftszweig geworden. Jeder dritte Schüler, sogar 40 Prozent aller Gymnasiasten, erhält regelmäßig, d.h. mindestens einmal die Woche »Nachhilfeunterricht«. Für Nachhilfe-Lehrer, Hausaufgaben-Institute und andere Einrichtungen geben Eltern in
- Deutschland pro Woche ca. 10–20 Millionen Euro aus, im Jahr sind das schätzungsweise 1,5–2 Milliarden Euro. Nicht nur damit verstärken Hausaufgaben gesellschaftliche Ungleichheiten.
- Im Internet bieten Hausaufgaben-online-Börsen unzähliges Material für verzweifelte Schüler- (und Eltern-)Seelen an.

Zusammengefasst heißt das: Es werden zu viele Hausaufgaben aufgegeben, die zu umfangreich sind, die die Schüler/innen überfordern, die zu wenig im Unterricht vorbereitet und geübt wurden, die unnötig Zeit der Kinder und Jugendlichen zu Spiel, Freizeit und Entspannung blockieren und die die Schere zwischen leistungsstärkeren und leistungsschwächeren bzw. bildungsnahen und bildungsfernen Schüler/innen vergrößert. Grund genug, die eigene Hausaufgaben-Praxis kritisch zu reflektieren.

Was tun?

Viele Lehrer/innen gehen auch hier mittlerweile neue Wege:

- Es gibt nur einmal in der Woche Hausaufgabe (»Wochenhausaufgaben«), die z.B. am Dienstag ausgegeben und am darauf folgenden Montag wieder eingesammelt werden. Damit können die Kinder und ihre Familien sich einteilen, wann die Arbeit erledigt wird. Ob die Eltern am Wochenende helfen wollen oder der Dienstag eben mit der Flötenstunde und dem Fußballtraining blockiert ist. Für Sie ist das gut, weil Sie wissen: Montag ist Hausaufgaben-Korrektur-Nachmittag. So ist es eher möglich, differenzierte Hausaufgaben zu geben (denn jeden Tag wäre das zu aufwändig). Und Sie müssen gegebenenfalls nur einmal in der Woche meckern, das entlastet Sie selbst und die Kinder.
- Die Hälfte der Hausaufgaben ist in der Form immer gleich, also von die Schüler/innen verlässlich überschau- und leistbar (z.B. Wochenwortschatzliste lernen,

Knobelaufgabe in Mathe, ein Blatt mit leichten Rechnungen, eine freiwillige Aufgabe). Das ist vor allem für die schwachen Schüler/innen gut, die bei der Wiederholung des tagesaktuellen Stoffs häufig völlig überfordert sind, weil sie ihn noch nicht wirklich verstanden haben.
- Pro Vierteljahr steht jedem Schüler ein »Joker« zu (muss bei nicht gemachten Hausaufgaben abgegeben werden), denn auch Kinder haben ein Recht darauf, sich eine Auszeit zu nehmen oder etwas zu vergessen. Wer zum Ende der drei Monate seinen Joker noch hat, bekommt ein kleines Geschenk.

Tipps zum Thema »Hausaufgaben«

- Erkunden Sie die Hausaufgaben-Praxis Ihres Mentors und die Effekte, die damit erzielt werden.
- Geben Sie Hausaufgaben nicht, weil es so üblich ist (sie sind keine Beschäftigungs-Therapie), sondern überlegen Sie, ob diese Hausaufgaben nötig sind.
- Unterrichten Sie so, dass die Erledigung der Hausaufgaben von allen Schüler/innen ohne zusätzliche Hilfe (Eltern, Nachhilfe, etc.) gesichert werden kann. Geben Sie die Möglichkeit zu Rückfragen im Unterricht. Lassen Sie die Schüler/innen ihre Hausaufgaben in einem Hausaufgaben-Heft notieren (Grundschüler/innen helfen da besonders eindrückliche Symbole) und schreiben Sie die Hausaufgaben an eine Seitentafel.
- Überlegen Sie sich Hausaufgaben, die nicht nur Übung und Wiederholung sind, sondern auch produktive Auseinandersetzung mit dem Thema und die den Schüler/innen vielleicht sogar Spaß machen können. Nutzen Sie die Chancen von vorbereitenden Hausaufgaben und geben Sie Hausaufgaben auch einmal einer Gruppe oder über einen längeren Zeitraum auf. Oder stellen Sie zuweilen freiwillige Hausaufgaben.
- Die Hausaufgaben-Moral der Schüler/innen korreliert mit der Hausaufgaben-Kontroll-Moral des Lehrers. Planen Sie daher, wenn Sie Hausaufgaben begründet gestellt haben, reichlich Zeit für das inhaltliche Rückmelden, Vergleichen und Korrigieren der Hausaufgaben ein. Das kann auch mal nur in Stichproben geschehen. Überlegen Sie sich dazu auch einmal ungewöhnliche Methoden, so z.B. die angeleitete Selbstkontrolle oder die Hausaufgaben-Spirale, bei der die gemachten Hausaufgaben erst in Kleingruppen und erst dann im Plenum besprochen werden.
- Machen Sie einmal einen Selbst-Test: Lassen Sie sich an einem beliebigen Tag von Ihren Schüler/innen all die Hausaufgaben geben, die sie nachmittags zu tun haben und erledigen Sie diese Hausaufgaben an Ihrem häuslichen Schreibtisch. Es wird nicht ohne Folgen bleiben.

8. Ohne Beziehung keine Erziehung und keine Lernprozesse

Schüler/innen sind für Lehrer/innen die beruflichen Hauptpersonen. Mit ihnen verknüpfen sich das Berufsethos, die originären Berufsaufgaben des Unterrichtens und Erziehens und auch die Frage der Berufszufriedenheit bzw. Berufsunzufriedenheit von Lehrer/innen in hohem Maße. Die Interaktion mit den Schüler/innen, sowohl im Unterricht als auch außerhalb des Unterrichts, ist damit auch im Schulpraktikum das zentrale Handlungsfeld.

Die Forschungen zu den wechselseitigen Erwartungen von Schüler/innen und Lehrer/innen deuten darauf hin, dass das Schüler-Lehrer-Verhältnis grundsätzlich als schwierig und oft äußerst problembelastet bezeichnet werden kann. Czerwenka u.a. (1990) kamen nach einer Analyse von über 1.200 Aufsätzen deutscher Schüler/innen zu dem Schluss, dass mehr als drei Viertel der Schüler/innen ihre Lehrer/innen überwiegend bzw. nahezu ausschließlich negativ beurteilen, wobei mit zunehmender Schulzeit die Schüler-Urteile negativer werden. Hauptsächlich kritisieren die Schüler/innen das fehlende fachliche Können, fehlendes Gerechtigkeitsempfinden der Lehrer/innen und einen autoritären und langweiligen Unterricht. Neuere Schüler-Umfragen, z.B. vom Institut für Schulentwicklungsforschung, zeigen, dass es nicht ganz so schlimm aussieht, aber dennoch von breiter Zufriedenheit auf Seiten unserer Zielgruppe nicht die Rede sein kann.

Zum einen ist die systemimmanente Hierarchie eine Ursache für zahlreiche Konflikte im Beziehungsalltag von Schüler/innen und Lehrer/innen, zum anderen decken sich die Erwartungen der Schüler/innen an die Lehrer/innen nur sehr partiell mit den Erwartungen der Lehrer/innen an die Schüler/innen.

Schüler/innen erwarten im Kern einen unmöglichen Lehrer. Er soll so sein:

- gerecht und fair, aber auch im Einzelfall verständnisvoll,
- Ahnung haben von seinem Fach und gut erklären können, aber auch nicht alles so verbissen sehen,
- einen anregenden, niveauvollen Unterricht machen, aber auch die Schüler/innen nicht pausenlos »bombardieren«,
- humorvoll sein, aber auch nicht nur Quatsch machen,
- vertrauenswürdig, jedoch nicht distanzlos,
- durchgreifen können, aber auch nicht zu streng sein.

Es ist klar: Diesen Erwartungen kann niemand entsprechen. Und muss es auch nicht. Weil es zum Beispiel auch aus Sicht der Schüler/innen wichtig und lehrreich ist, mit unterschiedlichen Lehrerpersönlichkeiten umzugehen und sich mit ihnen auseinander zu setzen. Schließlich muss Schule auch auf das Leben vorbereiten.

Die Lehrer/innen hingegen wünschen sich konforme, leistungsbereite und verhaltensunauffällige Schüler/innen. Schüler/innen, die von diesen Erwartungen abweichen, werden von den Lehrer/innen, statistisch gesehen, öfter mit schlechteren Noten, dem Wiederholen einer Klasse oder einer minderen Übertrittsempfehlung nach der Grundschule belegt.

Schülerinnen als Quelle von Be- und Entlastung

Junge Lehrer/innen und auch Praktikant/innen geben fast durchweg an, dass die Interaktion mit den Schüler/innen zum einen sehr stark zur Zufriedenheit beiträgt, zum anderen aber auch sehr stark für Belastungen verantwortlich ist. Die Belastungen in diesem Handlungsfeld sind auf der einen Seite durch die logische Stellung des Praktikanten zu erklären, zum anderen durch die erlebte Ausbildung: Die jungen Kolleg/innen, in der Regel mit einem quasi natürlichen Sympathievorsprung und -vorschuss auf Seiten der Schüler/innen versehen, werden wenn überhaupt nur am Rande auf das schwierige Interaktionsfeld Schüler-Lehrer vorbereitet, sondern werden ausgebildet, um reibungslosen Unterricht durchzuführen. Sie gehen damit mit einem Bild von Schule ins Praktikum, das das konfliktreiche Feld der Interaktion zwischen Schülern und Lehrern im Spannungsfeld von Nähe und Distanz, Gerechtigkeit und persönlichem Engagement, Autorität und demokratischer Teilhabe tendenziell ausgeblendet hat und die unterrichtliche, d.h. fachlich orientierte Interaktion und Kommunikation als dominant angesehen hat. Sie rechnen damit, dass in einem ausgeglichenen Verhältnis von Unterricht und Erziehung die Schüler/innen schülerzentrierte Methoden a priori honorieren und Ihr Bemühen mit größerer Aufmerksamkeit und Leistungsbereitschaft belohnen.

Die Wirklichkeit sieht für viele Praktikant/innen jedoch häufig anders aus: Die beiderseitige Verunsicherung führt häufig dazu, dass die Schüler/innen die von ihnen so interpretierte »Gutmütigkeit« der Praktikant/innen versuchen auszunutzen, aber auch bemüht sind, die emotional offenere Haltung der Lehrer/innen für sich zu nutzen und stärker Kontakt aufzunehmen als mit anderen Lehrern. Darüber hinaus haben Praktikant/innen eher die Tendenz, vermeintliche erzieherische Defizite bei den Kindern und Jugendlichen bearbeiten zu wollen und damit zu vermindern. Dadurch entsteht insgesamt für Sie das Problem der Grenzziehung: Sie müssen lernen, auch auf ihren eigenen Gefühls- und Kräftehaushalt Rücksicht zu nehmen, nicht alles selbst und sofort machen zu können, auch berechtigte Ansprüche gegenüber den Schüler/innen durchzusetzen, und nicht zu einem hilflosen Helfer zu werden.

Loben und strafen

Erziehung geschieht gleitend, als explizite und implizite Handlungen, bewusst und unbewusst. Eine wichtige Rolle spielen dabei das Loben und das Strafen. Während an unseren Schulen vermutlich mehr bestraft und ermahnt als belohnt wird (mit Blicken, Gesten, Worten, Maßnahmenkatalogen, Schulverweisen und mehr), ist das Strafen trotz seiner Verbreitung häufig mit Tabus belegt. Weder die Schüler/innen noch die Lehrer/innen haben in der Regel ein großes Interesse, offen zu legen, wie und warum sie bestraft wurden bzw. gestraft haben. Wer versucht, sich Ratschläge oder Handlungsanleitungen aus pädagogischen Büchern oder Zeitschriften zu holen, muss lange suchen. »Strafen kommen immer zu spät«, so ein weit verbreitetes Bonmot unter Lehrer/innen. Stimmt. Trotzdem sind sie manchmal notwendig, wenn strenge Blicke, ruhige Aufforderungen, persönliche Ermahnungen und die Androhung von Konsequenzen nichts fruchten.

Aber wann sind Strafen angemessen? Sie sollten
- zeitlich nah am Vergehen ausgesprochen werden,
- dosiert erfolgen,
- für den Schüler bzw. die Schülerin berechenbar sein,
- in sachlichem Zusammenhang mit dem Vergehen stehen,
- die Perspektive der Besserung beinhalten, und schließlich
- das Fehlverhalten bestrafen, nicht den ganzen Menschen.

Artikel 1 des Grundgesetzes gilt schließlich auch an Schulen: Die Würde des Menschen ist unantastbar. Und ein pädagogischer Grundsatz sollte auch gelten: Jeden Tag gibt es eine neue Chance, gerade für jene Schüler/innen, die Ihnen häufig den Unterricht und das Leben schwer machen.

Vermeiden Sie auf jeden Fall Sanktionsspiralen, aus denen Sie nicht mehr herauskommen, weil Sie sie gar nicht mehr kontrollieren können. Ein klassisches Beispiel: »Wer jetzt noch einmal stört, fliegt raus!« Und versuchen Sie, sich in Konflikt-Situationen wenn möglich einen Handlungsaufschub zu verschaffen. Oftmals ist es besser, erst nach dem Unterricht in Ruhe einem Schüler Konsequenzen für sein Verhalten zu verkünden.

Streitschlichter – Modelle zur Konfliktlösung

Dass nicht nur Lehrer/innen Strafen aussprechen können, ja dass es zuweilen sinnvoller ist, die Lösung eines Konfliktes zwischen Schülern oder zwischen Schülern und Lehrern aus der Hand zu geben, beweisen seit Jahren zahlreiche Schulen. Sie arbeiten mit dem Erfolgs-Modell der Schüler-Mediation.

Der Sinn dieser Modelle: Es fungieren hier ältere bzw. jüngere Schüler/innen als Streitschlichter. Die Aufbereitung eines Streites erfolgt unter klaren, verständlichen und kommunikationstheoretisch überzeugenden Regeln. Am Ende des Prozesses versuchen die Streitschlichter, eine Lösung zu finden, die für beide Streitparteien akzeptabel ist. Dabei können auch Strafen ausgesprochen werden, wenn sich die beteiligten Schüler/innen darauf geeinigt haben. Erst wenn dieser Versuch der Konfliktregelung scheitert, werden Lehrer/in oder die Schulleitung hinzugezogen. Es gibt mittlerweile viele Schulen, die mit Streitschlichter-Programmen arbeiten und gute Erfahrungen machen.

Lieblings-Schüler/innen und Vorurteile – gibt es das?

Befragt man Schüler/innen, ob ihr Lehrer Lieblings-Schüler/innen hat, also solche, die er eher lobt, nicht so schnell ermahnt oder bestraft, die er mehr anlächelt, die von ihm größeres Verständnis entgegengebracht bekommen, wenn gerade mal wieder die Hausaufgaben nicht gemacht sind, so bekommt man in der Regel recht klare Antworten und Namen genannt. Und das sicher nicht ganz ohne Grund: Uns allen geht es als Menschen häufig so, dass wir bestimmte Menschen netter, sympathischer finden als andere. Dafür können äußerliche Merkmale der Grund sein, der Körperbau, die tollen Haare, das Lächeln, oder auch die freundliche Art, das Temperament oder die soziale Ader und Empathie. Oder vielleicht fühlen Sie sich durch einen Schüler an jemand erinnert, den Sie geliebt haben. Jedem Schüler und jeder Schülerin gleich viel Sympathie, Aufmerksamkeit, ja pädagogische Liebe entgegenzubringen, erscheint zuweilen unmöglich. Und ist vielleicht auch ein großer Selbstbetrug.

Untersuchungen haben gezeigt, dass Lehrer/innen vor allem jene Schüler/innen mögen, die gute Leistungen zeigen, sich sozial integrativ verhalten und dem Lehrer Respekt entgegenbringen. Mit anderen Worten: die es ihm leicht machen. Es gibt aber auch sicher Fälle, wo gerade schwieriges Schülerverhalten, Leistungsunwilligkeit, Aggressivität oder Respektlosigkeit bei Lehrern ein Grund ist, sich mit besonderer Liebe um einen Schüler zu kümmern. Offenbar führt auch stärkere Sympathie zu einem Schüler dazu, seine schulischen Leistungen tendenziell besser zu bewerten.

Auch Vorurteile gehören zum Berufsalltag von Lehrern, gleichwohl sie uns nicht immer bewusst sind. Aber woran könnte es liegen, dass wir gerade bei Mike so schnell ausrasten? Vielleicht, weil sein Zwillingsbruder in der Nachbarbank uns schon wiederholt zur Weißglut gebracht hat? Warum sprechen wir Nurcan eher die Intelligenz ab? Weil sie sprachliche Defizite hat und ein Kopftuch trägt? Und warum gehen wir so ungern in die 3c? Weil wir deren Klassenlehrer, unseren Mentor, nicht ausstehen können? Beispiele dafür, dass auch Praktikant/innen nicht vor beruflichen Vorurteilen im Umgang mit ihren Schülern gefeit sind, gibt es sicher zahlreiche. Oder nicht?

Tipps zum Thema Erziehungsprozesse gestalten

- Machen Sie sich die Mühe zu erfahren, was die Kinder und Jugendlichen in Ihrer Praktikumsklasse bewegt, wie sie wohnen, welche Hobbys sie haben, was sie in ihrer Freizeit tun, was sie gut können, mit wem sie befreundet sind, welche Hoffnungen und Träume sie haben.
- Loben Sie, so oft es geht. Bemühen Sie sich, freundlich, fair, aber auch im Konfliktfall konsequent zu handeln. Lassen Sie die Schüler/innen auch Grenzen erkennen und entdecken. Strafen Sie so, dass Sie das Fehlverhalten, nicht den Schüler als Mensch sanktionieren.
- Nutzen Sie Chancen zu außerunterrichtlichen Begegnungen: bei Lerngängen, Klassenfahrten, Projekten. Sie lernen »Ihre« Schüler/innen damit besser kennen.
- Versetzen Sie sich zuweilen in die Lage der Schüler/innen. Wie würden Sie sich verhalten?
- Machen Sie sich klar, dass Ihre Lebenswelt, Ihre Werte, Ihre Ideale und Ihre Umgangsformen nicht die der Schüler/innen sind.

9. Unterrichtsstörungen gehören zum Unterricht

Unterrichtsstörungen: Kernaspekt der kritisch-kommunikativen Didaktik

Erinnern Sie sich doch einmal: In welcher Unterrichtsstunde, die Sie in ihrer langen Schulzeit erlebt oder nun als Lehramtsstudierender selbst gehalten haben, gab es keine einzige Unterrichtsstörung? Fällt Ihnen eine solche Stunde ein? Dann werden Sie wohl die Ausnahme sein. Im anderen Fall werden Ihnen zahllose Stunden einfallen, in denen die Schüler/innen für die ein oder andere Störung verantwortlich waren und die Lehrer/innen mit Unterrichtsstörungen, kleinen, mittleren und großen, zu kämpfen hatten.

Genauso wie jede andere menschliche Interaktion und Kommunikation ist auch unterrichtliche Interaktion sehr störungsanfällig. Verschiedene Zielperspektiven und Rollen treffen aufeinander und beeinflussen sich wechselseitig. Lehrer/innen müssen daher ihre Aufmerksamkeit nicht nur auf die Bearbeitung des Unterrichtsinhaltes, sondern genauso auf die Bearbeitung der Beziehungen aller Beteiligten richten.

Das Thema Unterrichtsstörungen ist in den meisten didaktischen Konzepten eher unterbelichtet. Dass Unterricht auch anders laufen kann als geplant, dass Schüler/innen mit allerlei Störungen fehlendes Interesse, zu geringe Bereitschaft oder auch offenen Protest signalisieren, wurde sowohl in der bildungstheoretischen bzw. kritisch-konstruktiven Didaktik (Klafki, vgl. Kap. 4) als auch in der lehr-lerntheoretischen Didaktik (Heimann, Otto, Schulz, vgl. Kap. 4) eher ausgeblendet. Das Verdienst der »kritisch-kommunikativen Didaktik« nach Rainer Winkel (vgl. im Folgenden Winkel 1996) ist, diesen Strukturaspekt von Unterricht als Teil einer allgemeinen Didaktik aufzufassen und zu bearbeiten. Winkel begreift Didaktik als »Theorie des schulischen Lehrens und Lernens, d.h. die systematische, nachprüfbare und helfende Analyse und Planung unterrichtlicher Lehr- und Lernprozesse« (Winkel 1996, S. 79). Unterricht wird in dieser didaktischen Konzeption unter vier Aspekten betrachtet:

- Vermittlungsaspekt (v.a. Lernakte, Medien, Methoden, Phasen, Organisation),
- Inhaltsaspekt (v.a. offizieller Lehrplan, geheimer Lehrplan, Stufen der Sacherfahrung),
- Beziehungsaspekt (v.a. soziale Interaktion und deren Richtungen und Formen) und
- störfaktorialer Aspekt (v.a. Arten, Richtungen, Folgen, Ursachen von Störungen).

Auf der Basis von Konzepten der Kritischen Erziehungswissenschaft (Gamm, Mollenhauer, Schäfer/Schaller) und der Kommunikationstheorie (Watzlawick, Schulz von Thun) postuliert die kritisch-kommunikative Didaktik Leitziele für den Unterricht, v.a. Emanzipation, Mündigkeit und Mitbestimmung. Schüler/innen haben demnach ein Recht zur Partizipation d.h. an der Beteiligung von Planung, Durchführung und Auswertung des Unterrichts. Darüber hinaus haben sie ein Recht auf ein konstruktives Feedback über ihren Lern- und Leistungsstand sowie ein Recht auf die Darlegung der Unterrichtsziele. In diesem Kontext bekommen Unterrichtsstörungen den Charakter von Seismographen, die anzeigen, welche kommunikativen und lerngegenstandsbezogenen Prozesse im Unterricht wirklich ablaufen und inwiefern Schüler/innen tatsächlich Mitbestimmungsmöglichkeiten haben. Unterrichtsstörungen signalisieren also, dass einige bzw. viele, vielleicht sogar alle Schüler/innen mit dem geplanten Lehr-Lern-Arrangement nicht hinreichend zurechtkommen. Die zentralen Fragen lauten also:

- Warum und mit welchen Absichten und Zielen wird Unterricht gestört?
- Mit welchen Störungen muss bei der Planung aufgrund welcher Anzeichen gerechnet werden?
- Wie kann Unterricht mit den Antworten auf die beiden anderen Fragen so umgehen, dass er besser (v.a. humaner, aber auch effektiver) wird?

Was sind Unterrichtsstörungen?

Es gibt verschiedene Zugänge, Unterrichtsstörungen näher zu bestimmen: Eine weite, deskriptive Definition fasst als Unterrichtsstörungen alle Prozesse auf, d.h. erwünschte oder unerwünschte, die Auseinandersetzung mit dem Inhalt des Unterrichts unbeeinträchtigende oder beeinträchtigende, die quer zur Unterrichtsplanung laufen, die nicht gezielt beabsichtigt sind. In diesem Kontext lässt sich vieles als Unterrichtsstörung bestimmen, z.B. auch eine sehr kluge, weiterführende Frage oder Antwort eines Schülers während eines Unterrichtsgesprächs, die der Lehrer dahin bringt, den geplanten Unterrichtsverlauf teilweise zu verändern, d.h. zum Beispiel einen Exkurs zur aufgeworfenen Frage einlegt, einen Lehrervortrag einschiebt oder auch einen Schritt zurück zu den Grundlagen eines Unterrichtsinhalts macht, weil er merkt, dass vielen Schüler/innen in der Klasse das nötige Vorwissen für den geplanten Unterrichtsgegenstand fehlt. Im Rahmen dieser weiten Begriffsbestimmung könnte man dann Unterrichtsstörungen danach analysieren, ob sie erwünscht oder unerwünscht, beeinträchtigend oder unbeeinträchtigend für den Unterricht bzw. den Lehrer sind.

Eine am Alltagsverständnis näher ansetzende Definition arbeitet nicht nur mit deskriptiven, sondern auch mit normativen, d.h., bewertenden Kategorien: Unterrichtsstörungen liegen vor, wenn der Unterricht, d.h., das Lehren und Lernen gestört wird, der unterrichtliche Kommunikationsprozess stockt bzw. endet bzw. gänzlich außer Kontrolle gerät, wenn er unerträglich, inhuman, sinnlos und schädigend wird (vgl. Winkel 1988, S. 99).

Unterrichtsstörungen können sich sehr verschieden äußern. Unterschieden werden können v.a. folgende Bereiche:

- Disziplinstörungen,
- Provokationen und Aggressionen,
- akustische und visuelle Dauerstörungen,
- Konzentrationsstörungen,
- Störungen des Unterrichts von außen,
- Lernverweigerung und Passivität,
- neurotisch bedingte Störungen.

Dabei ist es sinnvoll, einerseits einzelne Störungen desselben Bereichs graduell zu unterscheiden, z.B. nach Bagatellstörungen, ernsthaften Störungen, unbehebbaren Störungen, unvermeidbaren Störungen. Andererseits können Unterrichtsstörungen auch nach der Verursachung bestimmt werden, z.B. Anlage und Entwicklung, Umwelt, soziale Umgebung und Schule, Lehrer/in.

Mit Unterrichtsstörungen umgehen: Diagnose

Insgesamt lassen sich systematisch drei Arten des Umgangs mit Unterrichtsstörungen unterscheiden: Diagnose, Prävention und Intervention. Alle drei Strategien setzen an verschiedenen Punkten des Störungsprozesses an, sind aber miteinander verschränkt und beziehen sich aufeinander.

Diagnose meint die möglichst genaue Beschreibung und Einschätzung der jeweiligen Störung. Dabei ist es theoretisch wichtig (aber in der Unterrichtspraxis unmöglich!), jede Störung für sich zu betrachten und möglichst wertneutral zu beschreiben. Hierzu eignen sich u.a. folgende Fragen:

Wer stört?
Mögliche Antworten
- ein bestimmter Schüler
- eine Gruppe von Schüler/innen
- die gesamte Klasse

Beispiel
Kevin aus der 8c

Welche Art der Störung liegt vor?
Mögliche Antworten
- Disziplinstörungen
- Provokationen und Aggressionen

- akustische und visuelle Dauerstörungen
- Konzentrationsstörungen
- Störungen des Unterrichts von außen
- Lernverweigerung und Passivität
- neurotisch bedingte Störungen

Beispiel
Visuelle Dauerstörung

Worin besteht konkret die Störung?
Mögliche Antworten
Möglichst präzise Beschreibung:
Beispiel
Er reflektiert, während die Klasse in Einzelarbeit ein Arbeitsblatt bearbeitet, mit seinem Lineal das Sonnenlicht und blendet damit seine beiden Mitschülerinnen Svenja und Aylin.

Wogegen richtet sich die Störung?
Mögliche Antworten
- Personen (Schüler/innen, Lehrer/in)
- Objekte (Gegenstände)
- Normen

Beispiel
- Svenja und Aylin
- Lehrer
- Normen (z.B. Aufmerksamkeit im Unterricht)

Wo könnten Ursachen für die Unterrichtsstörung liegen?
Mögliche Antworten
- Unterrichtsprozess (z.B. Über- oder Unterforderung, fehlende Partizipation ...)
- Anlage und Entwicklung (motorische Unruhe, Konzentrationsprobleme ...)
- Umwelt
- soziale Umgebung und Schule (Beziehungen in der Klasse, Antipathie,
- Lehrer/in (Temperament, Charakter, Bevorzugung, Benachteiligung ...)

Beispiel
Kevin scheint vom Arbeitsblatt überfordert zu sein, darüber hinaus interessiert er sich kaum für den Unterrichtsinhalt.

Was könnten die Ziele der Störung und des/der Störenden sein?
Was wird damit bezweckt?
Mögliche Antworten
- kurzfristige bzw. mittelfristige bzw. langfristige Ziele
- auf die Beziehung bezogene Ziele (z.B. Aufmerksamkeit, Zuneigung, Auseinandersetzung ...)

- auf den Lerngegenstand bezogene Ziele (z.B. kontroverse Sichtweisen einbringen, Korrektur ...)
- auf den Unterricht bezogene Ziele (z.B. Änderung der Unterrichtsorganisation, Abbruch ...)

Beispiel

- Aufmerksamkeit zu erhalten
- abzulenken vom eigenen Nichtskönnen
- Imagearbeit bei seinen Mitschüler/innen
- Ausfüllen seiner Rolle als Klassenclown und junger Mann
- Signal an die Lehrerin, das Unterrichtssetting zu verändern
- Provokation der Lehrerin

Welche möglichen Folgen hat die Störung für die Schüler/innen bzw. die Lehrer/in?

Mögliche Antworten

- Folgen für den Unterrichtsverlauf (Stockung, Unterbrechung, Blockade)
- Folgen für die Beziehung (Verstimmung, Verletzung ...)
- Autoritätsverlust, Imageverlust

Beispiel

- Aylin und Svenja fühlen sich gestört
- restliche Klasse wird abgelenkt
- Autoritätsverlust des Lehrers droht

Welche Relevanz hat die Störung (für den Lehrer, ggf. auch für den Schüler)

Mögliche Antworten

- Scheinstörung
- Bagatellstörung
- Nebenstörung
- ernsthafte Störung
- zentrale Störung
- extreme Störung

Beispiel

Nebenstörung

Welchen Charakter hat die Störung?

Mögliche Antworten

- unbehebbare Störung
- unvermeidbare Störung
- behebbare Störung

Beispiel

Behebbare Störung

Wer definiert die Unterrichtsstörung als solche? Wer fühlt sich gestört?
Mögliche Antworten
- Lehrer/in
- Schüler/innen
- Lehrer/in und Schüler/innen

Beispiel
- Lehrer/in
- Schüler/innen

Bisher wird implizit davon ausgegangen, dass Unterrichtsstörungen ausschließlich von Seiten der Schüler/innen verursacht werden. Die empirische Unterrichtsforschung hat zahlreiche Belege dafür gesammelt, dass dies überhaupt nicht stimmt. Unterricht als Lehr-Lern-Prozess wird auch von Lehrer/innen gestört. Dafür gibt es viele Formen:

- Ein Lehrer tendiert dazu, seine Schüler/innen ständig zu überfordern, sodass die meisten Schüler/innen dem Unterricht gar nicht folgen können.
- Ein Lehrer stellt unpräzise Arbeitsanweisungen und muss daher die Phasen der Einzel-, Partner- bzw. Gruppenarbeit immer wieder mit nachgeschobenen Hinweisen, Hilfen und Korrekturen unterbrechen.
- Ein Lehrer kann seinen Redefluss während eines Unterrichtsgesprächs nicht kontrollieren und bombardiert die Schüler/innen fortwährend mit Impulsen, Fragen und eigenen Bewertungen.
- Ein Lehrer bezeichnet einige seiner Schüler/innen immer wieder als »faul«, »unmöglich«, »nicht therapierbar« oder »bekloppt« und lobt diese sehr selten oder nie.
- Ein Lehrer gibt den Wünschen der Schüler/innen in Bezug auf die Sitzordnung im Klassenraum über Gebühr nach, sodass die Schüler/innen wild zerstreut ohne räumliche Struktur an wechselnden Plätzen sitzen und sich wenig auf den Inhalt konzentrieren und auf die Äußerungen der Mitschüler/innen eingehen können.
- Ein Lehrer ist notorisch ungenügend vorbereitet und hält häufig einen Unterricht, der nach Schema arbeitet und die Schüler/innen langweilt.

Prävention ist viel, aber nicht alles

Unterrichtsstörungen gar nicht erst entstehen zu lassen ist Ziel der Prävention. Vor allem ist hier eine gewissenhafte Unterrichtsplanung gefragt. Anders gesagt: Gut geplanter, abwechslungsreicher Unterricht,

- bei dem die Schüler/innen etwas lernen,
- der ihnen auch die Möglichkeit gibt, sich auszutauschen und miteinander in Kontakt zu treten,

- der die Sozialformen wechselt,
- der differenziert gestaltet ist,
- der auch nonverbal vom Lehrer gesteuert wird,
- bei dem die Schüler/innen gelobt und gemocht werden,
- der sie weder unter- noch überfordert, der sie also da abholt, wo sie stehen,
- der ihnen Erfolgserlebnisse vermittelt und
- der sie mit ihren Vorerfahrungen, Interessen und Bedürfnissen ernst nimmt,

ist die beste Möglichkeit, Unterrichtsstörungen präventiv zu verringern. Lieber ordentlich Zeit in eine gute Unterrichtsplanung stecken, als sie mit Magenkrämpfen im Anschluss an den Unterricht zu verbringen.

Prävention bedeutet darüber hinaus, für mögliche Unterrichtsstörungen gewappnet zu sein, also z.B. alternative Planungsideen im Hinterkopf zu haben, gezielte Beschäftigungsmöglichkeiten für Schüler/innen sich zu überlegen, die potenziell störendes Verhalten zeigen.

Wie intervenieren?

Trotz gewissenhafter Planung und Prävention kommt es nahezu in jedem Unterricht zu Störungen. Gerade Praktikant/innen haben aufgrund der vorliegenden Rollendiffusion zuweilen Schwierigkeiten, die notwendige Disziplin der Schüler/innen im Klassenzimmer aufrechtzuerhalten bzw. sich gegenüber einzelnen Schüler/innen (vor allem sind das häufig störende Jungen) durchzusetzen. Insofern sind unerwünschte, beeinträchtigende Störungen mehr oder weniger alltäglich.

Der erste Schritt ist der diagnostische Blick auf die Unterrichtsstörung und die Einschätzung der Relevanz (s.o.). Mit Scheinstörungen (die sich im Interaktionsprozess dann als Nicht-Störung herausstellen) und Bagatellstörungen kann anders umgegangen werden als mit gravierenden Störungen oder regelrechten Notfällen.

Die Übersicht auf der nächsten Seite zeigt, wie vielfältig die Interventionsmöglichkeiten bei Unterrichtsstörungen sein können. Nach unserer Erfahrung wird diese Bandbreite nur selten ausgeschöpft, sondern es kommen immer wieder einige Strategien zum Einsatz:

- Sehr verbreitet ist noch immer, unerwünschtes Verhalten besonders mit Beachtung zu würdigen, während erwünschtes Verhalten häufig weniger beachtet und gewürdigt wird. Der Effekt ist mitunter ein Teufelskreis: Störende Schüler/innen erfahren so, dass sie stören müssen, um beachtet zu werden. Und jeder einzelne Konflikt mit dem Lehrer, jede Ermahnung, ja sogar jeder Klassenbucheintrag oder Verweis ist ein Schritt weiter in diesen Teufelskreis.
- Häufig lässt sich auch beobachten, dass die störenden Schüler/innen mehrmals ermahnt werden, dann ihnen gedroht wird, ohne diese Drohung auch wahrzumachen. Die Schüler/innen haben ein gutes Gespür dafür, was sie sich bei wel-

chen Lehrer/innen erlauben können, wie der jeweilige Lehrer bei bestimmten Störungen reagiert oder was ihnen im Übertretungsfalle droht. Auch hier ist es u.E. hilfreich, der Klasse ein gestuftes und verlässliches Instrumentarium vorzustellen, wie Unterrichtsstörungen geahndet werden.

Interventionsmöglichkeiten bei Unterrichtsstörungen		
Interventionsbereich	*Ziel*	*Mögliche Interventionen*
Unerwünschtes Verhalten hemmen	Entzug von Bekräftigung	• Ignorieren • Stoppen • Im-Keim-Ersticken • Kritik • Entzug von Vergünstigung
Negative Anregungen mindern	Auslöser vermeiden	• unangenehme Erfahrungen vermeiden • Modellverhalten • Unterrichtsorganisation • Vermeiden von Unter- bzw. Überforderung • Abstimmung der sozialen Ordnung
Positive Anregungen anbieten	Mit Störung unvereinbares Schülerverhalten anregen	• Sachmotivierung • Abwechslung • Struktur geben • Modellverhalten • Ermutigung • Lob • Humor • Empathie
Erwünschtes Verhalten fördern	Bekräftigung gewünschten Verhaltens	• Belohnung • Regelsystem • Streitschlichtung • Metakommunikation
Persönliche Bewertung und Sichtweisen verändern	Langfristige Veränderung der Grundeinstellung	• Störung entdramatisieren • Resignation überwinden • Beziehung suchen • Schuldzuschreibungen vermeiden • eigene Gefühle und Bedürfnisse akzeptieren

Umgang mit häufig störenden Schülerinnen und Schülern

Was können Lehrer/innen aber mit jenen Schülerinnen und Schülern tun, die dauerhaft den Unterricht so stören, dass nicht nur der Lehrer, sondern auch die Mitschüler/innen und der ganze Unterricht darunter leiden? In einigen Schulen hat man hier innovative Wege beschritten, z.B. die pädagogische Verhaltensmodifikation oder Trainingsraum-Modelle.

- Pädagogische Verhaltensmodifikation ist ein Sammelbegriff für lernpsychologisch orientierte Methoden zur gezielten Beeinflussung von Verhaltensweisen im pädagogischen Feld durch systematische Veränderungen situativer Rahmenbedingungen und Verhaltenskonsequenzen sowie durch Verhaltensmodelle. Jedes Verhalten – »unerwünschtes« bzw. »erwünschtes« – wird zu wesentlichen Teilen als gelernt angenommen. Bei der pädagogischen Verhaltensmodifikation wird konsequent nach den Methoden des Bekräftigungslernens verfahren. Dieses Konzept hat das Ziel, das Verhalten der Schüler/innen im Hinblick auf ein gemeinsam definiertes Ziel mit Hilfe von positiven Verstärkern zu verändern. Diese Verstärker können vieles sein: ein einfaches Lob, ein Hausaufgaben-Gutschein, eine gute Note, Lobes-Briefe an die Eltern, Preise, vielleicht ein Eis oder ein gutes Buch. Der Fantasie sind keine Grenzen gesetzt. Wichtig ist, mit dem betreffenden Schüler eine klare Abmachung zu treffen, die er realistischerweise auch erfüllen kann und die für ihn eine Aussicht bietet, sein Verhalten zu verändern. Der Lehrer belohnt ihn immer dann mit einem Punkt (»Token«), wenn er ein erwünschtes Verhalten zeigt, wenn er sich meldet, einen guten Beitrag bringt, die Hausaufgaben macht, andere ausreden lässt oder auch nur eine Zeit lang nicht den Unterricht gestört hat. Wenn er einige Punkte gesammelt hat, kann er den Gutschein einlösen. Es ist erstaunlich, wie selbst ältere Schüler/innen auf Lob und positive Verstärker reagieren.
- Andere Schulen arbeiten mit dem Trainingsraum-Modell (Bründel/Simon 2003) bzw. dem »Arizona-Modell«. Hier schafft die Schule quasi eine betreute Auffangstation für Schüler/innen, die so nachhaltig den Unterricht stören, dass der Lehrer sie aus dem Unterricht entfernen muss. Im Trainingsraum wird die Störung einerseits reflektiert und bearbeitet, andererseits soll der Schüler alternative Handlungsschemata für die reale Unterrichtssituation kennen lernen und schrittweise eintrainieren. Der Vorteil ist hier, dass die anderen Schüler/innen der Klasse in Ruhe weiterlernen können, der Nachteil ist der erhöhte Raum- und Personalaufwand.

Unterrichtsstörungen im Schulpraktikum – einige Tipps

Im Schulpraktikum werden Sie erste Erfahrungen mit dem Thema Unterrichtsstörungen (aus Lehrer/innensicht) machen können. Sie werden beispielsweise bei der Hospitation Störungen des Unterrichts beobachten können, bei einer Einzelbeobachtung während einer Gesprächsphase einen Schüler, der häufiger stört, unter die Lupe nehmen, in der Nachbesprechung das störende Verhalten möglichst präzise beschreiben und mit Ihrem Mentor über mögliche Ursachen der Störung beraten. Vor allem aber sind Sie als Unterrichtender dann selbst gefordert, mit Unterrichtsstörungen, so es sie gibt, umzugehen.

Dabei werden Sie sich aller Voraussicht nach damit überfordert fühlen, quasi in Sekundenbruchteilen Unterrichtsstörungen zu diagnostizieren, zu entscheiden, wie sie auf die Störung reagieren wollen, und zu beobachten, welche Wirkung diese Entscheidung hat. Und dennoch werden Sie irgendwie mit Unterrichtsstörungen umgehen müssen, um die Realisierung Ihres geplanten Unterrichts nicht zu gefährden.

Einige grundlegende Tipps wollen wir Ihnen abschließend geben:
- Bemühen Sie sich, Ihren Unterricht nach den oben genannten Anforderungen zur Prävention von Unterrichtsstörungen zu planen, damit Störungen erst gar nicht entstehen. Lob und Bekräftigung sind bessere Mittel gegen gestörten Unterricht als Tadel und Strafe.
- Besprechen Sie sich mit Ihrem Mentor, und vor allem beobachten Sie genau, wie er mit Unterrichtsstörungen umgeht. Hier sollten Sie tendenziell ansetzen, d.h., Sie sollten versuchen, Interventionen des Mentors, sofern Ihnen das einigermaßen möglich ist, partiell zu übernehmen. Wir wissen: Das ist ein Ratschlag, der vielleicht nicht auf Ihre Gegenliebe stört. Aber zum einen ist es wahrscheinlich, dass die Schüler/innen irritiert und überfordert sind, wenn ihr Praktikant nun gänzlich andere Strategien im Umgang mit Unterrichtsstörungen pflegt. Und zum anderen werden Sie in Ihrer Ausbildung (andere Praktika, Referendariat) und später auch im Beruf verschiedene Stile des Umgangs mit Unterrichtsstörungen kennen lernen, sodass Sie am besten ein breites Repertoire an sich selbst erleben sollten.
- Geringe Unterrichts-Störungen können auch bewusst ignoriert werden. Bei gravierenden Störungen schreiten Sie ruhig, bestimmt und konsequent ein.

Quellen und weiterführende Literatur

Becker, Georg E. (^{8}1998): Durchführung von Unterricht. Weinheim/Basel: Beltz.
Becker, Georg E./Kohler, Britta (^{4}2002): Hausaufgaben. Kritisch sehen und die Praxis sinnvoll gestalten. Weinheim/Basel: Beltz.
Bründel, Heidrun/Simon, Erika (2003): Die Trainingsraum-Methode. Umgang mit Unterrichtsstörungen: klare Regeln, klare Konsequenzen. Weinheim/Basel/Berlin: Beltz.
Grell, Jochen/Grell, Monika (1999): Unterrichtsrezepte. Weinheim/Basel: Beltz.
Heidemann, Rudolf (^{6}1999): Körpersprache im Unterricht. Ein praxisorientierter Ratgeber. Wiesbaden: Quelle und Meyer.
Humpert, Winfried/Dann, Hanns-Dietrich (2001): KTM kompakt. Basistraining zur Störungsreduktion und Gewaltprävention im Unterricht auf der Grundlage des »Konstanzer Trainingsmodells«. Bern/Göttingen: Hans Huber.
Miller, Reinhold (1999): Lehrer lernen. Weinheim/Basel: Beltz.
Molcho, Samy (1998): Körpersprache. München: Goldmann.
Nolting, Hans-Peter (2002): Störungen in der Schulklasse. Weinheim: Beltz.
Pallasch, Waldemar/Zopf, Dietmar (1999): Methodix. 250 Übungen für den Unterrichtsalltag. Weinheim/Basel: Beltz.
Schulz von Thun, Friedemann (1998): Miteinander reden. 3 Bände. Reinbek: Rowohlt.
Winkel, Rainer (^{7}1996): Der gestörte Unterricht. Bochum: Kamp.
Watzlawick, Paul u.a. (2000): Menschliche Kommunikation. Formen, Störungen, Paradoxien. Bern: Huber.

Einen schriftlichen Unterrichtsentwurf verfassen

In den allermeisten Fällen werden Sie im Laufe Ihres Praktikums, teilweise auch erst danach, einen schriftlichen und ausführlichen Unterrichtsentwurf verfassen müssen. Was diesen Text ausmacht, welche Teile er hat, welche Formalia zu beachten sind oder wie umfangreich er sein soll, all dies unterscheidet sich von Uni zu Uni, von Betreuer/in zu Betreuer/in oder auch von Mentor/in zu Mentor/in. Ein ausführlicher Unterrichtsentwurf kann sich auf eine einzelne Stunde , eine Doppelstunde, eine Sequenz mehrerer Stunden (ca. 3–5 Stunden) oder auch auf eine ganze Unterrichtseinheit (ca. 6–15 Stunden) beziehen. In aller Regel muss der schriftliche Unterrichtsentwurf spätestens zu Beginn der Stunde dem Mentor und dem Betreuer der Uni vorgelegt werden. In anderen Fällen soll er einige Zeit später vorliegen und muss häufig mit einem Kapitel zur »Reflexion des Unterrichts versehen werden«.

In einem ausführlichen und schriftlichen Unterrichtsentwurf sollen Sie Ihre detaillierten Reflexionen und Überlegungen zum Lerngegenstand und zum Verlauf der Stunde auf der Grundlage des allgemein- und fachdidaktischen Forschungsstandes prägnant wiedergeben. Er ist eine Mischung aus darstellenden und begründenden Teilen und damit auch Schreibstilen. Von daher ist ein ausführlicher Unterrichtsentwurf keine leichte Textsorte, sondern birgt zahlreiche Schwierigkeiten und Risiken. Auf jeden Fall ist er ein wissenschaftlicher Text mit spezifischen Anforderungen.

Einerseits gehen die Vorstellungen darüber, wie ein guter schriftlicher Unterrichtsentwurf im Einzelnen auszusehen hat, weit auseinander. Andererseits haben wir viele gültige Verordnungen oder Skripte zum Schulpraktikum verschiedener Universitäten zur Hand genommen und konnten doch recht große Gemeinsamkeiten feststellen. Nahezu überall finden sich folgende Bausteine:

1. Analyse der Lerngruppe und der Lernvoraussetzungen
2. Einordnung der Stunde in den Unterrichtszusammenhang
3. Sachanalyse
4. Didaktische Analyse
5. Lernziele
6. Methodische Überlegungen
7. Verlaufsplanung (Strukturskizze)
8. Literaturverzeichnis
9. Anhang (z.B. Tafelanschrieb, Arbeitsblatt, OHP-Folie etc.)

Häufig lauten die Kapitelüberschriften nicht genau so, mitunter werden einzelne Bausteine zu einem zusammengefasst.

Das Besondere dieser Textsorte ist: Alle Überlegungen, die in den einzelnen Gliederungspunkten angesprochen werden, stehen in einem inneren Zusammenhang. Kein Kapitel darf sich gewissermaßen verselbstständigen und den Bezug zur Unterrichtsstunde, um die es schließlich geht, verlieren. Die Gefahr ist besonders groß bei der »Analyse der Lerngruppe« und der »Sachanalyse«: Hier wird häufig etwas geschrieben, was mit der konkreten Stunde nichts mehr zu tun hat. Auf der anderen Seite sollten alle Überlegungen auch wenigstens andeutungsweise in einen größeren fachdidaktischen bzw. methodischen Zusammenhang gestellt werden. Die Balance zu wahren ist dabei gerade für Studierende, die noch nicht so viel Erfahrung beim Verfassen eines schriftlichen Unterrichtsentwurfes haben, sehr schwierig.

Die lineare Form eines Entwurfs in der heute üblichen Textgestalt entspricht nicht den Gedankengängen, die zu einer Stunde führen. Jede Stunde lässt sich von verschiedenen Punkten her denken und entwickelt ihre Gestalt mit ständigen Sprüngen in einem ganzheitlich-antizipierenden Prozess. Die ideale Form eines Unterrichtsentwurfs wäre deshalb ein Hypertext. Diese Form käme der Gedankenentwicklung beim Prozess der Planung wesentlich näher. Mit den entsprechenden Links in jedem Kapitel könnte der Leser mühelos hin- und herspringen und die inhaltlichen Bezüge sofort erkennen. Auch wenn man heute Entwürfe noch nicht als Hypertexte schreibt, so sollten doch in jedem Kapitel die Bezüge zu anderen Kapiteln (ggf. mit Verweisen) deutlich werden.

Da die meisten Punkte vorne unter dem Kapitel »Unterricht planen« abgearbeitet wurden, möchten wir an dieser Stelle nur zu einigen Themen Stellung nehmen.

Einordnung der Stunde in den Unterrichtszusammenhang

In aller Regel ist eine Stunde, die von Ihnen ausführlich geplant und dann auch gehalten wird, keine isolierte Einzelstunde, sondern eingebettet in einen längere oder kürzere Unterrichtseinheit, deren inhaltliche und didaktische Konzeption erläutert werden muss. Die Rolle und der Stellenwert Ihrer Stunde wird erst deutlich, wenn man weiß, ob sie am Anfang, in der Mitte oder am Ende einer Einheit steht, welche Stunden der geplanten Stunde unmittelbar vorausgegangen sind und welche noch folgen sollen.

Während zu einer einführenden Stunde umfangreichere didaktische Überlegungen notwendig sind, kommt man bei einer Stunde, die irgendwo in der Mitte einer Unterrichtsreihe steht – etwa einer Übungsstunde –, mit vergleichsweise wenigen didaktischen Hinweisen aus. In diesem Fall wird man als Mentor/in oder Betreuer/in der Universität stärker nach den fachdidaktischen Begründungen für die Unterrichtseinheit als Ganzes fragen und sie unter diesem Punkt finden können. Hier werden auch Hinweise auf Vorgaben des Lehrplans gegeben oder Anregungen aus fachdidaktischer Literatur, Lehrerhandbüchern oder des Seminarleiters bzw. Mentors aufgeführt. Gegenüber diesen Vorgaben und Rahmenbedingungen sollte aber immer die eigene Handschrift der Planung deutlich werden.

Das Literaturverzeichnis

Der schriftliche Unterrichtsentwurf ist ein wissenschaftlicher Text. Das bedeutet, dass Sie immer alle Quellen, die Sie herangezogen haben, zitieren müssen. Die Art und Weise der Zitierung und der Auflistung der Quellen in einem Literaturverzeichnis kann je nach Vorgaben der Universität variieren. Diese Vorgaben sollten Sie daher kennen bzw. in Erfahrung bringen. Darüber hinaus geben wir im „Kursbuch Lehramtsstudium“ die wichtigsten Tipps und Kniffe beim Umgang mit Literatur in einer Hausarbeit (und der ausführliche Unterrichtsentwurf ist ja auch eine Art Hausarbeit).

Der Anhang

Am Ende Ihres schriftlichen Unterrichtsentwurfes sollten Sie alle ausgeteilten Materialien, Texte, Arbeitsblätter, Seiten aus einem Schulbuch sowie den geplanten Tafelanschrieb oder eine Overhead-Folie im Anhang darstellen.

Weitere Hinweise zum Schreiben eines ausführlichen Unterrichtsentwurfes finden Sie in unserem Band »Kursbuch Lehramtsstudium«.

Zwischen Besprechung, Beratung und Beurteilung – Unterricht gemeinsam auswerten

In den allermeisten Fällen ist es vorgesehen, dass Sie während Ihres Schulpraktikums nicht nur einzelne Phasen mit der Klasse gestalten oder ganze Unterrichtsstunden durchführen, sondern dass diese Unterrichtsversuche auch gemeinsam mit dem Mentor und bzw. oder dem Betreuer der Hochschule reflektiert werden. Je nach gegenseitigem Vertrauen, je nach Sympathie, vor allem je nach Verlauf der vorgehenden Stunde können diese Reflexionen sehr unterschiedlich ablaufen. Entweder als wirkliches kritisch-konstruktives Gespräch zwischen unterschiedlichen Personen an der Sache entlang oder aber als Bombardement an Vorwürfen oder Kritik. Manchmal gibt es aber auch Fälle, bei denen ausschließlich gelobt wird, manchmal sehr spezifisch und fundiert, häufiger jedoch sehr global (z.B. »War doch ganz in Ordnung, oder?«).

In jedem Fall wird es für Sie hilfreich sein, sich den Erwartungshorizont der Beteiligten vor Augen zu halten. Der Mentor möchte möglicherweise, dass Sie in Ihrer Stunde die vereinbarten Lernziele erreichen, weil er auf den von Ihnen behandelten Inhalten in der Folgestunde gerne aufbauen möchte und nicht mehr eine Erarbeitungsphase oder Präsentation Ihrer Stunde einbauen will, weil Ihnen die Zeit nicht gereicht hat. Vielleicht hat der Lehrer auch eine spezifische Sicht auf ihre Klasse und möchte, dass diese Perspektive nicht irritiert wird. Oder hat ein relativ konsistentes Bild von dem, was »guter Unterricht« zu sein hat, wie Schüler/innen »gut« oder »richtig« lernen und welche Lernziele zu erreichen sind.

Sofern ein Dozent der Universität zusätzlich bei Ihrer Stunde und der nachfolgenden Besprechung anwesend ist, kommen weitere Erwartungen hinzu. Findet Ihre Stunde im Rahmen eines Fachpraktikums statt, wird der Dozent in der Nachbesprechung den Schwerpunkt auf fachwissenschaftliche und fachdidaktische Aspekte Ihrer Planung und Durchführung legen, in einem Einführungspraktikum könnte es vor allem um Ihren Erziehungsstil, Ihren Unterrichtsstil, Ihre Körpersprache oder Ihre Unterrichtsorganisation gehen. Möglicherweise bevorzugt der Dozent bestimmte Themen oder Methoden oder verlangt von Ihnen, Stunden zu unterrichten, mit deren Hilfe er dann irgendwo einen Beitrag in einer wissenschaftlichen Fachzeitschrift publizieren kann.

Sie selbst werden während Ihrer eigenen Unterrichtsstunden wohl relativ häufig von Ihren aktuellen Eindrücken und Erfahrungen so erschlagen sein, dass es Ihnen nicht leicht fällt, sich in der Nachbesprechung sofort distanziert mit Ihrem eigenen unterrichtlichen Handeln und den Vorgängen in Ihrer Stunde auseinander zu setzen. Nach der Spannung und Aufregung vor der Stunde, dem Gefühls- und Wahrnehmungschaos während der Stunde werden Sie nun vor allem froh sein, dass Sie es hinter sich gebracht haben.

Und dann wären da noch einige weitere Personen, die ein beträchtliches Wort bei Ihrer Stunde mitreden – die Schüler/innen. Sie sollen funktionieren, sollen auf gezielte Impulse von Ihnen reagieren, Fragen richtig beantworten, auf diskrete Hinweise zielsicher handeln, leise und gleichzeitig kooperativ arbeiten, sie sollen kreativ und gleichzeitig diszipliniert sein und am Ende alle die von Ihnen notierten Lernziele erreicht haben. Und das alles so, dass es ganz locker aussieht, ganz normal, überhaupt nicht gezwungen und vor allem nicht danach, was es in Wirklichkeit ist: eine absolut künstliche Situation. Als Schüler/in hat man schon viele Unterrichtsstunden erlebt, kurz vor Ende der Schullaufbahn sind es weit mehr als 10.000. Von daher sind sie Expert/innen in Sachen Unterricht, wissen, wo was gut läuft oder wo es hängt, wissen auch, wie die sich fühlen, die vorne stehen und sie motivieren wollen. Die meisten Klassen, in denen Sie eingesetzt werden, haben Erfahrung mit Praktikant/innen und Unterrichtsbesuchen. Und fast alle Schüler/innen bemühen sich wirklich darum, es Ihnen leicht machen.

Vielleicht haben Sie nach Ihrer Stunde ein Gefühl im Bauch, was an der Stunde gut lief, womit Sie zufrieden sind, womit möglicherweise auch der Mentor oder der Unibetreuer zufrieden sein wird. Andererseits reift in Ihnen vielleicht die Vermutung, dass diese Phase oder jene Arbeitsanweisung, diese Ermahnung oder jenes Arbeitsblatt nicht optimal waren und gleich in der Nachbesprechung eine Rolle spielen werden.

Eine zentrale Frage, gerade zu Beginn Ihres Studiums wird sein, ob Sie für diesen Beruf geeignet sind bzw. ob die gewählte Schulstufe die richtige für Sie ist. Erst im Verlaufe Ihrer schulpraktischen Studien und wenn Sie diese erste Frage für sich positiv beantworten können, werden weitere Aspekte im Mittelpunkt stehen, z.B. fachdidaktische Modellierungen oder Fragen der Methodik, der Überwindung von Lernhindernissen etc.

Nachbesprechungen – häufig ritualisiert

Nachbesprechungen von Unterrichtsstunden beinhalten zahlreiche Klippen. Daher ist es auch äußerst schwierig, diese so zu führen, dass sie Ihrem Lernfortschritt dienen. Als wichtigste Schwierigkeiten werden immer wieder beobachtet:

- In aller Regel findet die Nachbesprechung Ihrer Unterrichtsstunde gleich im Anschluss an die Stunde statt. Das hat Vorteile (die Erinnerungen sind noch sehr frisch), aber auch Nachteile. Besonders für Sie, weil Sie noch sehr stark mit Ihren Erlebnissen aus der Stunde beschäftigt sind und noch wenig Distanz zu ihnen entwickeln konnten.
- In den meisten Fällen wird die Hauptzeit der Auswertung in Form eines Gesprächs ablaufen. Dabei kann es zu einer äußerst ungünstigen Verteilung der Gesprächsanteile führen. Viele Studierende berichten von »Gesprächen«, in denen der Unibetreuer fast ohne Unterbrechung spricht, während der Mentor, vor allem aber sie selbst kaum zu Wort kommen bzw. nur solche Beiträge liefern können, die der Verteidigung des eigenen Vorgehens oder des Verhaltens der Klasse dienen.
- Wie bei Gericht ergibt sich dann eine Rollenverteilung, in der eine Seite die Anklage vertritt, die andere Seite die Verteidigung. Am Ende dann verkündet der Richter, d.h. in der Regel der Betreuer der Universität, das Urteil.

- Die Begutachter haben zu wenig Ihren Lernprozess im Blick, d.h. Ihre Lernvoraussetzungen, Ihre Stärken und Schwächen, Ihre Entwicklungswünsche, und zu stark das Lernprodukt, d.h. die konkrete Stunde. Und sie nehmen häufig sehr selektiv und gleichzeitig normativ wahr.
- Mentor/innen oder Hochschulbetreuer/innen erwarten explizit oder implizit von Ihnen Kompetenzen in bestimmten Bereichen, die Sie noch gar nicht haben können, weil sie sich erst in vielen Berufsjahren herausbilden, z.B. Arbeitsanweisungen treffend formulieren oder Schüleräußerungen in einer Gesprächsphase aufeinander beziehen.
- Die Unterrichtspraxis wird an einer praxisfernen schulpädagogischen oder fachdidaktischen Theorie gemessen, vor der sie nie bestehen kann. Immer wird es im konkreten Unterrichtshandeln Aspekte geben, die diese Theorie in Frage stellen und dennoch aus der Situation heraus notwendig sind.
- Die Rückmeldungen der Begutachter sind zuweilen nicht von der nötigen Sensibilität geprägt. Sie berücksichtigen nicht oder zu wenig, dass es nie nur um eine Stunde von Ihnen geht, sondern dass in jedem Lehrerhandeln die Persönlichkeit des Lehrers eine gravierende Rolle spielt.
- Eine letzte Schwierigkeit liegt darin, dass viele Studierende unrealistische Erwartungen an sich, die Nachbesprechung und die Einschätzungen des Mentors oder des Betreuers der Universität knüpfen.

Nachbesprechungen gelingend oder anders führen

Um diese Schwierigkeiten zu überwinden, müssen sich alle bemühen, bessere Formen der Reflexion von Unterricht zu erproben. Hier einige Tipps, um Nachbesprechungen gelingend zu führen:

- Erfahrungsgemäß ist es gut, wenn die Nachbesprechung nicht unmittelbar auf die gehaltene Stunde folgt. Zumindest sollte eine kleinere Pause (ca. 15 Minuten) vor der Besprechung liegen oder bewusst eingeplant werden. Noch besser ist, wenn eine Schulstunde dazwischen liegt.
- Der Verlauf der Nachbesprechung ist sehr stark von äußeren Faktoren abhängig. Versuchen Sie daher, einen ruhigen, angenehmen Ort bzw. Raum zu finden, in dem Sie nicht gestört werden. Planen Sie ausreichend Zeit ein und verständigen Sie sich mit allen Gesprächsteilnehmer/innen im Vorfeld darüber, wie viel Zeit die Besprechung in Anspruch nehmen sollte.
- Versuchen Sie, der Besprechung eine gemeinsam vereinbarte Struktur oder Phaseneinteilung zu geben. Dies führt automatisch dazu, dass Besprechungsschwerpunkte gebildet werden müssen. Zum Beispiel könnte es zu Beginn ca. 15 Minuten um den Aspekt der Methodenwahl gehen, danach um Fragen der Lehrerpersönlichkeit und der Körpersprache und zum Schluss um die verwendeten Arbeitsblätter und dabei besonders um die Arbeitsaufträge.

- Im Zentrum des Gespräches sollten die Lerninteressen von Ihnen stehen. Daher sollten Sie von sich aus zu Beginn des Gespräches Vorschläge machen, welche Besprechungsschwerpunkte gewählt werden und wo Sie besonders Beratung möchten. Dies kann auch bereits vor dem Unterricht selbst geschehen.
- Erinnern Sie die Beteiligten ggf. daran, dass es in diesem Gespräch um den Austausch von Wahrnehmungen, Beobachtungen, subjektiven Theorien und Einschätzungen geht, nicht aber um das Abprüfen von Wissen oder Kompetenzen.
- Es ist hilfreich, wenn die Beobachtungen mit schriftlichen Materialien und Notizen und/oder einer Videoaufzeichnung fundiert werden können, in die alle Einsicht haben.
- Drängen Sie bei positiver Kritik auf Präzisierung, bei negativer Kritik auf Präzisierung und Alternativen.
- Erproben Sie gemeinsam, v.a. in größeren Praktikumsgruppen, neue Formen der Nachbereitung von Stunden, so z.B. mit Phasen der Einzelarbeit, in der alternative Methoden überlegt werden.
- Lassen Sie die Notizen der Besprechungen einfließen in Ihr individuelles Lerntagebuch zum Praktikum.

Quellen und weiterführende Literatur

Bovet, Gislinde/Frommer, Helmut (1999) Praxis Lehrerberatung – Lehrerbeurteilung (Grundlagen der Schulpädagogik; Bd. 30). Baltmannsweiler: Schneider Hohengehren.

Schulz von Thun, Friedemann (1981) Miteinander reden. Bd. 1: Störungen und Klärung. Reinbek: Rowohlt.

Der Praktikumsbericht – eine fundierte Reflexion

Für die meisten Schulpraktika im Rahmen eines Lehramtsstudiums gilt, dass Sie am Ende einen Praktikumsbericht erstellen müssen, der zu einem bestimmten Zeitpunkt, häufig einige Wochen nach dem Ende des Praktikums, vorliegen muss. Die Benennung variiert dabei: In den Studienordnungen oder Schulpraktikumsverordnungen ist von »Praktikumstagebuch«, »Didaktischer Handakte«, »Praktikumsakte« oder auch »Didaktischer Akte« die Rede. Wir möchten der Einfachheit halber den Begriff »Praktikumsbericht« benutzen. In den meisten Fällen ist die Zielgruppe des Praktikumsberichts entweder nur der Unibetreuer oder der Betreuer und der Mentor sowie der Schulleiter. Die Angaben zum Umfang des Praktikumsberichts variieren je nach Uni oder Praktikumsart erheblich (ca. von 15 bis 50 Seiten).

Dabei werden Sie möglicherweise zweischneidige Erfahrungen machen: Auf der einen Seite erscheint Ihnen der Arbeitsaufwand hoch, der mit dem Verfassen des Praktikumsberichts verbunden ist. Zusätzlich ist für Sie das Praktikum abgeschlossen, und es ist Ihnen lästig, das Vergangene intensiv zu reflektieren. Andererseits zeigt sich oft, dass nach der Erstellung die meisten Studierenden mit dem Bericht einen Erkenntniswert verbinden, dass das Schreiben eines Praktikumsberichts also Einsichten bringt, die die Einsichten während des Praktikums sinnvoll ergänzen oder erweitern.

Dass der Praktikumsbericht in jedem Fall von allen gelesen wird, für die er bestimmt ist, darf im Prinzip vorausgesetzt werden. Dabei werden jedoch die einzelnen Personen Ihren Bericht mit unterschiedlichen Erwartungen oder aus unterschiedlichen Blickwinkeln lesen: Der Rektor interessiert sich wahrscheinlich vor allem dafür, wie »seine« Schule wegkommt, der Mentor, wie seine Klasse beschrieben wird, und der Hochschulbetreuer interessiert sich vielleicht, wenn er Erziehungswissenschaftler ist, für die pädagogischen Aspekte, wenn er Fachwissenschaftler und Fachdidaktiker ist, eher für die fachspezifischen Aspekte. Gerade in Zeiten der Massenuniversität und besonders in Studiengängen oder -fächern mit einer hohen Überlastquote werden Dozent/innen wenig Zeit haben, diese Praktikumsberichte intensiv zu studieren, sondern es wird eher ein aufmerksames Lesen bestimmter Kapitel sein.

Schaut man die unterschiedlichen Studienordnungen durch, so gibt es, ebenso wie bei den Leitlinien für einen schriftlichen Unterrichtsentwurf, trotz aller Heterogenität auch zahlreiche Punkte, die immer wieder als Bausteine eines Praktikumsberichts genannt werden:

- Die Beschreibung der Schule, Kooperation mit anderen Institutionen.
- Ein allgemeiner Bericht über den Ablauf des Praktikums.
- Die Beschreibung der Klassen, in denen man hospitiert bzw. unterrichtet hat.
- Die Ergebnisse der Unterrichtsbeobachtungen, Gesprächsprotokolle zu Hospitationsstunden, Hospitationsprotokolle, Darstellung der Beobachtungsmethoden und -schwerpunkte.
- Die Darstellung der Planung, Durchführung und Auswertung eigener Unterrichtsstunden oder -phasen.

- Die Bearbeitung eines speziellen schulpädagogischen oder fachdidaktischen Aspektes durch Verknüpfung der einschlägigen Forschungslage und der Praktikumserfahrungen in diesem Bereich.
- Eine Übersicht über die einzelnen beobachteten und selbst gehaltenen Stunden sowie andere schulische Veranstaltungen, an denen man teilgenommen hat (z.B. Lerngänge, Konferenzen oder Elternabende).
- Ein abschließendes Resümee, Darstellung Ihrer Lernprozesse im Praktikum, daraus erwachsende neue Fragestellungen.

Um am Ende auf den vorgesehenen Umfang zu kommen, ist es ratsam, vom ersten Praktikumstag an wichtige Notizen in einem Heft, Ordner oder Buch festzuhalten (wir empfehlen einen Ordner) und die dazugehörigen Materialien (z.B. Arbeitsblätter, Elternbriefe, Schülerprodukte) chronologisch zu ordnen. Dazu sollten Sie Beobachtungsnotizen und natürlich eigene Stundenplanungen oder Verlaufsskizzen legen. Parallel dazu sollten Sie in Ihrem Computer eine Datei »Praktikumsbericht« anlegen, in die Sie jeweils abends Ihre Anmerkungen eintragen und schon einmal mögliche Materialien so abspeichern, dass Ihnen bei der Erstellung des Praktikumsberichts nichts verloren geht. Schön ist es auch, wenn die Leser/innen Ihres Berichtes zu ausgewählten Fragen Fotos oder weitere Illustrierungen vorfinden (es sollte aber kein reines Fotoalbum werden ...).

Viele Praktikant/innen tun sich schwer damit, sich für einen speziellen schulpädagogischen oder fachdidaktischen Aspekt zu Beginn des Praktikums zu entscheiden. Empfehlenswert ist es u.E., erst in der Mitte des Praktikums sich festzulegen, zu welchem Aspekt man besonders im Praktikumsbericht Stellung bezieht. Einerseits sollten Sie die Erfahrungen der ersten Praktikumshälfte nutzen, um die Themenstellung einzugrenzen. Andererseits haben Sie so noch die zweite Hälfte, um gezielter zu beobachten und sich mit Ihrem Mentor oder dem Hochschulbetreuer, vor allem aber, so vorhanden, mit den anderen Praktikant/innen Gedanken zum gewählten Schwerpunktbereich zu machen.

Die Auswahl an Themen, die vertieft behandelt werden, ist im Prinzip unbegrenzt. Hier eine Auswahl von möglichen Themen zur Anregung:

Schulpädagogische Aspekte

Primarstufe
- Lehrerrolle zwischen Fachlehrer/in und Sozialpädagog/in
- Anschaulichkeit als Unterrichtsprinzip
- Mädchen und Jungen – Parallelen und Differenzen
- Kindgemäßheit von Lehrerhandeln

Sekundarstufe I
- Disziplin und Disziplinprobleme
- Mädchen und Jungen – Parallelen und Differenzen
- Motivation und Motivationsprobleme

- Öffnung des Unterrichts
- Außerunterrichtliche Veranstaltungen

Sekundarstufe II
- Lehrstile im Vergleich
- Schülerpersönlichkeiten
- Unterrichtsgespräche

Fachdidaktische Aspekte

Primarstufe
- Leselernmethodik
- Schriftspracherwerb
- Erwerb von grundlegenden mathematischen o.a. Kompetenzen
- Multikulturalität und Deutschunterricht
- Curricula in der Praxis

Sekundarstufe I
- Lehrplan und Unterricht
- Umgang mit Schulbüchern
- Vergleich von Schulbüchern
- Medien im Physikunterricht
- Koedukation im Sportunterricht
- Innere und äußere Differenzierung
- Fachspezifische Lernvoraussetzungen
- Situativer Rechtschreibunterricht
- Berufsorientierung im Fachunterricht
- Abschlussprüfungen

Sekundarstufe II
- Einsprachigkeit im Fremdsprachenunterricht
- Propädeutik

Als Leitlinien zur Abfassung des Praktikumsberichts können gelten:

- Schreiben Sie kurz und präzise und bemühen Sie sich um Prägnanz.
- Versuchen Sie, zu kennzeichnen, wenn Sie vom distanzierteren Stil zu subjektiveren Schilderungen kommen.
- Vermeiden Sie kränkende, verletzende, herabsetzende Bemerkungen über andere.
- Beachten Sie die datenschutzrechtlichen Bestimmungen und halten Sie sich an die Verschwiegenheitspflicht. Am besten, Sie anonymisieren personenbezogene Daten.

In vielen Studienordnungen ist vorgesehen, dass Sie zum Abschluss eines Schulpraktikums von der Hochschulbetreuerin ein Gutachten bekommen, das Ihre Leistungen im Schulpraktikum würdigt. Zuweilen erhalten Sie auch von der Mentorin ein Gutachten. Das Gutachten hat die Funktion, Ihre Lernprozesse im Verlauf des Praktikums darzustellen und zu würdigen, Stärken und auch mögliche Schwächen Ihres Handelns im Praktikum zu benennen und abschließend ein vorsichtiges Gesamturteil zu formulieren.

Das Lesen eines solchen Gutachtens erinnert zuweilen an das Lesen einer betrieblichen Beurteilung, auch hier ist das Lesen zwischen den Zeilen notwendig. Ein Beispiel: »Der Praktikant bemühte sich um eine schülergerechte Unterrichtsführung« heißt da natürlich etwas anderes als »Der Praktikant führte ihren Unterricht größtenteils entlang der Vorerfahrungen und Interessen der Schüler/innen«. Und wieder etwas besser könnte das so heißen: »Dem Praktikant gelang es eindrucksvoll, durchweg schülerorientiert zu unterrichten.« Auch bei den Passagen, die auf Aspekte abseits des Unterrichts eingehen, ist eine sensible Textrezeption empfehlenswert. Wenn im Gutachten steht: »Die Beiträge des Praktikanten in den Nachbesprechungen waren nicht immer zielführend«, so lässt sich das als klare negative Kritik interpretieren. Besser könnte es so sein: »Die Beiträge des Praktikanten in den Nachbesprechungen waren fast immer wertvoll.« Und noch eine Stufe höher: »Die Beiträge des Praktikanten in den Nachbesprechungen waren durchweg wertvoll und zeugten von seiner hohen fachdidaktischen Reflexionsfähigkeit.«

Wichtige Fragen und Antworten zum Schulpraktikum

Wie kann ich einen Eindruck von den Lernvoraussetzungen meiner Praktikumsklasse bekommen?

Versuchen Sie, einerseits Ihren Mentor möglichst gezielt zu befragen. Dazu ist es nötig, diese Fragen nicht zwischen Tür und Angel zu stellen, sondern sich möglichst zu Beginn des Praktikums etwas Zeit zu nehmen. Je präziser Ihre Fragen sind, umso eher bekommen Sie auch die Informationen, die Sie interessieren. Andererseits sollten Sie auch Ihre eigenen Beobachtungsnotizen zur Hand nehmen bzw. gezielt beobachten, um z.B. die Lesekompetenz, die musikalische Kompetenz oder auch die Geometriekenntnisse Ihrer Klasse zu eruieren.

Um dies an einem Beispiel zu illustrieren, das für alle Fächer und Klassenstufen von zentraler Bedeutung ist: Wenn Sie erkunden wollen, welche Voraussetzungen die Schüler/innen im Bereich der Lesekompetenz haben, ist es unabdingbar, zuerst die einschlägige Fachliteratur (hier z.B. Groeben, Norbert; Hurrelmann, Bettina [Hrsg.]: Lesekompetenz. Weinheim, München: Juventa, 2002) dahingehend zu befragen, was eigentlich unter »Lesekompetenz« zu verstehen ist. Danach sind Sie sicher in der Lage, darauf aufbauend, einige Leitfragen zu formulieren, z.B.:

- Wie können die Schülerinnen Texte laut vorlesen?
- In welcher Geschwindigkeit können sie Texte laut vorlesen?
- In welcher Geschwindigkeit können sie Texte leise für sich lesen?
- An welchen Stellen treten Verlesungen bzw. Leseschwierigkeiten auf?
- Welche Kompetenzen zeigen die Schüler/innen in den Subskalen der Lesekompetenz »Informationen entnehmen«, »Textbezogenes Interpretieren« und »Reflektieren und Bewerten«?
- Sind diejenigen Schüler/innen, die am flüssigsten lesen, auch die, die den Textinhalt am besten wiedergeben können?
- Sind die Schüler/innen in der Lage, zu gelesenen Texten ein Gespräch zu führen?
- Können sie die auch nur implizit vorhandenen Textbezüge (Kohärenzstruktur) erschließen und darstellen?

Wie kann ich eine Stunde zeitlich realistisch planen?

Die Regel der meisten gehaltenen Unterrichtsstunden ist: Die Zeit reicht nicht. Daher sollten Sie zum einen bemüht sein, sich nicht zu viel für eine Stunde vorzunehmen, d.h. zum Beispiel das Thema oder die Arbeitsaufträge einzugrenzen oder auf eine sachlich überflüssige Phase oder einen langen, verwirrenden Einstieg zu verzichten. Darüber hinaus ist es sicher hilfreich, bestimmte Phasen quasi trocken, z.B. mit Ihren Kommilitoninnen durchzuspielen. Und dies in einer »best case« (fix, alle Schüler/innen-Antworten stimmen, keine Rückfragen, keine Unterrichtsstörungen etc.) und einer »worst case«-Version. Die planerische Wahrheit liegt oft ungefähr in der Mitte. Vielleicht hilft es Ihnen auch, auf Ihren Notizen, die Sie mit in die Stunde nehmen (z.B. Karteikarten), mögliche Zeitlimits festzuhalten.

Zur realistischen Zeitplanung sollten Sie unbedingt Ihren Mentor fragen. Da hat viel Erfahrung darin, wie lange es braucht, um bestimmte Dinge mit seiner Klasse zu machen.

Wie kann ich mehr als nur Frontalunterricht bieten?

Das hängt u.E. sehr vom Unterricht Ihres Mentors bzw. von den Vorerfahrungen der Schüler/innen ab. Es ist absolut illusorisch, mit einer Klasse offen zu arbeiten, die bisher kaum Erfahrung mit offeneren Unterrichtsformen hatte, die seit Wochen keine Gruppenarbeit durchgeführt hat oder die Stationenarbeit noch nie erfahren hat. Für diesen Fall sollten Sie, zähneknirschend, sich mehr oder weniger für das Methodenrepertoire entscheiden, das die Klasse kennt. Andererseits sind viele Mentor/innen auch froh, wenn Praktikant/innen von der Uni ihnen ab und zu mal vorführen, was gerade so in der Hochschule »en vogue« ist. Dazu sollten Sie aber am besten mit einer kleineren offenen Phase beginnen, bevor Sie ganze Stunden projektartig durchführen möchten.

Wie kann ich konkret Unterricht differenzieren?

Reflektieren Sie möglichst genau die Vorkenntnisse und Kompetenzen der Schüler/innen in Ihrem Fach bzw. zu Ihrem Unterrichtsthema. Dann können Sie für lernschwächere, mittlere und lernstärkere Schüler/innen jeweils Unterrichtsziele definieren, die erreicht sein sollten, damit der Unterricht erfolgreich ist. Und dann überlegen Sie z.B., welche zusätzlichen Hilfen Lernschwächere benötigen und welche weiterführenden Fragestellungen oder zusätzlichen Herausforderungen die Klassenbesten haben könnten.

Wie kann ich den Stundeneinstieg zielführend gestalten?

Eine häufig angewandte Strategie ist, sich einige mögliche Einstiege zu überlegen und dann zu fragen, welcher dieser Einstiege am motivierendsten ist, am nächsten am Inhalt und Ziel der Stunde ist, die Schüler/innen am wenigsten verwirrt und am wenigsten Zeit braucht. Dann könnten Sie ziemlich richtig liegen. Oder Sie bieten einen »informierenden Unterrichtseinstieg«, nennen das Thema und das Ziel der Stunde und sparen viel Unterrichts- und Planungszeit.

Wie beziehe ich die Schüler/innen aktiv in den Unterricht ein?

Das ist wohl das größte Ziel: einerseits Unterricht und damit immer auch Schüler/innen-Aktivitäten genau zu planen, andererseits aber gleichzeitig Aktivität und Motivation für die Sache zu entfachen. Damit Schüler/innen im Unterricht aktiv werden, brauchen sie in aller Regel eine konkrete Fragestellung und präzise Ziele, wozu sie das lernen sollen. Das ist nicht immer leicht. Versuchen Sie darüber hinaus, möglichst alle Schüler/innen verbal und nonverbal in den Unterricht einzubeziehen, durch Fragen, Impulse, Lob. Und seien Sie darum bemüht, Ihre Inhalte und Themen anschaulich aufzubereiten, z.B. durch ein Modell, ein Bild, ein Foto, einen Film oder durch ein Rollenspiel, ein Rätsel, einen Satz zum Staunen, Wundern, Nachdenken.

Was ist, wenn mir eine Panne beim Unterrichten passiert?

Häufig haben Praktikant/innen mehr oder weniger große Angst, dass ihnen beim Unterricht eine Panne passiert, dass sie etwas vergessen, falsch machen, übersehen. Zum Trost: Dies geht erfahrenen Lehrer/innen häufig genauso (man merkt es nur nicht immer so schnell). Das Beste ist, Unterricht so zu planen, dass die größten Schnitzer gar nicht vorkommen können. Dazu müssen Sie über den Unterrichtsgegenstand viel wissen (dem dient eine gewissenhafte Sachanalyse!). Und dazu haben Sie einen bestimmten Lehr-Lern-Weg geplant und mögliche Alternativen begründet ausgeschlossen. Wir empfehlen zusätzlich, sich auf der Strukturskizze oder Karteikarten wichtige Arbeitsaufträge, Fragen oder Impulse im Wortlauf zu notieren (natürlich haben Sie das vorher zu Hause trocken geübt, z.B. mit Ihrem Spiegel oder Ihrer Freundin), um hier sicher zu sein. Und trotzdem kann noch viel passieren:

- *Fall 1:* Ein Schüler stellt eine Frage zum Thema, die Sie nicht beantworten können.
  Hier sagen Sie am besten, dass Sie leider die Antwort auch nicht wissen. Vielleicht weiß jemand aus der restlichen Klasse mehr. Am besten, Sie überlegen gemeinsam mit der Klasse, wie und wo man sich informieren kann, um die Antwort zu erfahren. Dann bekommt eine/r die Hausaufgabe, das bis morgen in Erfahrung zu bringen. Bitte auch kontrollieren!
- *Fall 2:* Sie haben sich an der Tafel verschrieben.
  Kein Problem: Sie bedanken sich für den Hinweis und die Aufmerksamkeit, korrigieren und schreiben zügig weiter.
- *Fall 3:* Mitten im zentralen Unterrichtsgespräch kommt der Hausmeister rein und muss dringend die Heizung kontrollieren.
  Am besten, Sie unterrichten auch hier zügig weiter.

Häufig ist es bei diversen Pannen ratsam, mit Humor zu reagieren, ohne sich lächerlich zu machen.

Was mache ich, damit mich die Schülerinnen akzeptieren und diszipliniert mitmachen?

Auch dies ist eine grundlegende Frage. Denn schließlich wissen die Schüler/innen in aller Regel (selbst die Erstklässler/innen), dass Sie noch kein »richtiger« Lehrer sind. Ratsam ist es u.E., möglichst authentisch zu sein, in kritischen Situationen auch die Hilfe des Mentors einzufordern, flott weiterzuunterrichten und sich nie persönlich angegriffen oder verletzt zu fühlen (ja, wir wissen, das ist leichter gesagt als gemacht). Gut ist auf jeden Fall, wenn Sie sich alle Namen in der Klasse gemerkt haben, um so einen direkten Draht zu den Schülern und Schülerinnen zu haben.

Was ist, wenn ich das Gefühl habe, dass der Lehrerberuf vielleicht doch nichts für mich ist?

Dieses Gefühl sollten Sie ernst nehmen, weil ein Schulpraktikum durchaus einen Eindruck von den vielfältigen Seiten des Lehrerberufs und seinen Belastungen bietet. Am besten, Sie sprechen mit anderen darüber, z.B. Ihrem Mentor, Ihrem Hochschulbetreuer oder Kommiliton/innen, um deren Einschätzung in Erfahrung zu bringen. Vielleicht hilft Ihnen auch ein weiteres freiwilliges Schulpraktikum an einer anderen Schule weiter, um Ihre Berufswahl gezielter überprüfen zu können. Sollten Sie zunehmend sicherer werden, dass Sie wohl doch nicht später einmal Lehrer/in werden wollen oder können, so könnte es dennoch sinnvoll sein, das Studium, möglicherweise auch das Referendariat, erfolgreich hinter sich zu bringen. Denn der Arbeitsmarkt für Lehrer/innen bietet durchaus Möglichkeiten außerhalb der Schule, so z.B. in der Erwachsenenbildung, im Projektmanagement oder auch in Verlagen. Auf alle Fälle wünschen wir Ihnen, so oder so, nur das Beste.

Anhang: Trainingsbausteine

Trainingsbausteine: Übersicht

Anmerkung: Um die folgenden Seiten auf DIN-A4-Format zu bringen, vergrößern Sie sie bitte auf 115 Prozent.

Nr.	Thema
1	Erwartungen an mein Schulpraktikum
2	Perspektive Schüler/in – Lehrer/in
3	Kurzporträt der Praktikumsschule
4	Beobachtungsbogen: Mädchen und Jungen im Unterricht
5	Mentor/innen-Check
6	Analyse eines Unterrichtsgesprächs
7	Sprache und Körpersprache des Lehrers
8	Teilformalisierter Protokollbogen für eine Unterrichtsbeobachtung
9	Beobachtungsbogen: Mündliche Mitarbeit von Schüler/innen im Unterricht
10	Beobachtungsbogen Unterrichtsstörungen
11	Beobachtungsbogen Schülerverhalten Grundschule
12	Beobachtungsbogen Schülerverhalten Sekundarstufe
13	Beobachtungsbogen für die selbstständige Partner- bzw. Gruppenarbeit
14	Nun erzähl mal – Interview mit einem Schüler zum Kennenlernen
15	Überblicksbogen: Kriterien zur Unterrichtsbeobachtung
16	Schüler/in-Individualbeobachtung
17	Lehrerfragen im Unterricht
18	Planungsschema Unterrichtsskizze
19	Lernziele formulieren
20	Checkliste: Tafelanschrieb
21	Checkliste: Ein Schüler-Arbeitsblatt erstellen und einsetzen
22	Checkliste: Eine Overheadfolie erstellen und einsetzen
23	Checkliste: Differenzierung von Aufgaben
24	Zwanzig Fragen an einen Unterrichtsentwurf
25	Formulierungshilfen für den Unterrichtsentwurf
26	Reflexion eines Beratungsgesprächs
27	Individuelle Belastungsanalyse im Schulpraktikum
28	Reflexionsbogen zum Schulpraktikum

Trainingsbaustein 1

Erwartungen an mein Schulpraktikum

1. Was erwarte ich von diesem Schulpraktikum?

____

____

____

2. Welche Gefühle habe ich, wenn ich an das bevorstehende Praktikum denke?

____

____

3. Was möchte ich besonders lernen?

____

____

4. Welche Aspekte sind für mich in diesem Praktikum sehr wichtig?

____

____

5. Welche Aspekte sind für mich in diesem Praktikum nicht so wichtig?

____

____

6. Welche Erwartungen habe ich gegenüber dem Mentor?

____

____

7. Welche Erwartungen habe ich gegenüber dem Hochschulbetreuer?

8. Welche Erwartungen habe ich gegenüber den Schüler/innen?

9. Wie kann ich mich selbst einbringen?

10. Was könnte mir im Verlauf des Praktikums eher leicht fallen?

11. Was könnte mir im Verlauf des Praktikums eher schwer fallen?

12. Was müsste passieren, damit ich am Ende mit dem Praktikum zufrieden bin?

Trainingsbaustein 2

Perspektive: Schüler/in – Lehrer/in

In Ihrem Schulpraktikum wird es Situationen geben, wo Sie noch ganz in der Schüler/innenrolle drin sind, bei anderen Situationen empfinden Sie eher aus Lehrer/innensicht. Überprüfen Sie sich selbst. Wo empfinden Sie eher aus Schülerperspektive S? Und wo eher aus Lehrerperspektive L?

Sie hospitieren im Mathematikunterricht einer 8. Klasse. Die Klasse wirkt insgesamt gelangweilt. Viele Schüler/innen haben offenbar sich innerlich ausgeklinkt, einige schreiben Briefchen, ganz hinten wird ein lautes Nebengespräch geführt. Der Lehrer unterrichtet so, als ob das mehr oder weniger normal ist.	S L
In einer 3. Klasse geht es im Sachunterricht um die Nachbereitung des Lernganges zur Post. Die Lehrerin bittet darum, dass die Schüler/innen berichten, was sie besonders interessant fanden. Simona meldet sich und fängt an zu erzählen, dass sie letzte Woche einen Brief von ihrer Oma bekommen hat. Die Lehrerin unterbricht: »Das gehört aber jetzt nicht hier hin!«	S L
In Ihrem Fachpraktikum in einer 8. Klasse geht es im Deutschunterricht um den Lesebuchtext »Ein ruhiges Haus« von Kaschnitz. Der Lehrer versucht im erarbeitenden Unterrichtsgespräch der Klasse den Zusammenhang zwischen Form und Inhalt des Textes klarzumachen. Da meldet sich Björn und sagt sehr früh im Verlauf des Gesprächs: »Na klar – die Autorin schreibt die Geschichte genauso kalt, wie die Leute im Haus sind.«	S L
In der 4. Klasse wird heute wieder im Sportunterricht Völkerball gespielt. Um die Mannschaften zu ermitteln, wird »gewählt«. Allen ist klar, wer am Schluss wieder übrig bleibt: der übergewichtige Sven und Lena-Christin, die stille Außenseiterin.	S L
Die 11. Klasse hatte die Hausaufgabe, die wichtigsten Gründe für das Scheitern der Weimarer Republik noch einmal im Geschichtsbuch nachzulesen. Zu Beginn der Stunde zückt der Lehrer sein rotes Notenbuch und entscheidet sich dafür, Svetlana ins Verhör zu nehmen.	S L
Sie absolvieren Ihr Schulpraktikum in einem Gymnasium. Da das Lehrerzimmer immer abgeschlossen ist und Sie keinen Schlüssel erhalten haben, haben Sie das Lehrerzimmer noch nie von innen gesehen.	S L
Sie hospitieren im Erdkundeunterricht einer 9. Klasse. Die Schüler/innen haben die Aufgabe, Informationen zu einer ostfriesischen Insel in arbeitsteiliger Gruppenarbeit zu sammeln. Die Arbeit in der Tischgruppe neben Ihnen verläuft sehr heterogen: Gerade ein Schüler dominiert und lässt die anderen kaum zu Wort kommen.	S L

Trainingsbaustein 3

Kurzporträt der Praktikumsschule

1. Die Schule

Name der Schule: ____

Anzahl Schüler/innen: _____ Anzahl Lehrer/innen: _____ Anzahl Klassen: ________

Wichtige Daten der Schul-Geschichte: ______________________________

____

____

Einzugsgebiet: ____

Besonderheiten der Schülerschaft
(z.B. Anteil der Schüler/innen mit Migrationshintergrund, Fahrschüler etc.)

____

____

____

Veranstaltungen des Schullebens
(z.B. Feste, Austauschprogramme, Konzerte, Kontakte zur Kommune/zu Betrieben etc.)

____

____

____

Schulprofil/schulorganisatorische Besonderheiten

____

____

____

Klassen, in denen ich hospitiere bzw. unterrichte: (Klasse, Lehrer/in, Raum):

______________________ ______________________ ______________________

______________________ ______________________ ______________________

Wichtige Fachräume:

______________________ ______________________ ______________________

______________________ ______________________ ______________________

Arbeitsgemeinschaften (Thema, Lehrer/in, Tag/Zeit):

______________________ ______________________ ______________________

______________________ ______________________ ______________________

______________________ ______________________ ______________________

Hausmeister/in: ______________________ Sprechzeiten: ______________

2. Das Kollegium

Schulleiter/in: ______________________ Sprechzeiten: ______________

Stellv. Schulleiter/in: ______________________ Sprechzeiten: ______________

Schulsprecher/innen: ______________________

SMV-Lehrer/innen / Vertrauenslehrer/innen: ______________________

Kontaktperson für AV-Medien: ______________________

Kontaktperson für Computer-Raum: ______________________

Kontaktperson für ______________: ______________________

Feste Termine für Konferenzen oder Teilkonferenzen: ______________________

Laufende Information des Kollegiums erfolgt durch ______________________

Abonnierte Zeitschriften: ______________________ Lehrer-Bücherei: ______________

Projektgruppen, Arbeitskreise des Kollegiums (Thema, Ansprechpartner/in)

____

____

____

Wo gibt es Kreide? ____________ Folien? ____________ Papier? ____________

3. Meine Praktikumsklasse

Klasse: ______ Klassenlehrer/in: ____________________ Raum: ________

Anzahl der Schüler/innen: ______, davon Mädchen: ______ und Jungen: ________

Wichtige Besonderheiten der Klassenzusammensetzung:

____

____

____

Klassensprecher/innen: ____________________ ____________________

Erstellen Sie einen Sitzplan der Klasse. Verwenden Sie dafür ein zusätzliches Blatt Papier. Vermerken Sie auch Einrichtungsgegenstände, die für das Unterrichten wichtig sind (z.B. Seitentafel, Regal für Wochenplan-Materialien etc.)

■ = Mädchen ☐ = Jungen

Kommentar zum Sitzplan:

____

____

____

Trainingsbaustein 4

Beobachtungsbogen: Mädchen und Jungen im Unterricht

1. Gesprächsbeteiligung in einer Unterrichtsphase

	Mädchen	Jungen
Meldet sich		
Wird drangenommen		
Spricht, ohne das Wort zu haben		
Wird vom Lehrer gelobt		
Wird vom Lehrer ermahnt		

2. Aufmerksamkeitsrichtung des Lehrers

	Mädchen	Jungen
Verbal		
Nonverbal: Mimik, Gestik		
Nonverbal: Körperkontakt, Proxemik		

3. Eine Unterrichtsszene, wo Geschlechterrollenstereotype reproduziert wurden

___

___

4. Eine Unterrichtsszene, wo Geschlechterrollenstereotype konterkariert wurden

___

___

Trainingsbaustein 5

Mentor/innen-Check

Name: ______________________ Dienstjahre: ________ Klasse: ________

Studierte Fächer: ______________________

Unterrichtende Fächer: ______________________

Funktionen in der Schule: ______________________

Bereich	**Beobachtungen/Anmerkungen**
Unterrichten	
Lernziele	
Methoden	
Sprache	
Arbeitsanweisungen	
Körpersprache	
Unterrichtsrituale	
Umgang mit U-Störungen	
Erziehen	
Erziehungsziele	
Erziehungsstil	
Loben	
Strafen	
Erziehungsrituale	
Konfliktregelung	

Bereich	**Beobachtungen/Anmerkungen**
Lehrerpersönlichkeit	
Freundliche, schülerzugewandte Art	
Selbstständigkeit fördern	
Echtheit	
Nähe geben	
Selbstüberzeugung	
Pädagogische Grundhaltung	
Weitere Aspekte	
Elternarbeit	
Kooperation im Kollegium	
Außerunterrichtliche Veranstaltungen	
Schulentwicklung	

Weitere Kommentare:

___

___

___

Trainingsbaustein 6

Analyse eines Unterrichtsgesprächs

Die Klasse sitzt im Stuhlkreis.

1-L:	Bevor wir anfangen mit unserem Morgenkreis, möchte ich euch noch mal kurz bitten, die Regeln zu nennen für unseren Morgenkreis. Also: Wer weiß was? Björn.
2-Björn:	Kein Ei machen.
3-L:	Erklär's mal, was du meinst ...
4-Björn:	*(gestikuliert)* So im Kreis setzen, nicht im Ei.
5-L:	*(nickt Björn zu)* Genau, dass wir uns alle ansehen können. Was noch? Laura?
6-Laura:	*(unsicher)* Ähm – also, wenn jemand was sagt, müssen wir ganz still sein ...
7-Jennifer:	*(ohne sich zu melden)* ... damit alle verstehen, was wir sagen.
8-L:	Toll! Genau! Das ist ganz wichtig! Gut zuhören, wenn ein anderes Kind erzählt. *(wartet ab)* Tom?
9-Tom:	Und nur das Wichtigste erzählen, damit mehr drankommen.
10-L:	Was sag ich dann immer?
11-Petra:	Ähm – Jetzt reichts.
12-L:	Nee *(lacht)*, was anderes! Steffen?
13-Steffen:	*(fragend)* In ganzen Sätzen reden.
14-L:	Ja, das auch. Aber was sag ich immer, wenn jemand von euch so lange erzählt?
15-Pia:	Lauter reden!
16-L:	Nein. Ich sag immer: Stellt euch vor, ihr hört jemand zu, der so erzählt wie ihr. Dann merkt ihr schnell, ob es zu lange dauert oder langweilig wird. *(kurze Unruhe in der Klasse)* Gut. Und was fehlt noch? Schaut mal zu unserem Plakat mit den Morgenkreis-Regeln! *(zeigt auf Plakat)* Wer weiß es? *(wartet)* Niemand? Es hat was mit Fragen zu tun ...
17-Marco:	... dass man Fragen stellen kann, wenn man was wissen will.
18-L:	Klasse, Marco. O.k. – Dann hätten wir die Regeln. Jetzt – Wer mag heute anfangen vom Wochenende zu erzählen? *(wartet, einige Schüler/innen melden sich)* Steffi? Dann fang mal an.
19-Steffi:	Also – ähm - wir waren gestern im Stadtpark. Das war toll! Da waren ganz viele Blumen. Und meine Oma hat uns ein Eis gekauft.
20-L:	Mag jemand die Steffi etwas fragen?
21-Sören:	Hat es bei euch auch geregnet? Weil bei uns hats gestern ziemlich geregnet.
22-L:	Gute Frage!
23-Steffi:	Erst, als wir heimgingen. Dann mussten wir rennen.

Dieses Transkript beschreibt eine kurze Szene (ca. 90 Sekunden) einer Stunde in einer 3. Grundschulklasse. Es ist die einleitende Sequenz zu einem Morgenkreis, einer Unterrichtsform, bei der Schüler/innen ihre Erlebnisse den anderen erzählen.

Analyse-Aufgaben

1. Versuchen Sie, das Transkript nicht nur leise, sondern auch laut (am besten gemeinsam mit Kommiliton/innen) zweimal zu lesen.
2. An welchen Stellen können Sie sich aufgrund des Transkripts unterschiedliche Versionen der Situation vorstellen?
3. Was finden Sie bemerkenswert oder wichtig an diesem Unterrichtsausschnitt?
4. Vergleichen Sie die quantitativen Gesprächsanteile
   a) Lehrerin – Schüler/innen
   b) Schülerinnen – Schüler
   c) besondere Schülerinnen oder Schüler

5. Die Sequenz besteht aus zwei Teilen (1–18 und 18–23). Worin unterscheiden sich beide Teile bezüglich der Unterrichtsziele sowie der kommunikativen Rollenverteilung?
6. Nehmen Sie nun drei einzelne Stellen unter die Lupe (z.B. 7, 11, 16, 22) und überlegen Sie, welche Motive die betreffenden Personen haben könnten, zu diesem Zeitpunkt genau so ins Gespräch einzugreifen.
7. Was finden Sie am Lehrerverhalten in dieser Sequenz eher positiv oder eher negativ? Begründen Sie bitte Ihre Meinung.

Trainingsbaustein 7

Sprache und Körpersprache des Lehrers

Bereich/Aspekt	**Ausprägung** +	○	–	**Anmerkung/Beispiel** (Zeitpunkt)
Sprechen				
Sprechtempo angemessen				
Entspannte Stimmlage				
Deutliche Artikulation				
Variantenreiche Lautstärke				
Variantenreiche Stimmhöhe				
Hochsprache				
Präzise, verständliche Fragen				
Klare Arbeitsaufträge und Impulse				
Distanzierte, nonverbale Gesprächsführung				
Dosiertes, angemessenes Loben				
Dosiertes, angemessenes Ermahnen				
Körperhaltung/Blickkontakt				
Offene, variantenreiche Körperhaltung				
Stimmige, authentische Körperhaltung				
Aufmerksamer Blickkontakt				
Gestik				
Offene Gestik				
Entspannte Gestik				
Variantenreiche Gestik				
Echte, authentische Gestik				
Mimik				
Entspannte Mimik				
Variantenreiche Mimik				
Echte, authentische Mimik				

Bereich/Aspekt	**Ausprägung** +	○	–	**Anmerkung/Beispiel** (Zeitpunkt)
Proxemik				
Dosierte Bewegung im Raum				
Sachangemessene Bewegung im Raum				
Distanzzonen eingehalten				
Auf Schülerreaktionen geachtet				
Körperkontakt				
Dem Alter der Schüler/innen angemessen				
Sachangemessene eigeneKontaktaufnahme				
Umgang mit Kontaktaufnahmen der Schüler/innen				

Weitere Kommentare/Notizen:

___

___

___

Trainingsbaustein 8

Teilformalisierter Protokollbogen für eine Unterrichtsbeobachtung

Zeit	Phase	Lehrer-Schüler-Interaktion	Sozial-form	Medien	Eigene Kommentare

Trainingsbaustein 9

Beobachtungsbogen: Mündliche Mitarbeit von Schüler/innen im Unterricht

Datum: ______________________ Klasse: ______________________

Fach: ______________________ Lehrer/in ______________________

Thema der Stunde: ______________________________________

Unterrichtsphase: ______________________________________

Tragen Sie bitte hier die mündliche Mitarbeit einzelner Schüler/innen in einer bestimmten Plenumsphase des Unterrichts ein.

Name des/der Schüler/in	Meldet sich von sich aus	Kommt dran	Wird von L. aufgerufen, ohne sich zu melden	Beitrag ist voll richtig (5) bis ganz falsch (0), ? = unklar	Anmerkung

Beispiel
:

Yasemin	/ / /	/	/	5, 1, ?	beteiligt sich häufig

Trainingsbaustein 10

Beobachtungsbogen Unterrichtsstörungen

Zeit ______________________________

Wer stört? ______________________________

____

Art der Störung ______________________________

____

Beschreibung der Störung ______________________________

____

Relevanz* ______________________________

* eigene Einschätzung z.B. von »ganz unwichtig« (0) bis »extremste Störung« (5)

Reaktion L ______________________________

____

Reaktion der Mitschüler ______________________________

____

Vermutete Absicht des Schülers/der Schülerin ______________________________

____

Eigene Bewertung/Kommentar ______________________________

____

____

Trainingsbaustein 11

Beobachtungsbogen Schülerverhalten Grundschule

Name: ________________ Klasse: _______ Beobachtet von: ________________

Beobachtungszeitpunkt bzw. -zeitraum: ______________________________

1. Kriteriengeleitete Beobachtung
(1 = im Klassenverband, 2 = in Kleingruppen, 3 = beim Spielen)

		1				2				3			
		+	○	–	nb	+	○	–	nb	+	○	–	nb
Belastbarkeit													
1	ermüdet nicht/bleibt munter												
2	bleibt länger bei einer Sache												
3	kann sich konzentrieren												
4	ist aktiv am Geschehen beteiligt												
5	ist ausgeglichen und ruhig												
6	ist motiviert und neugierig												
7	zeigt eine altersgerechte Entwicklung												
Selbstständigkeit													
8	findet sich im Gebäude zurecht												
9	weiß, wo Sachen hingehören												
10	geht adäquat mit Materialien um												
11	kann sich alleine anziehen												
12	kann sich selbst beschäftigen												
13	drückt Bedürfnisse aus												
14	hält sich an Klassenregeln												
15	hält sich an Spielregeln												
16	akzeptiert Zurechtweisungen												
17	erfüllt Aufträge selbstständig												
Soziale Kompetenz													
18	nimmt Rücksicht												
19	hilft anderen												
20	löst Konflikte ohne Gewalt												
21	hat guten Kontakt zu anderen												
22	kann teilen und abgeben												
23	gliedert sich in die Gruppe ein												
24	hört anderen zu												
25	kann gut mit anderen arbeiten												

nb = nicht beobachtbar

2. Freie Beobachtung

Zeitpunkt	Beobachtetes Verhalten	Mögliche Interpretation	Anmerkungen

3. Weitere Kommentare, Bemerkungen:

___

___

___

Trainingsbaustein 12

Beobachtungsbogen Schülerverhalten Sekundarstufe

Name: ____________________ Klasse: _________ Beobachtet von: ______________________

Beobachtungszeitpunkt bzw. -zeitraum: ____

		0	1	2	3	4	nb
Kognitive Merkmale							
1	... ist in der Lage, sich auf neue Lerninhalte schnell einzustellen.						
2	... gelangt bei unbekannten Aufgaben zügig zum Kern des Problems.						
3	... zeigt sich auch schwierigen Lerngegenständen gewachsen.						
4	... entdeckt bei neuen Inhalten schnell den richtigen Lösungsweg.						
5	... ist im Stande, genau zu beschreiben und richtige Schlussfolgerungen zu ziehen.						
6	... ist in der Lage, die Lerninhalte gedanklich zu ordnen.						
7	... ist fähig, bei Aufgaben das Wesentliche vom Unwesentlichen zu unterscheiden.						
8	... kann bekannte Lerninhalte auf neue übertragen.						
9	... versucht, mehrere Lösungswege zu finden						
Lern- und Arbeitsverhalten							
10	... erledigt die Aufgaben unabhängig von Verstärkungen und Rückmeldungen anderer.						
11	... versucht, Aufgaben erst alleine zu lösen, bevor die Hilfe anderer beansprucht wird.						
12	... versucht, Lösungen selbstständig zu planen, durchzuführen und auszuwerten.						
13	... ist bestrebt, sich nicht von anderen bei der Bearbeitung von Lerninhalten ablenken zu lassen.						
14	... ist im Unterricht bemüht, Aufgaben vollständig zu erledigen.						

		0	1	2	3	4	nb
15	... lässt sich nicht entmutigen.						
16	... begreift schwierige Aufgaben als Herausforderung.						
17	... arbeitet auch längere Zeit konzentriert.						
18	... versucht, auch bei Unterrichtsinhalten mitzuarbeiten, die nicht ihr/sein Interesse treffen.						
19	... wendet sich neuen Lerninhalten aufmerksam zu.						
20	... ergreift die Initiative bei der Bewältigung und Darstellung von Aufgaben.						
21	... vertraut den eigenen Fähigkeiten.						
22	... muss nicht zur Bearbeitung von Aufgaben ständig ermuntert oder angehalten werden.						
Kommunikation und Interaktion							
23	... ist bereit, Probleme in Gemeinschaft zu lösen.						
24	... arbeitet gerne mit anderen zusammen.						
25	... ist bereit, schwächeren Schüler/innen zu helfen.						
26	... nimmt Hilfen bei eigenen Schwächen in Anspruch.						
27	... setzt sich für die Gruppe/Klasse ein, indem freiwillig Aufgaben übernommen werden.						
28	... versucht, sprachlich unbeholfene Schüler in Konfliktsituationen zu unterstützen.						
29	... wendet sich bei Fragen an die Mitschüler und ist bereit, auf deren Beiträge einzugehen.						
30	... knüpft von sich aus Kontakte zu Mitschülern.						

nb = nicht beobachtbar

Kommentare, Bemerkungen:

____

____

____

Trainingsbaustein 13

Beobachtungsbogen für die selbstständige Partner- bzw. Gruppenarbeit

Arbeitsauftrag/Station: ______________________________

Schüler/innen: ______________________________

		++	+	○	–	– –	nb	
Wie steigen die Schüler/innen in die Arbeit ein?								
1	schnell							langsam
2	mit Absprachen							ohne Absprachen
3	jede/r für sich							gemeinsam
4	sofort konzentriert							erst nach langer Zeit
5	sofort richtig							erst falsch
6	leise, ohne Störung anderer							laut, mit Störung anderer
Wie sieht die Kooperation aus?								
7	gleichberechtigt							nur ein/e bestimmt
8	mit einseitiger Kontrolle							mit gegenseitiger Kontrolle
9	intensive Beratung aller							Einzelne schreiben nur ab
Tauchen Probleme auf?								
10	Aufgabe verstanden							Aufgabe nicht verstanden
11	sprachliches Verständnis							sprachliche Überforderung
12	inhaltliches Verständnis							inhaltliche Überforderung
13	Schüler/innen arbeiten konzentriert							werden abgelenkt
14	Schüler/innen beschäftigen sich mit Lerninhalt							beschäftigen sich mit etwas anderem
15	Schüler/innen sind motiviert							Schüler/innen sind lustlos
16	konfliktfreies Arbeiten							Konflikte werden nicht gelöst

		++	+	○	–	– –	nb	
Wie werden Probleme bearbeitet und gelöst?								
17	Aufgabe wird nochmals durchdacht							sofortige Hilfe wird angefordert
18	Aufgabe wird nochmals durchdacht							Aufgabe wird verweigert
19	Nachbarn werden gefragt							nur Lehrer/in wird gefragt
20	Probleme werden diskutiert							Probleme werden übergangen

nb = nicht beobachtbar

Bemerkungen:

____

____

____

Trainingsbaustein 14

»Nun erzähl mal« – Interview mit einem Schüler zum Kennenlernen

1. Welche Fächer magst du besonders? Woran liegt das?

2. Welche Fächer magst du überhaupt nicht? Woran liegt das?

3. Wer gehört zu deiner Familie?

4. Wie sieht ein normaler Tagesablauf während der Schulzeit aus?

5. Wie sieht ein normaler Tagesablauf während des Wochenendes bzw. während der Ferien aus?

6. Welche Hobbys hast du?

7. Was möchtest du in der Schule lernen?

8. Was möchtest du in 10 oder 20 Jahren sein? Wie möchtest du leben?

9. Schildere eine Unterrichtsstunde, die dir so richtig gefallen hat.

10. Erzähle mal von einer Unterrichtsstunde in ________________, die du langweilig oder doof fandest.

11. Was interessiert dich am Fach ________________________?

12. Was langweilt dich am Fach ________________________?

13. Welche Fragen hast du an mich?

Trainingsbaustein 15

Überblicksbogen: Kriterien zur Unterrichtsbeobachtung

Name: ____________________ Datum: __________ Schule: ________________________

Thema der Stunde: ____

1. Situative Faktoren

Ort, Zeit, Klassenstärke: ____

Klassenzusammensetzung: ____

2. Wahrnehmung der Lehrer/innenpersönlichkeit

Stimme/Sprache/Gestik/Mimik: ____________________________________

Bewegung im Raum: ____

Unterrichtsklima: ____

Flexibilität: ____

Erziehungsstil: ____

Lehrer/innen-Schüler/innenverhältnis: _____________________________

3. Inhalt und Ziel der Unterrichtsstunde

Bezug zum Lehrplan: ____

Altersgemäß/Lebenszusammenhang: _________________________________

Anknüpfung an Vorkenntnisse: ____________________________________

Auswahl didaktisch begründet: ____________________________________

Unterrichtsidee: ____

Anspruchs- und Leistungsniveau: __________________________________

4. Lehr- und Lernprinzipien

Anschaulichkeit: ____

Handlungsorientierung: ____

Selbsttätigkeit: ______________________________

Methodenwechsel: ______________________________

Sozialformenwechsel: ______________________________

5. Zum Unterrichtsverlauf

Schaffung von Motivation: ______________________________

Phasengliederung des Unterrichts: ______________________________

Ineinandergreifen versch. Phasen/Gelenkstellen: ______________________________

Teilnahme der Schüler/innen: ______________________________

Differenzierung: ______________________________

Umgang mit Störungen: ______________________________

Sicherung von Teilergebnissen: ______________________________

Lernzielkontrolle: ______________________________

Hausaufgaben: ______________________________

6. Form und Inhalt des Unterrichtsentwurfs

Vorgehen strukturiert geplant: ______________________________

Begründung des Vorgehens: ______________________________

Lernzieldefinition/-begründung präzise/folgerichtig: ______________________________

7. Einsatz und Beherrschung der Unterrichtsmedien

Tafel: ______________________________

Arbeitsblätter: ______________________________

Tageslichtprojektor: ______________________________

Bilder/Film/Video: ______________________________

Sonstige Beobachtungen (ggf. mit Minutenangabe bzw. Phase):

____

____

____

Trainingsbaustein 16

Schüler/in-Individualbeobachtung

Name: ______________________________ Klasse: __________

Beobachtungszeitpunkt bzw. Zeitraum: ______________________________

1. Denk- und Auffassungsvermögen	
2. Gedächtnisleistung und Lernfähigkeit	
3. Konzentrationsfähigkeit	
4. Sprache	
5. Arbeitsverhalten	
6. Lernprozesse	
7. Sozialverhalten	
8. Sonstige Beobachtungen	

Trainingsbaustein 17

Lehrerfragen im Unterricht

Wie oft benutzt der Lehrer bestimmte Fragetypen?

Welche konkreten Fragen stellt sie?

Welche Reaktionen zeigen die Schüler/innen im Hinblick auf Lernzuwachs und Mitarbeit?

Fragetyp	**Anzahl**	**Beispiel/e**	**Reaktionen der Schüler/innen?**
Kenntnisfragen			
Konvergierende Fragen			
Divergierende Fragen			
Bewertende Fragen			
Sondierungsfragen			
Organisierende Fragen			

Trainingsbaustein 18

Planungsschema Unterrichtsskizze

Datum:	Schule/Klasse:	Fach:	Thema:
Student/in:	Mentor/in:	Hochschul-betreuer/in:	Praktikum:

Stundenziel:

Zeit	Phase	Lehrer-Schüler-Interaktion	Sozial-form	Medien	Didak-tischer Kom-mentar

Abkürzungen:

Phasen:	**Unterrichtsstrukturierungen:**	**Arbeits- und Sozialformen:**	**Medien:**
ES = Einstieg HF = Hinführung PR = Präsentation LV = Lehrervortrag DI = Diskussion ER = Erarbeitung TR = Transfer ZUS = Zusammenfassung	AAW = Arbeitsanweisung ST.Imp = Stummer Impuls TA = Tafelanschrieb VH = Vermittlungshilfe	EA = Einzelarbeit PA = Partnerarbeit GA = Gruppenarbeit agGA = arbeitsgleiche Gruppenarbeit atGA = arbeitsteilige Gruppenarbeit HA = Hausaufgabe OUG = Offenes Unterrichts-gespräch EUG = Unterrichtsgespräch	B = Buch T = Tafel OHP = Overhead-projektor H = Schülerheft AB = Arbeitsblatt AH = Schülerarbeits-heft

Trainingsbaustein 19

Lernziele formulieren

Nachfolgend wird zu zehn verschiedenen Stunden jeweils ein Lernziel (Feinziel) genannt. Sie sollen entscheiden (am besten vorher mit einem Kommilitonen oder in einer Gruppe diskutieren), ob diese Lernziele präzise genug formuliert sind und welche bessere Formulierung Sie gegebenenfalls haben.

Die Schüler/innen sollen ...	**Präzise genug?**	**Bessere Formulierung?**
1. (Deutsch, Klasse 3, Gedichte lesen) ... sich an erzählenden Texten erfreuen.		
2. (Mathematik, Klasse 9, Geometrie) ... nach dem »Haus der Vierecke« unterschiedliche Flächen unterscheiden können.		
3. (Sachunterricht, Klasse 2, Gesundheit) ... mindestens vier verschiedene ungesunde Ernährungsweisen benennen können.		
4. (Erdkunde, Klasse 8, Industrienation Japan) ... Sympathie für die japanische Lebensweise empfinden.		
5. (Politik, Klasse 12, Deutschlandfrage) ... mindestens drei Beispiele für Initiativen zur Lösung der Deutschlandfrage nach 1949 erläutern und vergleichen können.		
6. (Anfangsunterricht, Klasse 1) ... Gegenstände aus dem Klassenzimmer benennen können, die ein »P« im Anlaut haben.		
7. (Chemie, Klasse 7, Grundlagen) ... erklären, was man unter einer chemischen Reaktion versteht.		
8. (Technik, Klasse 10, Metall) ... aus einer 10 auf 10 cm großen Metallplatte durch Feilen binnen 90 Minuten ein U-Stück mit 8 auf 6 cm herstellen.		
9. (Hauswirtschaft, Klasse 8) ... ein Rezept für 4 Personen richtig ausführen und individuell verfeinern.		
10. (Sport, Klasse 4, Schwimmen) ... mindestens 20 Meter am Stück mit Hilfe der Aqua-Nudel nur mit Beinschlag schwimmen.		

Trainingsbaustein 20

Checkliste: Tafelanschrieb

Spätestens am Tag vor dem Tafelanschrieb

Den Mentor fragen, welche Tafel-Rituale es bei ihm bzw. in der Klasse gibt (z.B. Datum oben rechts, Signalfarben, Symbolfarben, Aufteilung der Tafel, Schrift etc.).	
Grobe Gestaltung/Struktur überlegen: Was kommt in die Mitte, was auf die Seitentafeln, was wird umgeklappt?	
Welche Überschrift(en) erhält der Tafelanschrieb?	
Farbe/n auswählen (rot und grün sind eher ungünstig, gelb sehr wirkungsvoll!).	
Schriftgröße überlegen, ggf. nach hinten im Klassenzimmer gehen und überprüfen.	
Gestaltung (z.B. Unterstreichungen, Kästchen ...) überlegen.	
Druckschrift bzw. Ausgangsschrift, vor allem in unteren Klassen normgerecht einüben.	
Den Anschrieb mehrmals »trocken« üben, z.B. auf einem Plakat oder an der Tafel, wenn die Klasse nicht im Raum ist.	
Eine Karteikarte oder ein Blatt mit dem vollständigen Tafelanschrieb anfertigen.	
Entscheiden, was von dem Tafelanschrieb schon vor der Stunde angeschrieben werden kann.	

Kurz vor dem Tafelanschrieb

Die Tafel von unnötigen oder überflüssigen Informationen säubern.	
Kreide in mehreren Farben bereithalten.	
Wasser, Schwamm und Lappen bereithalten bzw. vorher säubern.	
Warten, bis die Tafel getrocknet ist (sonst schreibt und liest es sich schlechter).	
Die Karteikarte oder das Blatt noch einmal in Ruhe anschauen.	

Während des Tafelanschriebs

Sich entspannt vor die Tafel stellen.	
Die Tafel ggf. nach oben bzw. nach unten verschieben, um entspannt schreiben zu können.	
Die Kreidestücke möglichst kurz anfassen, damit es nicht quietscht.	
Einen Großteil der Aufmerksamkeit auf das Anschreiben richten, aber mit einem »kleinen Ohr« die Klasse beobachten.	
Das Datum oben in eine Ecke schreiben.	
Immer wieder die Schriftgröße und den Text mit der Vorlage abgleichen.	
Für Unterstreichungen ein Lineal benutzen.	
Mindestens einmal die Schüler/innen ganz hinten fragen, ob alles gut lesbar ist.	
Dafür sorgen, dass der Tafelanschrieb nicht gespiegelt wird (ggf. Seitentafel am Fenster einklappen).	
Erklärungen zum Anschrieb nur zu den Schüler/innen gewandt geben.	
Nicht gleichzeitig sprechen und schreiben.	

Nach dem Tafelanschrieb

Die Arbeit mit dem Tafelanschrieb ggf. mit einem Zeigestock oder einem Laser-Pointer unterstützen.	
Genügend Zeit zum Abschreiben lassen.	
Leise beobachten, wie weit die Schüler/innen mit dem Abschreiben sind.	
Das Ende der Abschreibphase ggf. kurz vorher ankündigen.	
Den nicht mehr benötigten Anschrieb abdecken oder auswischen.	
Für die Reinigung der Tafel eine kurze Pause einlegen.	

Trainingsbaustein 21

Checkliste: Ein Schülerarbeitsblatt erstellen und einsetzen

	Notizen
Didaktische Vorüberlegungen	
Welche didaktische Funktion soll das Arbeitsblatt erfüllen? Dient es z.B. der Erarbeitung, der Sammlung, der Übung, dem Transfer oder der Entspannung?	
Welche Vorkenntnisse und Vorerfahrungen hat die Klasse im Bereich Arbeitsblätter?	
Habe ich Alternativen zum Einsatz des Arbeitsblattes (z.B. Tafel, OHP, Lehrervortrag etc.) geprüft?	
In welcher Verbindung steht das Arbeitsblatt mit dem Schulbuch, dem Heft oder einem Schülerarbeitsheft bzw. mit anderen Medien, die in der Klasse benutzt werden?	
Welche Feinziele verbinde ich mit dem Arbeitsblatt?	
Welchen Zeitrahmen habe ich für die Bearbeitung des Arbeitsblattes eingeplant?	
Wie wird mit den Schülerergebnissen umgegangen?	
Stehen der Zeitaufwand und der Aufwand zur Erstellung des Arbeitsblattes in einem vernünftigen Verhältnis zum wahrscheinlichen Ertrag?	
Aufbau	
Welches Format wird gewählt? Hochformat vor Querformat?	
Enthält das Arbeitsblatt nur Informationsbausteine oder auch Arbeitsaufträge bzw. Fragen?	
Wie sind die Teile getrennt und erkennbar?	
Wie viele Informationsbausteine und/oder Arbeitsaufträge bzw. Fragen sind sinnvollerweise auf dem Arbeitsblatt unterzubringen? Grundsatz: Immer weniger, als man denkt!	
Wie kann ich das Arbeitsblatt klar gliedern? Mit A, B, C oder 1, 2, 3 oder anders?	
Sind Quellen der Informationsbausteine genannt?	

Aufgaben/Arbeitsanweisungen	
Sind die Arbeitsaufträge klar und verständlich formuliert?	
Sind sie motivierend formuliert?	
Regen die Arbeitsaufträge zur Selbsttätigkeit an?	
Lassen die Arbeitsaufträge mehrere Antworten bzw. Lösungen zu?	
Gibt es genügend Platz für die Antworten oder Eintragungen der Schülerinnen?	
Welche Hilfen werden zur Bearbeitung gegeben (z.B. Wörterlisten, Satzanfänge, Schlüsselbegriffe, Lösungsmöglichkeiten zur Auswahl ...)?	
Layout/Gestaltung	
Soll das Arbeitsblatt datiert und nummeriert sein?	
Steht oben eine verständliche Überschrift des Unterrichtsthemas?	
Ist der Text bzw. sind die Aufgaben groß genug geschrieben (mindestens 12 Punkt)?	
Sollen zum Eintragen Linien oder Karos verwendet werden? (Am besten selbst ausprobieren)	
Hat es einen Rand (jeweils mindestens 2,5 cm)?	
Soll es vorgelocht werden?	
Welche grafischen Elemente können zur Unterstützung herangezogen werden?	
Zum Schluss	
Ist der eingeplante Zeitrahmen realistisch?	
Wo und wie kann ich das Arbeitsblatt so kopieren, dass es zum Stundenbeginn zur Verfügung steht?	
Soll ein Rand abgeschnitten sein, sofern das Arbeitsblatt ins Schülerheft eingeklebt werden soll?	
Im Unterricht	
Wird das Arbeitsblatt zu einem günstigen Zeitpunkt ausgeteilt? (Oft ist es am besten, bestimmte Hinweise oder Arbeitsanweisungen erst dann zu geben, wenn alle ein Arbeitsblatt vor sich haben.)	

Trainingsbaustein 22

Checkliste: Eine Overheadfolie erstellen und einsetzen

Didaktische Vorüberlegungen	✓
Welche didaktische Funktion soll die Folie erfüllen? Dient sie z.B. der Erarbeitung, der Sammlung, der Übung, dem Transfer oder der Entspannung?	
Hat die Klasse genügend Vorkenntnisse und Vorerfahrungen im Bereich des Umgangs mit dem OHP?	
Habe ich Alternativen zum Einsatz der OHP-Folie (z.B. Tafel, Arbeitsblatt, Lehrervortrag, Modell etc.) geprüft?	
In welcher Verbindung steht die Folie mit dem Schulbuch, dem Heft oder einem Schülerarbeitsheft bzw. mit anderen Medien, die in der Klasse benutzt werden?	
Welche Feinziele verbinde ich mit der Folie?	
Welchen Zeitrahmen habe ich für die Arbeit mit der OHP-Folie eingeplant?	
Wie werden die Schüler/innen an einer Arbeit mit der Folie beteiligt? Sollen ggf. auch Schüler/innen etwas auf der Folie eintragen bzw. schreiben?	
In welcher Art und ggf. Reihenfolge soll die Folie aufgedeckt werden?	
Was soll am Schluss der Arbeit mit der OHP-Folie stehen? Gibt es ggf. einen Hefteintrag?	
Wie lange soll die Folie sichtbar sein?	
Stehen der Zeitaufwand und der Aufwand zur Erstellung der Folie in einem vernünftigen Verhältnis zum wahrscheinlichen Ertrag?	
Aufbau	
Welches Format wird gewählt? Hochformat vor Querformat!	
Ist die Folie klar aufgebaut? Sind ggf. einzelne Teile optisch voneinander getrennt und erkennbar? Bietet sich eine nummerische oder alphabetische Gliederung an?	
Ist die Informationsmenge dosiert? Schreiben Sie nur zentrale Arbeitsaufträge bzw. Fragen auf die Folie. Grundsatz: Immer weniger, als man denkt!	
Sind Quellen der Informationsbausteine genannt?	
Berücksichtigt die Folie die Sehgewohnheiten (von oben nach unten, von links nach rechts)?	
Sind sie motivierend formuliert?	
Regen die Arbeitsaufträge zur Selbsttätigkeit an?	

Aufgaben/Arbeitsanweisungen	
Sind die Arbeitsaufträge klar und verständlich formuliert?	
Lassen die Arbeitsaufträge mehrere Antworten bzw. Lösungen zu?	
Gibt es ggf. genügend Platz für die Antworten oder Eintragungen der Schüler/innen?	
Welche Fragen bzw. Impulse kommen wann von dem Lehrer?	
Welche Hilfen werden zur Bearbeitung gegeben (z.B. Wörterlisten, Satzanfänge, Schlüsselbegriffe, Lösungsmöglichkeiten zur Auswahl ...)?	
Gestaltung	
Soll die Folie datiert und nummeriert sein?	
Soll mit wasserlöslichen (non-permanent) oder wasserunlöslichen (permanent) Stiften geschrieben werden? (Non-permanent vorher, z.B. auf dem Weg zur Schule, gut in einer Dokumentenhülle oder Plastikfolie sichern, damit nichts verschmiert oder verläuft)	
Steht oben eine verständliche Überschrift des Unterrichtsthemas?	
Sind der Text bzw. die Aufgaben groß genug geschrieben (mindestens 5 mm hoch)?	
Hat die OHP-Folie einen Rand (jeweils mindestens 2,5 cm)?	
Welche grafischen Elemente können verwendet werden?	
Sind ggf. die Farben dosiert und funktional verwendet?	
Kurz vor dem Unterricht	
Ist gesichert, dass der OHP funktioniert und der Abstand zur Tafel so gewählt ist, dass alle Schüler/innen die Projektion gut lesen können? Muss man nachher bestimmte Schüler/innen ggf. kurz umsetzen?	
Folienstifte bereithalten	
Ist der Projektionsspiegel optimal eingestellt?	
Ist das Bild scharf eingestellt?	
Im Unterricht	
Nicht im Lichtstrahl stehen.	
Nur an der Glasfläche des Projektors arbeiten, nicht an der Wand.	
Nur nach vorne in den Raum, nicht an die Projektionswand sprechen.	
Projektor nur so lange angeschaltet lassen, wie die Folie Gegenstand des Unterrichts ist.	
Ruhige Bewegungen und Schreibbewegungen am OHP durchführen.	

Trainingsbaustein 23

Checkliste: Differenzierung von Aufgaben

Arbeitsauftrag/Station: ______________________________

		++	+	O	–	– –	nb	Anmerkung
Zum Lernprozess								
1	Kann jede Schüler/jede Schülerin bei dieser Aufgabe eine Lösung finden?							
2	Werden verschiedene Lösungsmöglichkeiten zugelassen?							
3	Erleben sich die Schüler/innen bei dieser Aufgabe als selbstständig und verantwortlich?							
4	Hat die Aufgabe etwas mit der Lebens- und Erlebniswelt der Schüler/innen zu tun?							
5	Gibt es reale Situationen, die bewältigt werden müssen?							
6	Können die Schüler/innen individuelle Interessen entdecken bzw. sie weiterentwickeln?							
7	Wird handelnd mit Dingen umgegangen, gibt es etwas zu entdecken, zu gestalten?							
8	Gibt es Platz für selbst formulierte Ziele der Schüler/innen?							
9	Können Schüler/innen auf ihre Vorerfahrungen, ihre Herkunft, ihr Mitgebrachtes stolz sein?							
10	Ist die Möglichkeit, Misserfolg zu haben, bei dieser Aufgabe gering?							
11	Ist die Aufgabe so gestaltet, dass sie auch für Schüler/innen, die langsamer lernen, Erfolgserlebnisse bringt?							
12	Ist die Aufgabe eine Herausforderung für schneller lernende Schüler/innen mit guter Auffassungsgabe?							
13	Hat der Schüler/die Schülerin so viel Zeit für die Aufgabe, wie er/sie braucht?							

14	Sind die Arbeitstechniken, die für diese Aufgabe erforderlich sind, den Schüler/innen bekannt und mit ihnen eingeübt?						
15	Erfährt die Schülerin/der Schüler, dass Fehler zum Lernprozess gehören und wie man aus Fehlern lernt?						
16	Können Schüler/innen mit geringen Deutschkenntnissen oder aus wenig förderlichem Milieu mit dieser Aufgabe etwas anfangen?						
17	Können Sch. aus anderen Kulturkreisen ihre Erfahrungen oder Lebenswelt mit einbringen?						
18	Bietet die Aufgabe Kontaktmöglichkeiten zu anderen Schüler/innen?						
19	Kann die Schülerin/der Schüler arbeiten, wenn sie/er sich auf diese Aufgabe nicht konzentrieren kann, sich gestört fühlt oder selbst andere stört?						
Zum Lernprodukt							
20	Entsteht ein »Werk«, das wertgeschätzt wird und welches das Lernergebnis widerspiegelt?						
21	Haben die Schüler/innen Gelegenheit, sich und ihr Wissen, ihre Fortschritte und Lernwege zu präsentieren?						
Zum Lernen lernen							
22	Erfährt die Schülerin/der Schüler, was sie/er dazugelernt hat?						
23	Lernt die Schülerin/der Schüler mit dieser Aufgabe, sich zwischen verschiedenen Angeboten zu entscheiden?						
24	Gibt es bei dieser Aufgabe Hilfsmittel, Hilfsmöglichkeiten und kennt sie die Schülerin/der Schüler?						

nb = nicht beobachtbar

Bemerkungen:

Trainingsbaustein 24

Zwanzig Fragen an einen Unterrichtsentwurf

		✓
1.	Haben Sie die anthropogenen und soziokulturellen Bedingungen des Unterrichts analysiert?	
2.	Sind Sie umfassend auf die fachspezifischen Lernvoraussetzungen der Schüler/innen eingegangen?	
3.	Haben Sie den Unterrichtsgegenstand von verschiedener Seite her und auf aktueller fachwissenschaftlicher Grundlage analysiert und strukturiert?	
4.	Können Sie im geistigen Rollenspiel die wichtigsten Aspekte des Unterrichtsgegenstandes einer fiktiven anderen Person mit eigenen Worten erklären?	
5.	Können Sie begründen, warum es gut und wertvoll ist, dass die Schüler/innen gerade dieser Klasse und Klassenstufe sich mit dem Unterrichtsgegenstand beschäftigen?	
6.	Können Sie einen Bezug zum Lehrplan dieses Faches und dieser Klassenstufe herstellen?	
7.	Stellt der Unterrichtsentwurf dar, in welchem größeren Zusammenhang die konkrete Stunde eingebettet ist, welche Stunden oder Bausteine ihr vorausgehen und welche nachfolgen?	
8.	Können Sie mögliche Lernhindernisse oder Schwierigkeiten der Schüler/innen und Schüler bei der Auseinandersetzung mit dem Unterrichtsgegenstand benennen?	
9.	Können Sie Hilfen zur Überwindung dieser Lernschwierigkeiten benennen?	
10.	Beantwortet der Unterrichtsentwurf, welche Ziele (Stundenziel, Feinziele) Sie mit der Behandlung des Unterrichtsgegenstandes verbinden?	
11.	Geht Ihr Unterrichtsentwurf darauf ein, warum Sie gerade diese Ziele anstreben und andere vernachlässigen?	
12.	Wird im Unterrichtsentwurf erläutert, wann diese Ziele erreicht sind?	
13.	Schildert Ihr Unterrichtsentwurf, wie Schüler/innen mit unterschiedlichen Lernvoraussetzungen diese Ziele erreichen können?	
14.	Schildert der Unterrichtsentwurf, welche möglichen Methoden Sie in dieser Stunde anwenden könnten?	
15.	Diskutiert Ihr Unterrichtsentwurf methodische Alternativen und begründet die gewählten Methoden und Sozialformen?	
16.	Berücksichtigt Ihr methodisches Vorgehen die Anforderungen der Entwicklungspsychologie, der Lernpsychologie und der jeweiligen Fachdidaktik?	
17.	Haben Sie in Ihrem Stundenverlauf zeitlich Raum gelassen, um flexibel auf situative Entwicklungen zu reagieren?	
18.	Sind die Arbeitsblätter oder Materialien für die Hand der Schüler/innen angemessen und motivierend strukturiert und gestaltet?	
19.	Ist die Strukturskizze kompakt und zugleich so, dass alle wichtigen Unterrichtsschritte und Arbeitsanweisungen/Impulse von Ihnen benannt sind?	
20.	Sind in Ihrem Unterrichtsentwurf formale Aspekte beachtet (Zitierung, Layout, Deckblatt, Literaturverzeichnis ...)?	

Trainingsbaustein 25

Formulierungshilfen für den Unterrichtsentwurf

Wissenschaftliches Schreiben muss vor allem vier Prinzipien genügen: 1. Sachlichkeit und Distanz, 2. fachliche (d.h. in unserem Fall fachdidaktische und schulpädagogische) Fundierung, 3. begriffliche Klarheit und 4. stilistische Angemessenheit.

Im Folgenden zu jedem der vier Prinzipien ein negatives Beispiel und dazu eine verbesserte Formulierung für einen schriftlichen Unterrichtsentwurf im Fach Deutsch. Darunter die Möglichkeit zu einer eigenen, vielleicht noch besseren Formulierung.

1. Sachlichkeit und Distanz

Schlechte Formulierung	Bessere Formulierung
»Ich finde den Text nicht besonders gut geeignet, weil er ziemlich langweilig geschrieben ist.«	»Der ausgewählte Text weist einen mittleren Grad an Spannung auf, was sich eventuell negativ auf die Lesemotivation der Schüler/innen auswirken könnte.«

2. Fachliche Fundierung

Schlechte Formulierung	Bessere Formulierung
»Die Schüler/innen in diesem Alter haben bestimmt schon alle einmal ein Buch vorgelesen bekommen.«	»Die Lesesozialisationsforschung hat gezeigt, dass der Erwerb von Lesekompetenz und literarischer Kompetenz bereits weit vor Schulbeginn beginnt. Eine zentrale Rolle dabei spielt das Vorlesen in der Familie, wobei die Häufigkeit und Art des Vorlesens gravierende Auswirkungen auf die spätere Lesemotivation haben. In mehreren Untersuchungen (vgl. z.B. Wieler 1995; Hurrelmann 1991) konnten deutliche Unterschiede in der Vorlesekultur in verschiedenen sozialen Milieus aufgezeigt werden (vgl. im Überblick Dehn u.a. 1999, S. 570ff.).«

3. Begriffliche Klarheit

Schlechte Formulierung	Bessere Formulierung
»Nach J. Piaget sind die Viertklässler in der so genannten operationalen Phase.«	»Nach der kognitionspsychologisch akzentuierten Reifungstheorie von Jean Piaget (1896–1980) befinden sich die Viertklässler in dem Stadium der konkreten Operationen. Das bedeutet, dass sie in zunehmendem Maße zu operativem, logischem Denken fähig sind (vgl. Montada 2002, S. 427).«

4. Stilistische Angemessenheit

Schlechte Formulierung	Bessere Formulierung
»Über den Sinn von Gerechtigkeit, Macht und Kampf in der Schule zu sprechen ist ein wichtiger Punkt von Unterricht, wofür sich besonders die Fabel sehr gut eignet, da es den Schülern leichter fällt, von ›Tiergeschichten‹ auf das eigene Leben Übertragungen vorzunehmen.«	»Die Motive Gerechtigkeit, Macht und Kampf spielen im Leben der Schüler/innen eine wichtige Rolle (vgl. Kohlberg 1974). Die literarische Textart der Fabel eignet sich für die Behandlung dieser Motive im Deutschunterricht besonders (vgl. Ziesenis 1998, S. 572ff.), da hierbei die Schüler/innen die oben genannten Motive am Beispiel von Tierfiguren erarbeiten und verstehen können. Darüber hinaus lassen sich implizite Transfers auf das eigene Leben vornehmen.«

Trainingsbaustein 26

Reflexion eines Beratungsgesprächs

1. Was war mir bei der Planung der Stunde besonders wichtig?

___

___

2. Was lief aus meiner Sicht gut in der Stunde?

___

___

3. Was lief aus meiner Sicht nicht so gut in der Stunde?

___

___

4. Was lief aus Sicht des Mentors bzw. des Unibetreuers gut in der Stunde?

___

___

5. Was lief aus Sicht des Mentors bzw. des Unibetreuers nicht so gut in der Stunde?

___

___

6. Welche konkreten Hilfen oder Ratschläge habe ich in der Besprechung für mein weiteres Unterrichten oder Studieren erhalten?

___

___

Trainingsbaustein 27

Individuelle Belastungsanalyse im Schulpraktikum

**1. Was belastet Sie besonders?
Entscheiden Sie, wo Ihre persönlichen Belastungsschwerpunkte liegen.**

(0 = nicht belastend; 1 = etwas belastend; 2 = stärker belastend; 3 = stark belastend; 4 = sehr stark belastend)

	0	1	2	3	4
Interaktion mit Mentorin bzw. Hochschulbetreuer					
Wünsche/Anordnungen zu meinem Unterricht					
Gemeinsame Unterrichtsplanung					
Gemeinsame Unterrichtsreflexion					
Meinungen und Urteile über mich					
Meinungen und Urteile über meinen Unterricht					
Der persönliche Umgang mit mir					
Geringe Wertschätzung meiner Arbeit					
Offenere Unterrichtsformen lassen sich nicht umsetzen					
Ihre Kooperationspraxis					
Zu wenig Unterstützung und Desinteresse					
Sie funken mir immer in meine Arbeit rein					
Hospitieren					
Aufmerksam mitnotieren					
Der Lärmpegel in der Klasse					
Geistiges und emotionales Verarbeiten der Hospitations-erfahrungen					
Die Pausen sind keine Erholung					
Unterricht planen					
Lernziele überlegen und formulieren					
Lernvoraussetzungen einschätzen					
Ideen für einen Unterrichtsverlauf sammeln					
Mögliche Unterrichtsstörungen antizipieren					
Sich für ein Vorgehen entscheiden					

Stofffülle und Lehrplanzwänge					
Lange bzw. erfolglose Suche nach Unterlagen					
Herstellung und Gestaltung von Lehr- und Lernmaterialien (Arbeitsblätter, Folien etc.)					
Unterricht durchführen					
Ständig gefordert sein, keine Ruhepausen					
Mangelnde Mitarbeit von Schülern					
Gleitende Lernstands-Diagnose					
Unterrichtsstörungen					
Mit heterogenen Lerngruppen umgehen					
Geringe Leistungen der Schüler					
Konflikte mit bestimmten Schülern					
Disziplinprobleme					
Unzureichende Autorität in der Klasse					
Umsetzung offener Lernformen					
Begrenztheit meines methodischen Repertoires					
Unterrichtsnachbereitung und Korrekturen					
Interaktion mit Schüler/innen					
Ermahnungen und Bestrafungen					
Beratungsgespräche und Hilfestellungen					
Verbale und körperliche Gewalt unter Schülern					
Fehlende Zeit und Möglichkeiten zur persönlichen Begegnung					
Zu Hause/Allgemein					
Das Gefühl, nie fertig zu sein					
Nicht abschalten können, z.B. abends					
Fehlende Trennung Arbeit – Privatleben					
Das Gefühl, meine Familie bzw. Freunde zu vernachlässigen					
Der Wechsel von Hektik des Vormittags und Ruhe/Einsamkeit am Nachmittag					

2. Der/die Bereich/e, der/die mich besonders belastet/n, ist/sind:

____

____

____

3. Wenn Sie einige Ihrer größten Belastungsschwerpunkte identifiziert haben, können Sie nun überlegen, welche Entlastungsstrategien Sie möglicherweise wählen können:

(0 = nicht entlastend; 1 = etwas entlastend; 2 = stärker entlastend; 3 = stark entlastend; 4 = sehr stark entlastend)

Mögliche Entlastungsstrategien	0	1	2	3	4
Meine Ansprüche an mich und das Praktikum herunterschrauben					
Meine Ansprüche an meinen Mentor herunterschrauben					
Meine Ansprüche an die Schüler/innen herunterschrauben					
Mir beim Unterrichten nicht so viel vornehmen					
Bei Unterrichtsstörungen gelassener reagieren					
Im Unterricht konsequenter handeln					
Gezielt an bestimmten Unterrichtstechniken (am »Handwerkszeug«) arbeiten, z.B. Stimme, Arbeitsaufträge, Fragetechnik					
Weniger Stundenziele anstreben					
Meine Stunden mit Video aufnehmen und gezielt reflektieren (z.B. alleine, im Team, mit der Mentorin)					
Gezielter hospitieren und beobachten					
Von anderen (z.B. Kommiliton/innen, anderen Lehrer/innen) Rat holen					
Ausgeruhter sein, länger schlafen, gesünder leben					
Meine Berufswahl überdenken					

Trainingsbaustein 28

Reflexionsbogen zum Schulpraktikum

Art des Praktikums: ______________________ Mentor/in: ________________

Schule/Klasse(n): ______________________ Datum: ________________

Unibetreuer/in: ____

1. Welche Lernprozesse (Fachkompetenz, Methodenkompetenz, Selbstkompetenz/eigene Lehrerpersönlichkeit) haben Sie in diesem Praktikum an sich wahrnehmen können?

____

____

____

2. Wie beurteilen Sie die Betreuung durch den Mentor?

____

____

____

3. Wie beurteilen Sie die Betreuung durch den Dozenten der Hochschule?

____

____

____

4. Wie bewerten Sie zusammenfassend dieses Praktikum (nach Schulnoten)

	1	2	3	4	5		1	2	3	4	5
Atmosphäre in der Gruppe						Mentorinnen-Betreuung					
Klassensituation						Dozenten-Betreuung					
Schule						Fachdidaktischer Bezug					
Lernprozesse: L-Persönlichkeit						Schulpädagogischer Bezug					
Lernprozesse: Fachdidaktik/Methodik						Theorie/Praxis-Verknüpfung					

Das Praktikum hat meine Erwartungen erfüllt.					
Begründung:					
Das Praktikum hat mir Impulse für mein weiteres Studium gegeben.					
Begründung:					
Das Praktikum hat mir in meiner Berufswahl weitergeholfen.					
Begründung:					

Feedback-Bogen

Liebe Leserin, lieber Leser,

Sie haben sich das »Kursbuch Schulpraktikum« gekauft oder ausgeliehen oder es geschenkt bekommen. Dieses Buch soll Ihnen Orientierung bieten in allen wichtigen Fragen Ihres Schulpraktikums. Aber nichts ist so gut, dass es nicht noch verbessert werden könnte. Deshalb bitten wir Sie um ein ehrliches und kurzes Urteil zu diesem Buch.

Jede Rückmeldung nimmt an der Verlosung teil, bei der jeweils zu Beginn des Wintersemesters zehn Büchergutscheine des Beltz-Verlages im Wert von je 30 Euro sowie 10 Bücher der Reihe »Beltz Studium« verlost werden.

Kopieren Sie am besten diese Seite und senden Sie Ihre Rückmeldung an den Beltz-Verlag, Marketing, »Kursbuch Schulpraktikum«, Postfach 100154, 69441 Weinheim. Die Gewinner werden schriftlich benachrichtigt. Der Rechtsweg ist ausgeschlossen.

1. Warum haben Sie das Buch gekauft? Was war für Sie kaufentscheidend?

   ____

   ____

   ____

2. Was finden Sie an diesem Buch gut bzw. hilfreich?

   ____

   ____

   ____

3. Was könnte man an diesem Buch verbessern? Zu welchen Themen Ihres Schulpraktikums wünschen Sie sich noch weitere Hinweise oder Materialien? Was ist überflüssig?

   ____

   ____

   ____

4. Wie bewerten Sie insgesamt die einzelnen Kapitel dieses Buches?

Kapitel	**Bewertung** (Schulnoten)	**Kommentar**
Schulpraktika im Lehramtsstudium		
Status, Rollenerwartungen und Tipps		
Ein gutes Praktikum beginnt vor dem …		
Didaktik und didaktische Konzeptionen		
Der Mentor		
Hospitieren – Unterricht beobachten …		
Unterricht planen		
Unterricht durchführen		
Einen schriftlichen Unterrichtsentwurf …		
Unterricht gemeinsam auswerten		
Der Praktikumsbericht		
Wichtige Fragen und Antworten zum …		
Trainingsbausteine		

5. Möchten Sie sonst noch etwas loswerden?

____

____

____

6. Ich interessiere mich für weitere Bücher der Verlagsgruppe Beltz und bitte Sie, mich in Zukunft über Ihr Programm zu informieren.

☐ Ja ☐ Nein (Zutreffendes ankreuzen)

Name, Vorname: ______________________________

Straße: ______________________________

Wohnort: ______________________________

Universität/Hochschule: ____________ Studiengang: ____________

Fächer: ____________ Semester: ____________

Das Lehrerstudium meistern

Marc Böhmann / Regine Schäfer / Anja Neumann
Kursbuch Lehramtsstudium
Pädagogik kompakt – Wissenschaftlich arbeiten – Trainingsbausteine für den Studienalltag.
Mit Kopiervorlagen.
2004. 231 Seiten. Broschiert.
ISBN 3-407-62515-4

Alles, was eine(r) braucht, um erfolgreich das Lehramtsstudium in den Griff zu bekommen: praxisnah, motivierend und zuverlässig. Kompetente und gut aufbereitete Informationen über die wichtigsten Bereichen der Erziehungswissenschaft, über Wissenschaftliches Arbeiten bis hin zum Schulpraktikum. Mit mehr als 40 Trainingsbögen und Kopiervorlagen für alle Routinen im Studienalltag.

Eine Fundgrube für das Lehramtsstudium mit

- Basisinformationen zur Geschichte und Gegenwart des Lehrerberufs,
- Grundwissen zu allen wichtigen Bereichen der Erziehungswissenschaft,
- vielen Tipps und Hilfen zum Wissenschaftlichen Arbeiten und für das Schulpraktikum,
- einem umfangreichen Serviceteil u.a. mit kommentierten Literaturtipps und aktuellen Internetquellen,
- mehr als 40 Kopiervorlagen und Trainingsbögen für den Studienalltag.

Ein praxisnahes und motivierend geschriebenes Studien- und Arbeitsbuch für alle Lehramtsstudierenden.